1x1 der Architektenhaftpflicht

Risikoeinschätzung von Planungs-, Bauleitungs- und Sachverständigenrisiken

5. überarbeitete Auflage

von Marc Latza

1x1 der Architekten-haftpflicht

1x1 der Architekten-haftpflicht

Titel:	**1x1 der Architektenhaftpflicht**
Untertitel:	**Risikoeinschätzung von Planungs-, Bauleitungs- und Sachverständigenrisiken**
Auflage-Nr.:	**5. überarbeitete Auflage**
Autor & Layout:	**Marc Latza**
Copyright:	**© 2024 Marc Latza**
ISBN:	**978-3-384-23941-9 Hardcover**
Verlag & Herstellung:	**tredition GmbH, Halenreie 40-44, 22359 Hamburg**
Coverdesign von:	**Literaturagentur Marc Latza** www.literaturagenturlatza.de
Satz & Layout von:	**Literaturagentur Marc Latza**

Aus Gründen der besseren Lesbarkeit wird auf die gleichzeitige Verwendung der Sprachformen männlich, weiblich und divers (m/w/d) verzichtet. Sämtliche Personenbezeichnungen gelten gleichermaßen für alle Geschlechter.

Inhaltsverzeichnis

Das Seminar zu diesem Buch wurde 2014 von der Architektenkammer NRW als Weiterbildung für Architekten anerkannt

Kapitel 1 Grundlagenwissen & Rahmenbedingungen

Kapitel 1 Grundlagenwissen & Rahmenbedingungen

Kapitel 2 Der Versicherungsvertrag

Kapitel 2 Der Versicherungsvertrag

Kapitel 3 Einzelne Berufsbilder

Kapitel 4 Schadenbeispiele

Kapitel 1
Grundlagenwissen & Rahmenbedingungen

Die Aufgabe und Pflicht einer Berufshaftpflichtversicherung

Die Aufgabe einer Berufshaftpflichtversicherung ist es, den Architekten / Ingenieur vor finanziellen Belastungen zu schützen, die seine Liquidität bzw. seine Existenz gefährden könnten.

Die Berufshaftpflicht schützt im Schadensfall nicht nur das Vermögen des Architekten, sondern soll auch gewährleisten, dass der Schaden des Bauherrn abgesichert ist.

Architekten oder Ingenieure stehen im Schadenfall schnell im Fokus. Dies gilt noch mehr für die Architekten, da diese aufgrund der für gewöhnlich gegebenen gesamtschuldnerischen Haftung zusammen mit den Bauunternehmern für einen Schaden einstehen könnten, auch wenn nur eine fehlerhafte Überwachung vorliegen sollte.

Das Architekten- bzw. Ingenieursrecht ist in Deutschland Landesrecht, d.h. es kommt immer auf die jeweiligen Regelungen im zuständigen Bundesland an. In allen Bundesländern ist eine Berufs-Haftpflichtversicherung Pflicht, um eine Kammerzulassung zu erhalten. Die Architekten-/ Ingenieurgesetze, Satzungen der Kammern, Berufsordnungen, Landesbauordnungen oder sonstige Verordnungen der einzelnen Bundesländer sehen insoweit vor, dass die beruflichen Haftungsrisiken abzusichern sind – damit wird die Berufs-Haftpflichtversicherung zur Pflichtversicherung i.S.d. §§ 113 ff. Versicherungsvertragsgesetz (VVG).

In Deutschland ist also eine Berufshaftpflichtversicherung für Architekten durch die jeweiligen Architektenkammern der Bundesländer vorgeschrieben. Diese Pflicht besteht für alle selbstständig tätigen Architekten und dient dem Schutz vor finanziellen Risiken durch berufliche Fehler und Versäumnisse. Beispielsweise fordert die Architektenkammer Berlin, dass Architekten eine Mindestversicherungssumme von 1.500.000 Euro für Personenschäden und 250.000 Euro für Sach- und Vermögensschäden absichern müssen.

Die Berufshaftpflichtversicherung muss in der Regel sowohl während der gesamten Berufsausübung als auch für eine gewisse Nachhaftungszeit nach Beendigung der Tätigkeit aufrechterhalten werden. Diese Regelung gilt auch für Berufsgesellschaften, die entsprechend versichert sein müssen.

Eine umfassende Absicherung durch die Berufshaftpflichtversicherung schützt Architekten vor Schadensersatzansprüchen, die aus Planungs- oder Überwachungsfehlern resultieren können, und ist daher ein unverzichtbarer Bestandteil der Berufsausübung

Dies gilt allerdings bzw. nicht für reine Sachverständige, sofern diese nicht der Architekten- oder Ingenieurkammer angehören wollen, sondern über die IHK gelistet sind. Die wenigsten IHK-Satzungen verlangen eine Versicherung als Pflicht, wenn auch jeweils eine Empfehlung zum Abschluss besteht. Grundgedanke der Pflichtversicherung ist der Verbraucherschutz: Der Bauherr soll geschützt werden, indem ein solventer Versicherer hinter seinem Vertragspartner steht. Im Schadenfall kann der Architekt dann an seinen Versicherer herantreten, der ihm Versicherungsschutz gewährt und im Falle einer berechtigten Forderung des Bauherrn Zahlungen an diesen leistet.

Sollte der Architekt insolvent oder unbekannten Aufenthaltes sein, kann der Bauherr an den Berufs-Haftpflichtversicherer herantreten und seinen vermeintlichen Anspruch unmittelbar bei diesem geltend machen (§ 115 Abs. 1 VVG).

Dennoch ist nicht alles, wofür der Architekt /Ingenieur haftet, auch versichert bzw. versicherbar. Zu unterscheiden ist zwischen der gesetzlich geregelten Haftung und der versicherungsvertraglich festgelegten Deckung, d.h. dem Umfang des Versicherungsschutzes.

Es gilt der Grundsatz: Haftung ist nicht gleich Deckung.

Eine Berufshaftpflichtversicherung kann freiberuflich oder nebenberuflich tätigen Architekten und Ingenieuren angeboten werden, und zwar entweder als

durchlaufende Jahresversicherung

oder

objektbezogene Versicherung für ein einzelnes Bauvorhaben.

Anzumerken ist hier allerdings die unterschiedliche Berechnung des entsprechenden Beitrages.

Bei den Jahresverträgen wird i.d.R. die **Jahreshonorarsumme (JHS)** berücksichtigt und bei den Objektdeckungen die jeweilige **Bausumme** (Bau- und Planungskosten), jeweils **ohne Mehrwertsteuer.**

Da diese Summen und somit die Berechnungsgrundlage in ihrer Höhe sehr unterschiedlich sein können, rechnen sich die Jahresverträge schon meistens ab dem 2. oder 3. Planungsobjekt im Jahr!

Ferner kann es bei der Objektdeckung zu Versicherungslücken kommen! Nähere Details dazu sind im Thema „Das Verstoßprinzip" enthalten.

Zur freiberuflichen oder nebenberuflichen Tätigkeit des Architekten / Ingenieurs gehören alle Leistungen, die nach den landesrechtlichen Architekten-/Ingenieurgesetzen sowie der einschlägigen Honorarordnung HOAI unter sein Berufsbild fallen.

Objektversicherung

In der beruflichen Haftpflichtversicherung gibt es zwei Hauptmöglichkeiten, Versicherungsschutz zu erhalten: Entweder durch eine sogenannte Jahresversicherung, unter welche alle Tätigkeiten des entsprechenden Versicherungsjahres fallen, oder über eine Objektversicherung, die ausschließlich die Tätigkeit des Versicherungsnehmers für ein spezifiziertes Bauobjekt abgedeckt.

Gerade bei größeren Bauvorhaben wird es für den Versicherungsnehmer vorkommen, dass (neben) einer durchlaufenden Jahresversicherung eine Objektversicherung besteht.

Beim Deckungsschutz gibt es grundsätzlich keine Unterschiede zwischen Objektversicherung und durchlaufenden Jahresvertrag, mit folgenden Ausnahmen:

Der gesamten Komplex des Haus- und Grundbesitzerrisikos, der Anlagen zur Erzeugung und Nutzung von Energie, der Nutztiere und des Bauherrenrisikos können anders geregelt sein als bei Jahresverträgen.

Leistungspflicht des Versicherers

Die Leistungspflicht des Versicherers umfasst neben der Aufklärung des Sachverhalts in technischer und juristischer Hinsicht folgendes:

- Prüfung der Haftungsfrage nach Grund und Höhe
- Abwehr unberechtigter und überhöhter Ansprüche => Rechtsschutzfunktion
- Befriedigung berechtigter Schadensersatzansprüche durch Zahlung einer Entschädigung => Freistellungsfunktion

Der Versicherungsschutz wird für die im Versicherungsschein beschriebene freiberufliche Tätigkeit auf der Grundlage der Versicherungsbedingungen gewährt.

In den entsprechenden Bedingungswerken heißt es i.d.R.:

Versicherungsschutz besteht

- im Rahmen des versicherten Risikos bzw. Berufsbildes für den Fall, dass der Versicherungsnehmer wegen eines Versicherungsfalls,
- der einen Personen- oder sonstigen Schaden (Sach- und Vermögensschaden) zur Folge hat,
- aufgrund gesetzlicher Haftpflichtbestimmungen privatrechtlichen Inhalts
- von einem Dritten auf Schadensersatz in Anspruch genommen wird.

Neu sind bei einigen Versicherern eine eindeutige Zuordnung von Schäden bzgl. des Verlustes, der Veränderung oder der Blockade von Daten zu den (mitversicherten) Vermögensschäden.

Hintergrund ist die juristische Diskussion, was „Daten“ und damit Schäden an bzw. mit Daten von der Rechtsnatur her sind: Sach-, Vermögensschäden oder evtl. sogar eine eigene Schadenart.

Einige Konzepte ordnen daher diese Schäden, um keine Unsicherheiten aufkommen zu lassen, den Vermögensschäden zu.

Begrenzung der Leistungspflicht

Die Leistungspflicht des Versicherers wird begrenzt durch die vereinbarten Versicherungssummen.

Durch sie wird die Höchstersatzleistung des Versicherers je Versicherungsfall festgelegt.
Versichert sind sowohl Personen- als auch sonstige Schäden:

- Personenschäden sind solche, die sich aus Tod, Verletzung oder Gesundheitsschädigung von Menschen ergeben,

- sonstige Schäden gliedern sich auf in Sach- und Vermögensschäden.
Sachschäden sind Schäden durch Beschädigung oder Vernichtung von fremden Sachen.
Bei (reinen) Vermögensschäden handelt es sich um eine Vermögensbeeinträchtigung, die weder durch Personen- noch durch Sachschaden entstanden ist (z.B. vergeblich aufgewendete Kosten, die sich aufgrund einer Fehlplanung nicht wertmäßig auf das Gebäude auswirken).

Neben den vorgenannten Schäden sind auch die sog. Vermögensfolgeschäden versichert. Dies sind Vermögensschäden, die als Folge eines Personen- oder Sachschadens entstehen, z.B. der Nutzungsausfall eines Gebäudes, welches aufgrund eines Planungsfehlers statisch nicht sicher ist.

Juristisch sind diese Vermögensschäden aber nicht als (reine) Vermögensschäden einzuordnen, sondern behalten die Rechtsnatur des Schadens, aus denen sie resultieren, d.h. bei dem vorgenannten Beispiel ist der Nutzungsausfall als Vermögensfolgeschaden des Sachschadens (statisch unsicheres Gebäude) immer noch wie ein Sachschaden zu bewerten.

Zudem sind Datenschäden den (reinen) Vermögensschäden zugeordnet. Diese Zuordnung ist vor dem Hintergrund zu sehen, dass es juristische Diskussionen gibt, was Datenschäden sind. Die Lösungen variieren hier von Sach- über Vermögensschaden bis zu einen eigenen Schadenart (sui generis), d.h. weder Sach- noch Vermögensschäden.

Sollte sich die letztgenannte Auffassung – Schadenart sui generis – durchsetzen, würde das für den Versicherungsschutz bedeuten, dass keine Deckung bestünde, weil – wie dargelegt – nur Personen-, Sach- und Vermögensschäden versichert sind.

Leider ist diese hier vorgestellte Definition für Datenschäden nicht marktweit vorzufinden !
Manche Versicherer ordnen diese aber auch ggf. den Sachschäden zu, um für die Versicherungsnehmer in jedem Fall Deckung hierfür zu gewährleisten.

Höhe der Versicherungssummen

Architekten und Ingenieure haben – sofern sie von einer Kammer zugelassen werden wollen – berufsrechtlich eine Haftpflichtversicherung vorzuhalten. Da die rechtlichen Regelungen für beide Berufsgruppen in Deutschland unter die Zuständigkeitshoheit der Bundesländer fallen, kann jedes Bundesland die Höhe der geforderten Versicherungssummen selbst bestimmen.

In den Landesarchitekten- bzw. Ingenieurgesetzen oder auch in sonstigen Berufsordnungen, Satzungen o.ä. finden sich die entsprechenden Mindestversicherungssummen.

Der Versicherungsnehmer erhält diese Informationen von seiner jeweiligen Kammer. Als Auffangtatbestand regelt § 114 Abs. 1 VVG, dass die Mindestversicherungssumme bei einer Pflichtversicherung, soweit durch Rechtsvorschrift nichts anderes bestimmt ist, 250.000 EURO je Versicherungsfall und eine Million EURO für alle Versicherungsfälle eines Versicherungsjahres betragen muss.

Hinweis:
Neben den jeweiligen Regelungen in den Bundesländern sollte auch auf die Gesellschaftsform geachtet werden. Ein Einzelarchitekt oder Ingenieur ist womöglich von den Projektgrößen (und somit von den benötigten Versicherungssummen) her nicht mit Partnerschaften oder sonstigen (größeren) Gesellschaften zu Vergleich.

Aufgrund der Büro- und Objektgröße ergeben sich i.d.R. andere Summenbedürfnisse.

Gleichwohl kann einem Einzelarchitekten ein „genialer" Plan für Ein- und Zweifamilienhäuser gelungen sein, den er im großen Stil an unterschiedliche Bauherren und Bauträgern verkauft. Hier wäre der die vereinbarte Versicherungssumme für „Serienschäden" zu prüfen.

Versicherungssummenmaximierung

Üblicherweise wird eine Versicherungssummenmaximierung festgelegt, indem die Höchstersatzleistung des Versicherers für alle Versicherungsfälle eines Jahres auf das Mehrfache der vereinbarten Versicherungssummen begrenzt wird.

Es mag Ausnahmen geben, aber eigentlich sind aktuell Konzepte mit mindestens dreifacher Jahresmaximierung zu finden.

Genauer hinschauen sollte man bei Versicherungssumme für sonstige Schäden in Höhe von 300.000 EUR, denn das VVG (§ 114 Abs. 1) sieht pro Jahr eine Versicherungssumme von 1 Mio. EUR vor. Eine dreifache Maximierung reicht hier also nicht aus.

Selbstbeteiligung

Grundsätzlich liegen allen Berufs-Haftpflichtversicherungsverträgen Selbstbeteiligungsvereinbarungen für Sach- und Vermögensschäden zugrunde. Die Höhe dieser Selbstbeteiligungsvereinbarungen ist fei wählbar.

Hinweis:
Diese Beträge sind dann gleichzeitig Mindestselbstbeteiligungen, d.h. bis zu diesem Betrag hat der Versicherungsnehmer den Schaden selbst zu tragen.

Spannend wird das Thema Selbstbeteiligung bei mehreren Verstößen an einem Bauwerk !

Im Sinne des Versicherungsnehmers sollte die Anzahl, wie oft die vereinbarte Selbstbeteiligung in Abzug gebracht werden kann, ebenfalls maximiert sein.

Abgrenzung zu Serienschaden

Mehrere Verstöße an einem Bauwerk sind dann kein Serienschaden, wenn sie nicht zu einem einheitlichen Schaden führen.

Ein Serienschaden wiederum ist dann gegeben, wenn mehr als 2 Schäden durch einen Fehler auftreten.

Unterschied Bauwerk und Bauvorhaben

Was ein Bauwerk ist, kann nur anhand des Einzelfalles abschließend geklärt werden. Die Abgrenzung erfolgt zu einem Bauvorhaben, das aus mehreren Bauwerken bestehen kann. Z.B. ist die Errichtung eines Einfamilienhauses zweifelsohne ein Bauwerk. Soll aber eine gesamte Einfamilienhaussiedlung als ein Bauvorhaben errichtet werden, so ist nicht die Siedlung, sondern jedes einzelne Haus als das Bauwerk zu verstehen.

Schwierig wird die Abgrenzung bei Reihenhäusern:
Hier ist im Einzelfall darauf abzustellen, ob sich der Reihenhauskomplex als ein Gesamtbauwerk oder eher als mehrere zusammenhängende Einzelbauwerke definieren lässt. Sollten hier im Vorfeld Unsicherheiten existieren, empfiehlt sich eine Klärung mit der jeweiligen Vertragsabteilung des Versicherers.

Diese Selbstbeteiligungsregelungen greifen nicht bei Personenschäden und bei enumerativ aufgelisteten Nebenrisiken.

Hinweis:
Wenn etwas enumerativ ist, bedeutet dies, dass es eine begrenzte Anzahl von Elementen oder Optionen gibt, die ausdrücklich genannt oder aufgelistet sind, und dass diese Liste als abschließend oder vollständig angesehen wird.

Kumulrisiko / Kumulklausel

Kumulfälle sind für jeden Versicherer ein nicht kalkulierbares Risiko. Dabei handelt es sich um die Situation, dass ein und dieselbe Ursache zu einer Vielzahl von Leistungsansprüchen aus einer oder mehreren Versicherungspolicen/n führen.

Ein klassisches Beispiel gibt es im Bereich der Cyber-Versicherung, wenn ein Trojaner eine Vielzahl von Computersystemen lahmlegt oder ein Starkregenereignis eine ganze Stadt stark beschädigt und ein regional ansässiger Versicherer einen Großteil dieser Gebäude versichert hat.

Allerdings können grundsätzlich auch – je nach Ausgestaltung der Versicherung – innerhalb einer Police mehrere Leistungsansprüche existieren, wenn eine Ursache mehrere versicherte Risiken betrifft. Dies kann z.B. in der Betriebs-Haftpflicht vorkommen, wenn eine Ursache sowohl die eigentliche Drittschaden-Absicherung aus dem Betriebsrisiko als auch Risiken der Produkt-Haftpflicht auslöst und damit ggf. mehrfach Deckungsschutz zur Verfügung stehen könnte.

Um wirtschaftlich Versicherungen zu betreiben, muss auch ein Haftpflichtversicherer das Kumulrisiko bewerten bzw. eingrenzen und hat bzw. wird daher (auf dem Versicherungsmarkt übliche) Kumulklauseln einheitlich in alle gewerblichen Haftpflichtversicherungen aufnehmen.

Für den Fall also, dass für einen oder mehrere Versicherungsfälle in mehreren Vertragsabschnitten Versicherungsschutz besteht, ist die Leistung des Versicherers in diesem Kumulversicherungsfall auf die höchste der für die Versicherungsfälle bestehende Versicherungssumme begrenzt.

Eine Addition der Versicherungssummen oder der Sublimits findet nicht statt. Die vereinbarte Selbstbeteiligung orientiert sich ebenfalls an dem Versicherungsfall, der die höchste Deckungssumme hätte.

Zudem werden gesondert ausgewiesene Versicherungssummen grundsätzlich auf diese (höchste) Versicherungssumme angerechnet. Vorgenanntes gilt allerdings nicht, sofern es sich um eine Pflichtversicherungssumme handelt, z.B. die Mindestdeckungssummen aus den Landesarchitektengesetzen oder auch die Pflichtversicherungssumme für den Betrieb von Flugdrohnen.

Eine Kumulklausel hat in der Praxis keine Relevanz im Bereich der Berufs-Haftpflichtrisken.
Ein Verstoß oder ein Ereignis müsste mehrere Abschnitte betreffen, also zusätzlich z.B. (sofern mitversichert) Rechtsschutz-, Umwelt- oder AGG-Risiken.

Die Rechtsschutzrisiken sind hier nicht einschlägig, da diese den Abwehr-Rechtsschutz bzw. die aktive Honorarklage betreffen und damit eine neben den Versicherungssummen bestehende Kostenübernahme.

In der Umweltdeckung besteht grundsätzlich für das Berufsrisiko derselbe Schutz, so dass eine Kumulierung nicht möglich ist, für das Anlagenrisiko besteht zwar eine gesonderte Deckung, rein faktisch ist es aber nicht möglich, dass ein Planungsfehler zeitgleich zu einer Verwirklichung des (eigenen) Anlagenrisikos führen wird.

Selbiges – faktische Unmöglichkeit – dürfte für den Bereich der AGG-Deckung, d. h. des Diskriminierungsrisikos gelten; auch hier kann es nicht zeitgleich zu einer Planung, aus der eine (versicherte) Diskriminierung hervorgehen müsste, kommen.

Der Architekt ist der Sachwalter des Bauherrn

Der Begriff "Sachwalter" bezieht sich im Kontext der Architektur auf die Rolle des Architekten als treuhänderischer Verwalter der Interessen des Bauherrn. Der Architekt fungiert als Sachwalter, indem er die Verantwortung übernimmt, das Bauvorhaben im Sinne und zum Wohl des Bauherrn zu planen, zu steuern und zu überwachen.

Aufgaben und Pflichten des Architekten als Sachwalter

1. **Treuhänderische Verantwortung**:
   - Der Architekt handelt im Interesse des Bauherrn und hat die Pflicht, dessen Wünsche und Bedürfnisse in den Planungs- und Bauprozess zu integrieren.
   - Er muss den Bauherrn objektiv und umfassend beraten, um sicherzustellen, dass das Projekt erfolgreich und im Einklang mit den festgelegten Zielen abgeschlossen wird.

2. **Planung und Kontrolle**:
   - Der Architekt ist verantwortlich für die Erstellung detaillierter und präziser Baupläne, die den technischen und rechtlichen Anforderungen entsprechen.
   - Er überwacht die Bauausführung und stellt sicher, dass alle Arbeiten gemäß den Plänen und Spezifikationen durchgeführt werden.

3. **Kosten- und Zeitmanagement**:
   - Eine der zentralen Aufgaben des Architekten als Sachwalter ist die Kontrolle der Baukosten und die Einhaltung des Budgets. Er muss Kostenschätzungen erstellen und diese regelmäßig überprüfen.
   - Der Architekt ist auch für die Terminplanung verantwortlich und sorgt dafür, dass der Baufortschritt im Zeitrahmen bleibt.

4. **Qualitätssicherung**:
   - Der Architekt überwacht die Qualität der ausgeführten Arbeiten und stellt sicher, dass diese den vereinbarten Standards entsprechen.
   - Er prüft regelmäßig die Baustelle und nimmt Mängel auf, die behoben werden müssen.

5. **Koordination und Kommunikation**:
   - Der Architekt als Sachwalter koordiniert die Zusammenarbeit zwischen den verschiedenen Beteiligten am Bauprojekt, einschließlich Bauunternehmern, Ingenieuren und Behörden.
   - Er fungiert als zentraler Ansprechpartner für den Bauherrn und hält ihn regelmäßig über den Fortschritt und etwaige Probleme auf dem Laufenden.

Rechtliche Grundlagen

Die Pflichten des Architekten als Sachwalter sind im deutschen Werkvertragsrecht verankert. Insbesondere das Bürgerliche Gesetzbuch (BGB) sowie die Honorarordnung für Architekten und Ingenieure (HOAI) legen die rechtlichen Rahmenbedingungen fest. Architekten sind verpflichtet, ihre Aufgaben sorgfältig und nach den anerkannten Regeln der Technik zu erfüllen.

Haftung und Verantwortung

Als Sachwalter haftet der Architekt gegenüber dem Bauherrn für Fehler und Versäumnisse, die zu Schäden oder Mängeln am Bauwerk führen. Dies umfasst sowohl Planungsfehler als auch Mängel in der Bauüberwachung. Im Falle von Schadensersatzansprüchen ist der Architekt in der Regel durch eine Berufshaftpflichtversicherung abgesichert, die finanzielle Risiken abdeckt.

Fazit

Der Architekt als Sachwalter übernimmt eine zentrale Rolle im Bauprozess, indem er die Interessen des Bauherrn schützt und sicherstellt, dass das Bauvorhaben erfolgreich und im Einklang mit den festgelegten Zielen umgesetzt wird. Diese treuhänderische Verantwortung erfordert ein hohes Maß an Fachwissen, Integrität und Sorgfalt.

Ureigene Aufgaben des Architekten sind üblicherweise

- den Bauherrn in technischer-, wirtschaftlicher-, finanzieller- und rechtlicher Hinsicht zu beraten

- das Bauobjekt zu planen

- die Vergabe der Bauleistungen vorzubereiten und bei ihr mitzuwirken

- die Ausführung des Objektes zu überwachen.

Der Architekt steht daher nach seinem Berufsbild <u>nicht</u> auf der Seite der Bauhandwerker, die die Bauleistungen zu erbringen haben!

Der Bauherr vertraut daher dem Architekten umfassend!

Der Architekt berät bzgl. Baumethode, Baumaterialien, Sonderfachleuten, Bauunternehmer, Vertragsgestaltung, staatliche Fördermöglichkeiten, Baukosten, Bauzeit etc.

Hinweis:

Der Abruf öffentlicher Fördermittel sowie die Kontrolle der fristgerechten Verwendung fallen nicht unter die Grundleistungen der Leistungsphasen 1 bis 9 des § 15 HOAI. Diese Leistungen sind somit nicht versichert!

Heikel wird es dann, wenn der Architekt / Ingenieur lediglich die Unterstützung bei der Beantragung von Fördermitteln dem Bauherrn zusagt. Hier gibt es in der Praxis durchaus unterschiedliche Vorgehensweisen seitens der Versicherer.

Die technischen- und rechtsgeschäftlichen Entscheidungen des Architekten kosten das Geld des Bauherrn! Im Rahmen dieses Vertrauensverhältnisses wird der Architekt ganz allgemein zum Sachwalter des Bauherrn, was ihn zu umfassender Beratung, Aufklärung und Offenbarung verpflichtet. Macht der Architekt einen Fehler, schlägt sich dieser, meistens bevor er bemerkt wird, in der körperlichen Bauleistung bzw. in den Kosten nieder.

Die Architektenleistung soll sicherstellen, dass das Bauvorhaben plangerecht und mangelfrei ausgeführt wird, sie besteht u.a. in

- gegenständlichen Planzeichnungen

- mündlichen Verhandlungen mit Behörden

- Einsatz von Fachwissen bei Bauleitung und Koordinierung

Zusammengefasst schuldet der Architekt das „Entstehen lassen" des Bauwerks als im Wesentlichen geistiges Werk.

Die Sachwalter-Rolle des Architekten erstreckt sich nicht nur auf den Bauherrn, sondern auch auf die Nachbarn und alle Dritte, die durch das Bauvorhaben in irgendeiner Weise berührt sind.

Der Bauherr ist in der Regel in allen Angelegenheiten des Bauens unerfahren.

Hinweis:

Den Begriff „Bauherr“ kennt das allgemeine Baurecht nicht!

Der Bauherr wird in den jeweiligen Rechtsbereichen daher wie folgt unterschiedlich tituliert:

a) im BGB als Besteller

b) die VOB bezeichnen ihn als Auftraggeber

c) innerhalb der Landesbauordnung wird der Bauherr definiert als derjenige, „der auf seine Verantwortung eine bauliche Anlage vorbereitet oder ausführt oder ausführen oder vorbereiten lässt“.

Definition „Sachwalter":

Mit Sachwalter ist im deutschen Recht eine Person gemeint, die als Dritter am Abschluss und an der Ausführung eines Vertrages beteiligt ist (also nicht Partei ist oder wird) und die Interessen eines anderen wahren soll.

Allerdings wird im Baubereich der Begriff "Sachwalter" normalerweise nicht mehr spezifisch verwendet.

Sachwalter ist ein Begriff, der in rechtlichen Kontexten allgemein verwendet wird und sich auf eine Person bezieht, die rechtliche Befugnisse hat, um die Interessen einer anderen Person oder eines anderen Unternehmens zu vertreten oder zu schützen.

Im Baubereich können jedoch ähnliche Rollen existieren, die möglicherweise mit dem Begriff Sachwalter vergleichbar sind, je nach den spezifischen Umständen und Anforderungen eines Bauprojekts.

Hier sind einige mögliche Rollen, die dem Konzept eines Sachwalters ähneln könnten:

1. Projektmanager: Ein Projektmanager übernimmt die Verantwortung für die Planung, Koordination und Durchführung eines Bauprojekts im Auftrag des Bauherrn oder des Eigentümers. Er oder sie trägt die Verantwortung dafür, dass das Projekt erfolgreich abgeschlossen wird und die Interessen des Bauherrn vertreten werden.

2. Bauherrenvertreter: Ein Bauherrenvertreter vertritt die Interessen des Bauherrn während des gesamten Bauprozesses. Er oder sie überwacht die Arbeiten, kommuniziert mit den verschiedenen Projektbeteiligten und stellt sicher, dass das Projekt den Anforderungen des Bauherrn entspricht.

3. Baurechtsanwalt: Ein Baurechtsanwalt kann die rechtlichen Interessen einer Partei in Bauprojekten vertreten. Er oder sie berät und unterstützt die Partei in rechtlichen Angelegenheiten, wie Vertragsverhandlungen, Streitigkeiten oder Haftungsfragen.

4. Bausachverständiger: Ein Bausachverständiger ist eine Fachkraft, die über Fachwissen und Erfahrung im Bauwesen verfügt und bei baubezogenen Fragen oder Streitigkeiten beratend tätig ist. Er oder sie kann als unabhängige Instanz fungieren, um die Interessen einer Partei zu vertreten oder zu schützen.

Diese Rollen können in verschiedenen Phasen eines Bauprojekts relevant sein und dazu beitragen, die Interessen der beteiligten Parteien zu vertreten und zu schützen. Es ist wichtig, die spezifischen Anforderungen und Bedingungen eines Bauprojekts zu berücksichtigen, um die geeignete Fachkraft für die jeweilige Rolle auszuwählen.

Die anerkannten Regeln der Technik

Der Architekt / Ingenieur sichert i.d.R. zu, bei seinen Planungen die „allgemein anerkannten Regeln der Technik" anzuwenden. Dies ist dann der Fall, wenn die im Bauwesen allgemein bekannten sowie anerkannten wissenschaftlichen-, technischen- und bauhandwerklichen Techniken Anwendung finden.

In den Wordings sind z.B. folgende Formulierungen zu finden:

Anerkannte Regeln der Bautechnik

Stellt der Versicherungsnehmer bei der Erbringung seiner Leistungen für eine Baumaßnahme fest, dass geltende anerkannte Regeln der Bautechnik nicht eingehalten werden können oder auf Wunsch des Bauherrn nicht eingehalten werden sollen, ist er verpflichtet, den Auftraggeber/Bauherrn auf die das ganze Bauwerk oder seine Teile betreffenden Abweichungen und die sich daraus ergebenden Folgen hinzuweisen.

Voraussetzung für den Versicherungsschutz ist, dass die Hinweise begründet und in schriftlicher Form abgegeben werden und zu den Abweichungen eine schriftliche Einverständniserklärung des Auftraggebers/Bauherrn eingeholt wird.

Unter "anerkannten Regeln der Technik" im Baubereich versteht man allgemein gültige technische Standards und Verfahren, die sich in der Praxis bewährt haben und von der Fachwelt anerkannt sind.

Diese Regeln basieren auf den neuesten wissenschaftlichen Erkenntnissen und praktischen Erfahrungen und werden durch Normen, Richtlinien und technische Vorschriften festgelegt.

Merkmale der anerkannten Regeln der Technik

1. **Aktualität**:
   - Die anerkannten Regeln der Technik repräsentieren den aktuellen Stand der Technik. Sie werden regelmäßig überprüft und angepasst, um neue Entwicklungen und Erkenntnisse zu integrieren.
2. **Allgemeine Anerkennung**:
   - Diese Regeln sind durch die Fachwelt anerkannt und akzeptiert. Sie gelten als Maßstab für die ordnungsgemäße Ausführung von Bauleistungen.
3. **Verbindlichkeit**:
   - Obwohl sie nicht immer gesetzlich vorgeschrieben sind, haben sie eine hohe rechtliche Relevanz. Im Falle von Streitigkeiten dienen sie oft als Referenzpunkt für Gerichte und Sachverständige.
4. **Praxisbewährung**:
   - Sie basieren auf bewährten und erprobten Verfahren und Methoden, die in der Praxis erfolgreich angewendet wurden.

Beispiele für anerkannte Regeln der Technik

- **DIN-Normen**: Deutsche Industrienormen, die Standards für Materialien, Verfahren und Produkte festlegen.

- **VDE-Vorschriften**: Richtlinien des Verbandes der Elektrotechnik, Elektronik und Informationstechnik, die technische Standards für elektrotechnische Installationen definieren.

- **Richtlinien des Deutschen Instituts für Normung (DIN)**: Diese enthalten spezifische Anforderungen und Empfehlungen für verschiedene Bauverfahren und Materialien.

- **Bauordnungen der Länder**: Landesrechtliche Vorschriften, die spezifische bautechnische Anforderungen und Sicherheitsstandards enthalten.

- **Technische Baubestimmungen**: Technische Regeln, die spezifische Anforderungen an Bauprodukte und -verfahren festlegen, wie beispielsweise die Bauproduktenverordnung.

Bedeutung und Anwendung

Die anerkannten Regeln der Technik sind von zentraler Bedeutung für die Planung, Ausführung und Abnahme von Bauprojekten. Sie dienen als Leitfaden für Architekten, Ingenieure und Bauunternehmen, um die Qualität und Sicherheit von Bauwerken zu gewährleisten. Zudem spielen sie eine entscheidende Rolle bei der rechtlichen Bewertung von Baumängeln und -schäden.
Im Bauvertragsrecht wird häufig auf die anerkannten Regeln der Technik Bezug genommen, um zu bestimmen, ob eine Bauleistung vertragsgemäß und mangelfrei erbracht wurde. Sie dienen als Maßstab dafür, was als fachgerechte und übliche Ausführung betrachtet wird.

Fazit

Die anerkannten Regeln der Technik stellen sicher, dass Bauprojekte auf einem hohen Qualitäts- und Sicherheitsniveau realisiert werden. Sie bieten eine verlässliche Grundlage für die Planung und Durchführung von Bauvorhaben und helfen, Streitigkeiten über die Ausführungsqualität zu vermeiden.

Von den „anerkannten Regeln der Bautechnik“ sind folgende Begriffe abzugrenzen:

- **Experimentelles Bauen**
- **Risikoreiches Bauen**
- **Riskantes Bauen**

Experimentelles Bauen
...ist Bauen ohne ausreichende Abklärung bautechnischer und / oder bautechnologischer Abläufe und Prozesse, auch mit Inkaufnahme von Gefahren und Schäden des geplanten / gebauten Werkes.

Die Versicherer sprechen in diesen Fällen von einem bewussten Verstoß und schließen Schäden, die dem experimentellen Bauen zuzuordnen sind, von dem Versicherungsschutz aus.

Experimentelles Bauen bezieht sich also auf innovative und unkonventionelle Ansätze in der Architektur und im Bauwesen, die darauf abzielen, neue Materialien, Technologien, Bauweisen und Entwurfskonzepte zu erforschen und zu erproben. Es handelt sich um eine praxisorientierte Forschung, bei der Theorien und Ideen durch tatsächliche Bauprojekte getestet werden.

Merkmale des experimentellen Bauens

1. **Innovative Materialien und Techniken**:
   - Nutzung neuer oder alternativer Baumaterialien wie recycelte Werkstoffe, biobasierte Materialien oder Hightech-Konstruktionen wie 3D-Druck.
   - Einsatz fortschrittlicher Bautechnologien und digitaler Fabrikationsmethoden.

2. **Kreative Entwurfsansätze**:
   - Entwicklung von Formen und Strukturen, die außerhalb konventioneller Architekturpraktiken liegen.
   - Experimentieren mit neuen Raumkonzepten und Wohnformen, die soziale, ökologische oder kulturelle Fragen adressieren.

3. **Nachhaltigkeit und Ressourceneffizienz**:
   - Fokus auf energieeffizientes Bauen und die Minimierung des ökologischen Fußabdrucks.
   - Integration von regenerativen Energiequellen und umweltfreundlichen Baustoffen.

4. **Partizipative Prozesse**:
   - Einbeziehung der zukünftigen Nutzer und der Gemeinschaft in den Entwurfs- und Bauprozess.
   - Förderung von kollaborativen und kooperativen Projektansätzen.

Beispiele und Anwendungen

- **Wohn- und Lebensraumprojekte**: Projekte, die neue Wohnkonzepte testen, wie modulare oder flexible Wohnräume, die an verschiedene Lebenssituationen angepasst werden können.

- **Temporäre Strukturen**: Bauwerke, die für spezielle Ereignisse oder kurzfristige Zwecke errichtet werden, um neue Bautechniken oder Materialien auszuprobieren.

- **Ökologische Bauten**: Projekte, die durch innovative Methoden versuchen, die Auswirkungen des Bauens auf die Umwelt zu minimieren, z.B. durch das Bauen mit nachwachsenden Rohstoffen oder Recyclingmaterialien .

Bedeutung und Ziele

Experimentelles Bauen ist wichtig, um:

- die Grenzen der Architektur und des Bauwesens zu erweitern.
- Lösungen für drängende ökologische und gesellschaftliche Herausforderungen zu entwickeln.
- praktische Erfahrungen mit neuen Technologien und Materialien zu sammeln und deren Einsatzmöglichkeiten in der breiten Baupraxis zu evaluieren .

Durch experimentelles Bauen können Architekten und Ingenieure neue Wege finden, um nachhaltiger und effizienter zu bauen, und gleichzeitig kreative und funktionale Lösungen für die Lebensräume der Zukunft zu entwickeln – leider nicht (immer) versicherbar.

Risikoreiches Bauen

...ist hingegen eine bilanzierte, konzeptionell aufbereitete Ausgestaltung eines technischen Freiraumes. Dies schließt eine qualitativ und quantitativ technisch abgeklärte Schädigungsprognose ein.

Das Restrisiko ist i.d.R. prognostizierbar und kann in Abstimmung mit dem Versicherer gegen Zuschlag mitversichert werden.

Risikoreiches Bauen bezieht sich also auf Bauprojekte, die mit erhöhten Risiken und Unsicherheiten verbunden sind. Diese Risiken können aus verschiedenen Faktoren resultieren, darunter technische Herausforderungen, unkonventionelle Bauweisen, schwierige Umgebungsbedingungen und finanzielle Unsicherheiten.

Merkmale des risikoreichen Bauens

1. **Technische Komplexität**:
    - Einsatz neuer oder unerprobter Baumaterialien und Technologien.
    - Komplexe Konstruktionsmethoden, die spezielle Kenntnisse und Fähigkeiten erfordern.
    - Projekte, die auf technische Innovationen angewiesen sind, welche möglicherweise noch nicht vollständig ausgereift sind.

2. **Umweltbedingungen**:
    - Bau in extremen Klimazonen oder unter schwierigen topografischen Bedingungen (z.B. Gebirge, Wüsten, Meeresumgebungen).
    - Projekte in erdbebengefährdeten, überflutungsanfälligen oder anderen risikobehafteten Regionen.

3. **Finanzielle Unsicherheiten**:
    - Hohe Investitionskosten und ungewisse Rentabilität.
    - Abhängigkeit von Fördermitteln oder Investoren, die möglicherweise nicht gesichert sind.
    - Unvorhersehbare Kostenüberschreitungen und Zeitverzögerungen.

4. **Regulatorische und rechtliche Risiken**:
    - Projekte, die umfangreiche Genehmigungsverfahren und behördliche Zustimmungen erfordern.
    - Unklare oder sich ändernde Bauvorschriften und Standards.

5. **Innovative und unkonventionelle Projekte**:
    - Architekturprojekte, die ästhetisch oder funktional von traditionellen Konzepten abweichen.
    - Experimente mit neuen Wohn- oder Nutzungsformen, die noch nicht weit verbreitet oder akzeptiert sind.

Beispiele und Anwendungen

- **Hochhäuser und Wolkenkratzer**: Bau von sehr hohen Gebäuden, die besondere technische und strukturelle Herausforderungen darstellen.
- **Infrastrukturprojekte**: Großprojekte wie Brücken, Tunnel oder Staudämme, die komplexe Ingenieurleistungen und umfangreiche Ressourcen erfordern.
- **Ökologische Bauten**: Projekte, die versuchen, vollständig nachhaltige oder energieautarke Gebäude zu errichten, und dabei neue Technologien integrieren.

Bedeutung und Ziele

Risikoreiches Bauen ist oft notwendig, um:

- Innovation und Fortschritt in der Bauindustrie voranzutreiben.
- Lösungen für bisher unerschlossene oder schwer zugängliche Gebiete zu entwickeln.
- Neue Märkte zu erschließen und wirtschaftliche Entwicklungen zu fördern.
- Technologische und architektonische Grenzen zu erweitern und zukunftsweisende Bauweisen zu erforschen.

Trotz der potenziellen Risiken können solche Projekte erhebliche Vorteile und Fortschritte mit sich bringen, wenn sie erfolgreich umgesetzt werden. Daher ist ein sorgfältiges Risikomanagement und eine gründliche Planung entscheidend, um die Herausforderungen des risikoreichen Bauens zu bewältigen.

Diese Punkte sind nicht mit „**riskantem Bauen**" aufgrund steigenden wirtschaftlichen Drucks zu verwechseln!

"Riskantes Bauen" bezieht sich auf Bauprojekte, die mit erheblichen Unsicherheiten und Risiken verbunden sind, welche die Sicherheit, Kosten, Zeitpläne und den Erfolg des Projekts betreffen können. Diese Risiken können aus verschiedenen Quellen stammen und betreffen sowohl technische als auch finanzielle und regulatorische Aspekte.

Merkmale des riskanten Bauens

1. **Technische Herausforderungen**:
   - **Neue und ungetestete Technologien**: Der Einsatz von Technologien oder Materialien, die noch nicht umfangreich getestet oder in der Praxis bewährt sind.
   - **Komplexe Konstruktionen**: Bauvorhaben, die aufgrund ihrer Größe, Struktur oder Lage außergewöhnliche technische Herausforderungen mit sich bringen, wie z.B. Wolkenkratzer, Brücken oder Tunnel.

2. **Umwelt- und Standortbedingungen**:
   - **Schwierige geologische Bedingungen**: Bauen auf instabilen Böden, in Erdbebengebieten oder in Regionen mit extremen klimatischen Bedingungen.
   - **Umweltauflagen**: Strenge Umweltvorschriften und die Notwendigkeit, ökologisch sensible Gebiete zu schützen.

3. **Finanzielle Risiken**:
   - **Hohe Kosten und Budgetüberschreitungen**: Projekte, die aufgrund ihrer Komplexität oder der Verwendung spezieller Materialien und Technologien sehr kostspielig sind.
   - **Finanzierungsunsicherheiten**: Schwierigkeiten bei der Sicherstellung der Finanzierung, insbesondere bei Großprojekten, die auf Investoren oder staatliche Fördermittel angewiesen sind.

4. **Regulatorische und rechtliche Herausforderungen**:
   - **Aufwendige Genehmigungsverfahren**: Projekte, die umfangreiche Genehmigungen erfordern, was zu Verzögerungen und zusätzlichen Kosten führen kann.
   - **Rechtliche Unsicherheiten**: Unklare oder sich ändernde gesetzliche Rahmenbedingungen, die die Planung und Durchführung des Projekts beeinflussen können.

Beispiele und Anwendungen

- **Großprojekte im Infrastrukturbereich**: Zum Beispiel der Bau von Flughäfen, Hochgeschwindigkeitsbahnstrecken oder großen Staudämmen.

- **Innovative Architekturprojekte**: Gebäude mit unkonventionellen Designs und Konstruktionen, wie das Burj Khalifa in Dubai oder das Guggenheim-Museum in Bilbao.

- **Projekte in extremen Umgebungen**: Offshore-Plattformen, Polarforschungseinrichtungen oder Bauprojekte in Wüstenregionen.

Bedeutung und Management

Das Management von risikoreichen Bauprojekten erfordert umfassende Planung und Risikomanagementstrategien. Dazu gehören:

1. **Risikoidentifikation und -bewertung**:
   - Identifikation potenzieller Risiken und Bewertung ihrer Wahrscheinlichkeit und Auswirkungen.

2. **Risikominderung**:
   - Implementierung von Maßnahmen zur Reduzierung oder Kontrolle identifizierter Risiken, z.B. durch technische Lösungen, alternative Materialien oder Anpassungen im Bauprozess.

3. **Versicherung und vertragliche Absicherung**:
   - Abschluss von Versicherungen, um finanzielle Risiken abzusichern, sowie vertragliche Regelungen, die Verantwortlichkeiten und Haftungen klar definieren.

4. **Kontinuierliches Monitoring und Anpassung**:
   - Laufende Überwachung des Projektfortschritts und Anpassung der Risikomanagementstrategien bei Bedarf.

Durch sorgfältige Planung und Management können die Risiken im Bauwesen besser kontrolliert und negative Auswirkungen auf das Projekt minimiert werden. Risikoreiches Bauen bleibt jedoch ein integraler Bestandteil des Fortschritts in der Bauindustrie, da es oft zu bedeutenden Innovationen und Entwicklungen führt.

Exkurs: Kunst am Bau

Mit **Kunst am Bau** wird eine Verpflichtung insbesondere des Staates als Bauherr verstanden, aus seinem baukulturellen Anspruch heraus einen gewissen Anteil – meist um die 1 % – der Baukosten öffentlicher Bauten für Kunstwerke zu verwenden.

Diese Verpflichtung ist beim Bund und den Ländern in entsprechenden Regelungen festgeschrieben.

Unabhängig von dieser öffentlichen Zielsetzung fühlen sich auch manche private Bauherren der Kunst am Bau verpflichtet und realisieren entsprechende Projekte in und an ihren Verwaltungs- oder Geschäftsbauten.

Die Kunst am Bau ist dauerhaft fest innen oder außen mit dem Bauwerk verbunden oder befindet sich im Freiraum auf dem dazugehörigen Grundstück. Ausnahmsweise kann sich Kunst am Bau auch im öffentlichen Raum im Umfeld des betreffenden Bauwerks befinden.

Insofern besteht eine gewisse Schnittmenge zur Kunst im öffentlichen Raum. An sich lassen sich diese beiden Arten der öffentlich sichtbaren Kunst sehr genau differenzieren; teils sind die Übergänge jedoch fließend, da der Betrachter eine Zuordnung kaum vornehmen kann. Teilweise werden die beiden Begriffe auch synonym gebraucht.

Mit Kunst am Bau soll ein kultureller Mehrwert geschaffen werden, deswegen sollte ein gewisser Anteil der Bauwerkskosten in ein oder mehrere Kunstwerke investiert werden, um die Kultur zu fördern.

Zugleich dient diese Maßnahme der finanziellen Unterstützung der Kunst und Kultur, respektive der Künstler. In gewisser Weise wird dadurch das staatliche Mäzenatentum früherer Jahrhunderte fortgeführt.

"Kunst am Bau" bezieht sich also auf die Integration von Kunstwerken oder künstlerischen Gestaltungen in Bauprojekte, insbesondere in öffentlichen Gebäuden, Infrastrukturprojekten oder städtischen Entwicklungsprojekten. Ziel ist es, die ästhetische Qualität und den kulturellen Wert des Bauwerks zu verbessern und gleichzeitig die Lebensqualität der Nutzer und die kulturelle Identität des Standorts zu bereichern.

Hier sind einige Merkmale und Ziele von Kunst am Bau:

1. **Integration in die Architektur**: Kunst am Bau ist eng mit der architektonischen Gestaltung verbunden und wird in das Design und den Bauprozess eines Gebäudes von Anfang an einbezogen. Sie kann verschiedene Formen annehmen, darunter Skulpturen, Malereien, Wandreliefs, Lichtinstallationen, Glasarbeiten, Mosaiken, Brunnen oder Landart.

2. **Bereicherung des öffentlichen Raums**: Kunst am Bau trägt zur Gestaltung und Aufwertung des öffentlichen Raums bei, indem sie visuelle und kulturelle Anreize bietet und die Wahrnehmung und Nutzung des Raums durch die Öffentlichkeit verbessert. Sie schafft eine atmosphärische, emotionale oder identitätsstiftende Dimension, die über die rein funktionale Nutzung hinausgeht.
3. **Künstlerische Vielfalt**: Kunst am Bau bietet Künstlern die Möglichkeit, in verschiedenen Kontexten und Materialien zu arbeiten und ihre künstlerische Vision in den öffentlichen Raum zu bringen. Dies fördert die Vielfalt der künstlerischen Ausdrucksformen und ermöglicht die Integration unterschiedlicher kultureller, ästhetischer und konzeptueller Ansätze.

4. **Kulturelle Identität und Erinnerung**: Kunst am Bau kann die kulturelle Identität eines Ortes oder einer Gemeinschaft widerspiegeln, indem sie lokale Geschichte, Traditionen, Werte oder kulturelle Besonderheiten aufgreift. Sie kann auch als Erinnerung an historische Ereignisse dienen oder eine zukunftsorientierte Vision für die Gemeinschaft vermitteln.

5. **Dialog zwischen Kunst und Architektur**: Kunst am Bau schafft einen Dialog zwischen Kunst und Architektur, der die Wechselwirkungen zwischen Formen, Materialien, Raum und Bedeutung erkundet. Dies kann zu innovativen künstlerischen und architektonischen Lösungen führen und die kreative Zusammenarbeit zwischen Künstlern, Architekten und Bauherren fördern.

Die Rolle der Baubetriebe

Die Baubetriebe und Bauhandwerker schulden hingegen die körperliche Errichtung des Bauvorhabens.

Auch sie haben - unabhängig vom Wirken des Architekten - die Pflicht, fehlerfrei und normgerecht zu arbeiten.

Der Bauunternehmer ist im Allgemeinen direkter Vertragspartner des Bauherrn und schuldet ihm ein mangelfreies Bauwerk.

Dies schließt ein, dass nicht nur die Regeln der Technik im Allgemeinen, sondern die Verordnungen und Gesetzlichkeiten zur Sicherheit der Mitarbeiter, Maschinen und Geräte, Verkehrssicherungspflichten, zur Sorgfalt gegenüber Nachbargebäuden und Nachbargrundstücken, zur Vermeidung von Kanal- und Leitungsschäden, des Wasser- und Umweltrechts einzuhalten sind.

Bei einem Bauunternehmen kann es sich handeln um:

- Bauträger
- Generalunternehmer (Hauptunternehmer)
- Generalübernehmer (Totalunternehmer)
- Baubetreuer

Bauträger

- errichten auf eigenem Grund und Boden Bauvorhaben (Eigen- oder Vorratsbauten) zum Zwecke der späteren Vermietung oder des späteren Verkaufs im Ganzen oder in Teilen.

- errichtet auf eigenem oder zu beschaffendem Grundstück im eigenen Namen und für eigene Rechnung ein Bauvorhaben.

- trägt Bauherrenrisiko / besitzt Bauherreneigenschaft.

- Grundstück nicht im Besitz des Betreuten, jedoch Übereignung nach Fertigstellung.

- führt selbst keine eigenen Bauleistungen aus.

- schließt Verträge mit den am Bau Beteiligten im eigenen Namen und für eigene Rechnung ab.

- erbringt i.d.R. selbst Planungsleistungen.

Generalunternehmer (Hauptunternehmer)

- sind für die Gesamtherstellung eines Bauvorhabens verantwortlich, das i.d.R. mit Subunternehmereinschaltung realisiert wird.
- übernimmt sämtliche Bauleistungen mit oder ohne Architektenleistungen.
- erbringt selbst Teilleistungen.
- beauftragt Nachunternehmer für weitere Teilleistungen (mit Genehmigung Auftraggeber).
- übernimmt z.T. weitere Leistungen (Planungsleistungen, Aufgaben der Sonderfachleute, Grundstücksbeschaffung, Finanzierung). Er wird zum "Totalunternehmer". Generalunternehmervertrag ist Werkvertrag (BGB oder VOB).
- Hat der Generalunternehmer das Bauwerk schlüsselfertig zu erstellen, so schuldet er auch die Architekten- und Ingenieurleistungen.

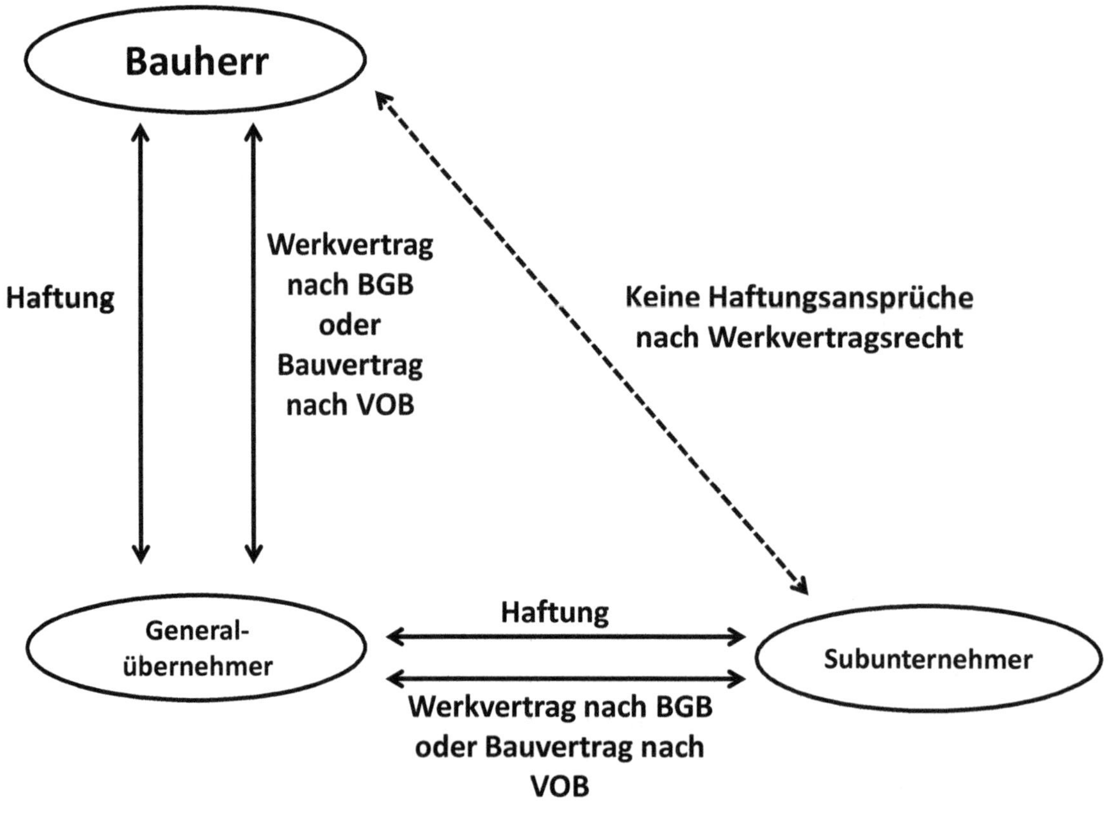

Generalübernehmer (Totalunternehmer)

- ist dem Bauherrn oder Auftraggeber für die Gesamtherstellung eines Bauvorhabens inkl. Planungsleistungen, Grundstücksbeschaffung und/oder Finanzierung verantwortlich.
- errichtet auf einem fremden Grundstück schlüsselfertig ein Bauobjekt.
- trägt für Auftraggeber Bauherrenrisiko, wird jedoch nicht Bauherr.
- schließt Verträge (Vergabe Bauleistungen) namens und im Auftrag des Bauherrn ab.
- führt selbst keine eigenen Bauleistungen aus.
- übernimmt i.d.R. per Vertrag auch Planungsleistungen, die selbst erbracht oder vergeben werden.
- Hauptaufgaben Generalübernehmer:
  - Feste Terminzusage
  - Festpreisvereinbarung für das Gesamtobjekt
  - Lückenlose Übernahme der Gewährleistung für das Gesamtobjekt
  - Übernahme der Gesamthaftung für Drittschäden
  - Verpflichtung zur alleinigen Gefahrtragung bis zur Übergabe

Baubetreuer

schließen im Namen und in Vollmacht der Betreuten Verträge mit den Bauhandwerkern, Finanzierungsinstituten usw. bezüglich der Erstellung eines Bauvorhabens auf dem Grundstück des Betreuten (Bauherrn) ab.

Bei der Baubetreuung wird unterschieden in

- Baubetreuung i.e.S. (im engeren Sinne)

  Wird auf dem Grundstück des Betreuten ein Gebäude errichtet, schließt der Betreuer im Namen und in Vollmacht des Betreuten die Verträge mit den am Bau Beteiligten ab.
  Der Baubetreuer führt das Bauvorhaben für Rechnung des Betreuten durch.
  Der Betreute trägt hier das Bauherrenrisiko und ist Bauherr i.S. des öffentlichen Baurechts.

- Baubetreuung i.w.S. (im weiteren Sinne)

  Ist gleichbedeutend mit Bauträgerschaft.
  Der Bauträger errichtet auf einem ihm gehörigen oder von ihm noch zu beschaffenden Grundstück ein Bauvorhaben im eigenen Namen und für eigene Rechnung.
  Der Baubetreuer trägt das Bauherrenrisiko und besitzt Bauherreneigenschaft, er schließt die Verträge mit den am Bau Beteiligten im eigenen Namen und für eigene Rechnung ab.

Das Betreuungsverhältnis ist kennzeichnendes Merkmal.

Die Leistungen des Baubetreuers sind gekennzeichnet durch:

- **technische Leistungspflichten**
  - Architektenleistungen und Ingenieurleistungen gemäß HOAI

- **wirtschaftliche Leistungspflichten**
  - Regelung der Rechtsverhältnisse am Grundstück
  - Finanzierung
  - Abschluss von Versicherungen für das Bauwerk
  - Erstellung einer Wirtschaftlichkeitsberechnung
  - Abwicklung des Rechnungs- und Zahlungsverkehrs
  - Aufstellung einer Schlussrechnung

> **Technische Leistungspflichten des Baubetreuers i.e.S. sind über eine Berufs-haftpflichtversicherung versichert.**
>
> **Wirtschaftliche und finanzielle Betreuung sind vom Versicherungsschutz ausgeklammert.**

Unterschied Baubetreuer ./. Bauträger:

Leistungspflicht des Baubetreuers:	Entstehen lassen des Bauwerkes (ähnlich Architekt)
Leistungspflicht des Bauträgers:	Schuldet selbst das Bauwerk

Unterschied Bauträger ./. Bauunternehmen (GU / GÜ):

Bauträger:	Ist ein Unternehmen, das die Erstellung von Wohn- und Gewerbeimmobilien zum gewerbsmäßigen Vertrieb zum Gegenstand hat. Der Bauträger wird dabei Eigentümer von der Immobilie inklusive des entsprechenden Grundstückes. Der Bauträger baut mit eigenem bzw. finanziertem Geld auf eigenes Risiko. Nach Verkauf einer Einheit erhält er Abschläge vom Käufer auf bereits erbrachte Leistungen (Grundstückskauf, Erstellung des Rohbaus etc.) nach strengen Auflagen des Gesetzgebers und der Makler- und Bauträgerverordnung.
Bauunternehmer:	Der Bauunternehmer (als GU / GÜ) baut auf dem Grundstück des Bauherrn. Da hier kein Grundeigentum übertragen wird, sind diese Verträge - im Gegensatz zum Bauträgervertrag - nicht notariell beurkundungspflichtig, sondern werden in der Regel privatschriftlich geschlossen. Die Baufirma erhält Abschlagszahlungen vom Bauherrn, die sich am Baufortschritt orientieren.

Konstrukt der am Bau beteiligten Parteien

Um den Versicherungsnehmer vollständig beraten zu können, ist es notwendig sich das Rollenverhältnis der Beteiligten, deren Aufgaben und Pflichten zu verdeutlichen.

Die Baubeteiligten sind der Auftraggeber (Bauherr), der Planer (Architekt / Ingenieur) und das bauausführende Unternehmen (Baufirma, Generalübernehmer, Generalunternehmer, Bauträger).

Für Sonderaufgaben (Baustatik, Baugrund, technische Gebäudeausrüstung etc.) werden Sonderfachleute hinzugezogen.

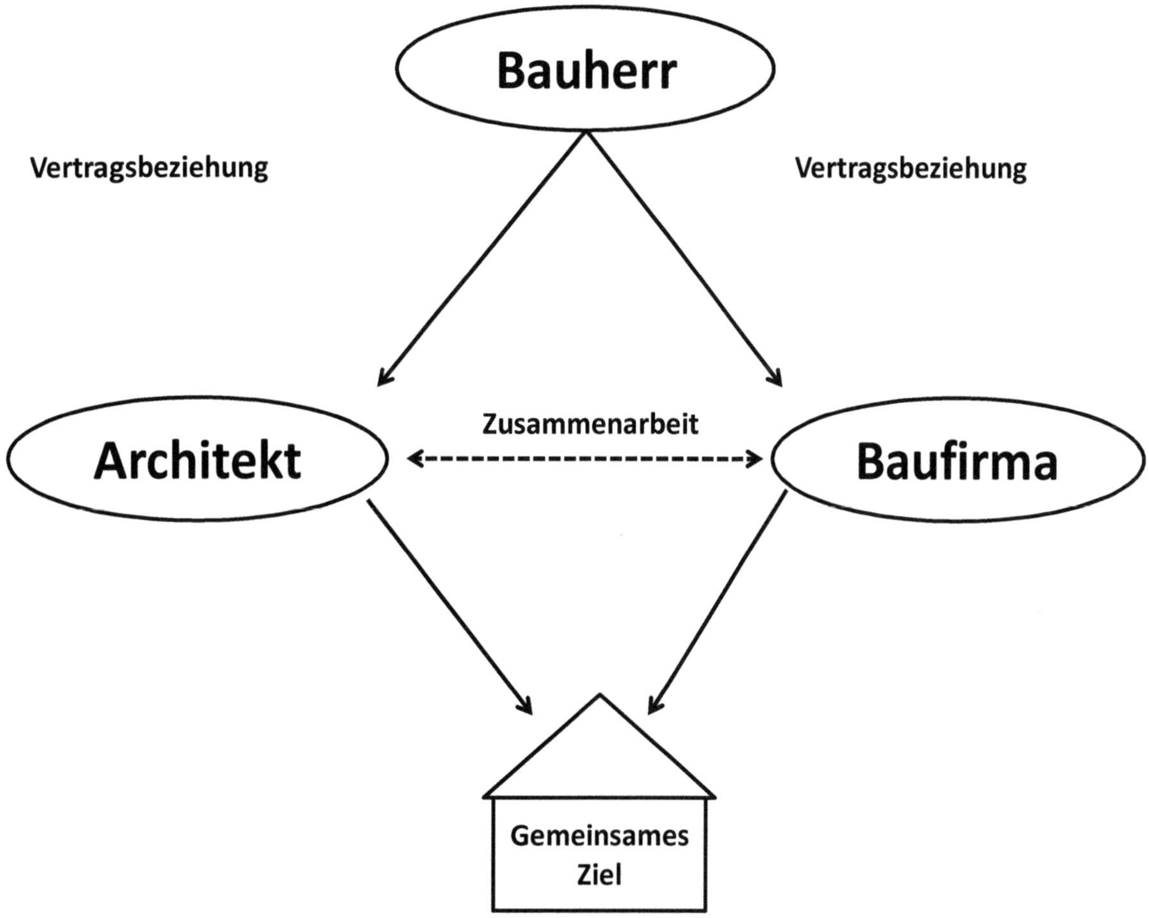

Die Haftung von Architekten und Baufirmen gegenüber dem Bauherrn ist im deutschen Recht umfassend geregelt und hängt von verschiedenen Faktoren ab. Sie bezieht sich hauptsächlich auf vertragliche Verpflichtungen, die aus dem Werkvertragsrecht des Bürgerlichen Gesetzbuchs (BGB) sowie aus den speziellen Regelungen der Honorarordnung für Architekten und Ingenieure (HOAI) resultieren.

Haftung von Architekten

1. Planungsfehler:
    - Architekten haften für Fehler in der Planung, die zu Baumängeln oder Mehrkosten führen. Dies umfasst unzureichende oder fehlerhafte Baupläne, die nicht den anerkannten Regeln der Technik entsprechen.
    - Die Haftung erstreckt sich auch auf unvollständige oder fehlerhafte Ausschreibungsunterlagen.

2. Überwachungsfehler:
    - Architekten sind verpflichtet, die Bauausführung zu überwachen und sicherzustellen, dass sie den Plänen und Vorschriften entspricht. Versäumnisse bei der Bauüberwachung können zu einer Haftung führen.
    - Eine unzureichende Bauüberwachung kann dazu führen, dass Mängel nicht rechtzeitig erkannt und behoben werden, was ebenfalls die Haftung des Architekten begründet.

3. Beratungsfehler:
    - Architekten haben eine Beratungspflicht gegenüber dem Bauherrn. Fehlerhafte oder unzureichende Beratung kann ebenfalls haftungsrelevant sein, beispielsweise wenn der Bauherr nicht über Risiken oder zusätzliche Kosten informiert wird.

Haftung von Baufirmen

1. Ausführungsfehler:
    - Baufirmen haften für die sach- und fachgerechte Ausführung der Bauarbeiten. Dies umfasst die Einhaltung der Baupläne sowie der geltenden technischen Normen und Vorschriften.
    - Werden Baumängel festgestellt, die auf fehlerhafte Ausführung zurückzuführen sind, muss die Baufirma diese auf eigene Kosten beseitigen.

2. Verzug und Nichterfüllung:
    - Kommt es zu Verzögerungen oder wird das Bauvorhaben nicht wie vereinbart fertiggestellt, haftet die Baufirma für den daraus entstehenden Schaden. Dies kann auch Vertragsstrafen umfassen, die im Bauvertrag festgelegt sind.

3. Sicherheits- und Umweltschutzpflichten:
    - Baufirmen müssen Sicherheits- und Umweltschutzvorschriften einhalten. Verstöße können zu einer Haftung führen, wenn dadurch Schäden am Bauwerk oder in der Umgebung entstehen.

Gemeinsame Haftung

In vielen Fällen haften Architekten und Baufirmen gemeinsam gegenüber dem Bauherrn. Dies kann der Fall sein, wenn Fehler sowohl in der Planung als auch in der Ausführung vorliegen. Die Haftung ist in solchen Fällen solidarisch, was bedeutet, dass der Bauherr beide Parteien in Anspruch nehmen kann, die sich dann untereinander regressieren können.

Verjährung

Die Verjährungsfrist für Mängelansprüche beträgt in der Regel fünf Jahre ab Abnahme des Bauwerks. Innerhalb dieser Frist müssen Bauherren etwaige Mängel geltend machen. Bei arglistig verschwiegenen Mängeln verlängert sich die Verjährungsfrist auf zehn Jahre.

Fazit

Die Haftung von Architekten und Baufirmen gegenüber dem Bauherrn ist ein komplexes Thema, das sowohl vertragliche als auch gesetzliche Bestimmungen umfasst. Eine sorgfältige Vertragsgestaltung und die Einhaltung aller relevanten Normen und Vorschriften sind unerlässlich, um Haftungsrisiken zu minimieren und eine erfolgreiche Projektabwicklung zu gewährleisten.

Anspruchsgrundlagen

Grundsätzlich sind gegen den Architekten / Ingenieur erhobene Schadensersatzansprüche Dritter versichert, sofern diese sich auf gesetzliche Haftpflichtbestimmungen privatrechtlichen Inhalts stützen.

Nicht unter den Haftpflichtversicherungsschutz fallen

- öffentlich-rechtliche, insbesondere verwaltungsrechtliche Verpflichtungen

- strafrechtliche Verpflichtungen des Versicherungsnehmers,

weil diese nicht privatrechtlichen Inhalts sind.

Allerdings brauchen die „Haftpflichtbestimmungen privatrechtlichen Inhalts" nicht zwangsläufig dem bürgerlichen Recht anzugehören, denn auch öffentlich-rechtliche Bestimmungen können privatrechtlich ausgestaltet sein.

Hierzu zählt beispielsweise § 89 Wasserhaushaltsgesetz (WHG), welcher die Haftung für die Änderung der Beschaffenheit des Wassers regelt. Dieser Anspruch soll – genau wie im bürgerlichen Recht – einen Schaden ausgleichen, der einem Dritten aufgrund eines haftungsauslösenden Vorgangs entstanden ist. Insofern kann die zugrunde liegende öffentlich-rechtliche Bestimmung durchaus einen privatrechtlichen Inhalt haben.

Ein Architekt / Ingenieur kann in folgenden Punkten in Anspruch genommen werden:

Vertragshaftung	**Ansprüche Dritter**	**Gesamtschuld-verhältnis**

Die Anspruchsgrundlagen im Detail:

Vertragshaftung

Mögliche „Streitpunkte" können sich in der Praxis bei der Erfüllung des Vertrages in der Bauplanung bzw. Bauphase ergeben:

- Grundlagenermittlung
- Kosten-Nutzen-Analyse
- Bebaubarkeit des Grundstückes
- Baugrundanalyse
- Nachbarrechtliche Ansprüche bzw. Grunddienstbarkeiten gemäß Grundbuch (Abteilung II)
- Lücken- und Anschlussbebauung

Apropos „**Vertrag**shaftung": Gemäß den HOAI gibt es keine vorgeschriebene Vertragsform!

Bauherr und Architekt können den Vertrag hinsichtlich der wechselseitigen Leistungen beliebig gestalten, ausweiten oder einschränken.

Einen einheitlichen Architektenvertrag gibt es ebenfalls nicht, selbst die sog. „Einheits-Architektenverträge" sind nicht das, was der Name im ersten Moment vermitteln möchte.

Der Architektenvertrag ist gemäß BGH-Urteil aus 1959 ein Werkvertrag, gleichwohl schuldet der Architekt ausdrücklich nicht das Bauwerk!

Er erbringt als Werkunternehmer „nur" das geistige Architektenwerk, das „Entstehen lassen" des Bauwerkes.

Der Architekt wird damit zum „Sachwalter" des Bauherrn.

Typische Schadensfälle sind „Mängel am Bauwerk", „Planungsfehler" und „Bauaufsichtsfehler".

Hinsichtlich der „Mängel am Bauwerk" sei pro forma erwähnt, dass alle geplanten Objekte / Projekte als „Bauwerk" bezeichnet werden. Somit wäre auch eine geplante Maschine ein Bauwerk.

Bei den Planungsfehlern handelt es sich um aktive Leistungstatbestände, also um ein fehlerhaftes Tun. Fehler bei der Erfüllung müssen sich also aus den bisherigen Planungsleistungen (Zeichnungen, Leistungsbeschreibungen) belegen lassen.
Die Beweisführung ist bei vorliegenden Planungsfehlern relativ einfach, spätestens beim Hinzuziehen eines Sachverständigen ist die Beweisführung gesichert.

Bei **Bauaufsichtsfehlern** (oder auch den sog. Bauleitungsfehlern) ist es ungleich schwieriger.
Hier wird ein „Unterlassen" dem Planer vorgeworfen.

Dies begründet sich in den möglichen Abgrenzungsschwierigkeiten, da es zwischen Planung und Bauleitung keine feste Schnittstelle gibt.

Zwar lassen sich hier die Leistungsphasen 5 bis 7 der HOAI zitieren, von Fall zu Fall können jedoch bei weiteren Aufgabenverteilungen schnell andere Schnittstellen „gefunden" werden.

Die Begriffe Objektüberwachung, Bauführung, örtliche Bauleitung und örtliche Bauaufsicht besagen im Wesentlichen dasselbe.

Der Bauleiter in seiner reinen Form überwacht lediglich das Entstehen des Bauwerks auf Übereinstimmung mit den Planungsanweisungen. Dazu gehören alle Leistungen bei der technischen Abwicklung der Bauarbeiten (Koordination, Kontrolle, Materialprüfungen, Abnahmen, Aufmaße, Abrechnungen).

Die reine Bauleitung enthält demnach passive Leistungstatbestände, verbunden mit dem möglichen Vorwurf des Unterlassens.

Es muss also unterschieden werden zwischen

- **Bauleiter-Vertrag (Unternehmer-Bauleiter, Bauführer)**
- **und Bauleiter im Sinne der Objektüberwachung (z.B. §15 HOAI, Leistungsphase 8).**

Der Architekt / Ingenieur ersetzt in der örtlichen Bauaufsicht nicht den Bauunternehmer und ist auch nicht dessen Gehilfe.

Er erfüllt vielmehr eine eigenständige Aufgabe und sorgt mit seinen Kontrollen in der örtlichen Bauaufsicht nur für das „Entstehen lassen" des Bauobjektes. Dies verfolgt er im Sinne des Bauherrn und nicht für den Bauunternehmer.

Deshalb können gelegentliche Versuche von Bauunternehmen, sich bei eigener mangelhafter Bauausführung bei dem baubegleitenden Architekten schadlos zu halten, keinen Erfolg haben.

Die mangelhafte Bauausführung durch einen Unternehmer kann erst dann zu einem Anspruch (des Bauherrn) gegen den Architekten führen, wenn

- er eine fehlerhafte Ausführung nicht erkannt hat, obwohl er sie hätte erkennen können
- und wenn er nicht eingeschritten ist, obwohl er hätte einschreiten können.

Ein Ausführungsmangel am Bauobjekt ist also nicht automatisch auch ein Mangel in der Architektenleistung.

Da der Architekt nicht das Bauwerk als körperliche Sache schuldet, kann ihm nach der gesetzlichen Regel bei Mängeln am Bauwerk kein Nachbesserungs**recht** eingeräumt werden.

Im Umkehrschluss kann ihn also auch keine Nachbesserungs**pflicht** treffen!

Somit kann ein möglicher Schadenausgleich immer nur als Geldleistung erfolgen!

Ansprüche Dritter

Hier kann kurz und knapp auf den § 823 BGB verwiesen werden.

Sollte es im Verfügungsbereich des Planers zu Personen- und / oder Sachschäden kommen, so wären diese hier anzusiedeln.

In der Praxis sind dies häufig Schäden durch Fahrlässigkeit, insbesondere im Bereich der sog. Verkehrssicherungspflichten (z.B. Baustellenabsicherung, Sicherheit auf der Baustelle – wobei hier auch sog. SiGeKo´s / Sicherheit- und Gesundheitskoordinatoren vor Ort sein können).

Ferner zählen hierzu die nicht weniger teuren Bauschäden wie z.B. Schäden an dem Nachbargebäude durch:

- Fehler beim Unterfangen
- Übertragung der „Erschütterungsenergie" bei Rammarbeiten
- fehlerhaft gesetzte Abstützungen, die bei Regen unbrauchbar werden und nachgeben.

Gesamtschuldverhältnis

Der Architekt / Ingenieur kann allein oder mit anderen am Bau beteiligten Personen in Anspruch genommen werden!

Der Anspruchssteller darf sich laut unserem Rechtssystem (§ 421 BGB) bei einem Verschulden von mehreren Parteien beliebig (!) an eine oder auch an alle Parteien halten.

Hierbei ist es unerheblich, ob die Schädiger eine Zweckgemeinschaft (z.B. eine ARGE) gebildet haben oder nicht!

Die Haftung eines Architekten ist mit Blick auf die vorherigen Seiten in diesem Buch sehr weitreichend, aber ist der Architekt immer der einzige „Schuldige"?

Grundsatz der Gleichrangigkeit

Die Gewährleistungspflichten des Architekten einerseits und die Mangelbeseitigungs- und Gewährleistungspflicht des Bauunternehmers stehen gleichrangig gegenüber.

Der Bauherr kann wählen, an wen von beiden er sich halten will.

Dabei sollte der Bauherr aber einen Punkt bedenken:

Auch der Bauherr kann nach einem Gerichtsverfahren zur Übernahme einer Quote an dem Gesamtschaden verurteilt werden!

Daher sollte er tunlichst sich nicht nur auf einen Schädiger konzentrieren, da dann ggf. „seine" Quote deutlich höher ausfällt, als wenn er gleich gegen mehrere Schädiger geklagt hätte.

Ferner läuft er Gefahr, dass der eine Schädiger ggf. zahlungsunfähig ist / wird und seine Forderung somit sprichwörtlich ins Leere läuft!

Eine Veränderung dieser Quote ist dann häufig nur noch in einem weiteren Gerichtsverfahren gegen weitere Schädiger möglich!

Was ist „unechte Gesamtschuld"?

Hier handelt es sich um eine sogenannte Schuldnermehrheit. Jeder Schuldner (Architekt, Handwerker usw.) ist zu der Erbringung seiner Leistung verpflichtet.

Der Gläubiger (Bauherr) kann die vereinbarte Leistung insgesamt nur einmal einfordern.

Im Unterschied zur „echten" Gesamtschuld fehlt es hier aber an einer Gleichstufigkeit der Verpflichtungen der Schuldner.

Dies lässt sich an folgenden Beispielen gut erklären:

- Liegt ein Planungsfehler des Architekten vor, so wird dessen Haftung gegenüber dem Auftraggeber nicht durch ein Mitverschulden des Unternehmers beschränkt.

- Die Berufung des Architekten auf eine Mithaftung des Unternehmers nützt ihm nichts.
  Die Haftung des Architekten wird nicht durch eine Mitverantwortlichkeit des Unternehmers geschmälert.

Dies ist die Konsequenz, der in der Rechtsprechung entwickelten (unechten) Gesamtschuld von Architekten und Unternehmer im Verhältnis zum Bauherrn.

Der Begriff der unechten Gesamtschuld ist umstritten und wird in der Literatur auch nicht einheitlich verwendet.

Der Begriff "unechte Gesamtschuld" beschreibt eine spezielle Form der Haftung, die im Kontext von Bauprojekten häufig bei der Zusammenarbeit von Architekten und Bauunternehmen auftritt. Im Gegensatz zur echten Gesamtschuld, bei der mehrere Schuldner gleichermaßen und unabhängig voneinander für die gesamte Schuld haften, liegt bei der unechten Gesamtschuld eine besondere Art der gemeinsamen Verantwortung vor.

Definition der unechten Gesamtschuld

Bei der unechten Gesamtschuld haften die beteiligten Parteien (z.B. Architekten und Bauunternehmen) zwar gemeinsam gegenüber dem Bauherrn, jedoch nicht auf der Basis eines einheitlichen Schuldverhältnisses. Stattdessen handelt es sich um separate, aber inhaltlich miteinander verbundene Verpflichtungen.

Merkmale der unechten Gesamtschuld

1. Verschiedene Rechtsgrundlagen:
   - Die Haftung der Beteiligten basiert auf unterschiedlichen rechtlichen Grundlagen. Beispielsweise könnte der Architekt aufgrund von Planungsfehlern haften, während das Bauunternehmen für Ausführungsfehler verantwortlich gemacht wird.

2. Gemeinsame Schadensverursachung:
   - Beide Parteien tragen durch ihre jeweils eigenständigen Beiträge zum Schaden bei. Der Schaden entsteht also aus einem Zusammenwirken der Fehler oder Versäumnisse beider Parteien.

3. Gesamtschuldnerische Haftung:
   - Trotz unterschiedlicher Ursachen und rechtlicher Grundlagen haften beide Parteien gegenüber dem Bauherrn gesamtschuldnerisch. Der Bauherr kann also die vollständige Schadenersatzsumme von einem der Schuldner fordern, der dann gegebenenfalls einen Ausgleichsanspruch gegen den anderen Gesamtschuldner hat.

Beispiel im Baubereich

Ein typisches Beispiel für eine unechte Gesamtschuld im Baubereich könnte folgendermaßen aussehen:

- Architekt: Der Architekt macht einen Fehler bei der Planung eines Gebäudes. Dieser Planungsfehler führt dazu, dass bestimmte bauliche Maßnahmen erforderlich sind, die zusätzliche Kosten verursachen.

- Bauunternehmen: Das Bauunternehmen führt die Bauarbeiten nicht gemäß den anerkannten Regeln der Technik aus, was ebenfalls zu Mängeln und zusätzlichen Kosten führt.

In diesem Fall kann der Bauherr sowohl den Architekten als auch das Bauunternehmen auf Schadensersatz in Anspruch nehmen. Die Haftung beider Parteien basiert auf ihren jeweiligen Fehlern (Planungsfehler des Architekten und Ausführungsfehler des Bauunternehmens), aber gegenüber dem Bauherrn haften sie gesamtschuldnerisch.

Rechtliche Grundlage und Konsequenzen

Die unechte Gesamtschuld wird im deutschen Recht häufig durch die Anwendung des Werkvertragsrechts und des allgemeinen Haftungsrechts bestimmt. Wichtige rechtliche Grundlagen finden sich im Bürgerlichen Gesetzbuch (BGB), insbesondere in den Vorschriften über die Haftung bei Werkverträgen (§§ 633 ff. BGB) und bei Gesamtschuldnern (§§ 421 ff. BGB).
Die Konsequenz für den Bauherrn ist, dass er die Wahl hat, von welchem der beiden Gesamtschuldner er den Schadenersatz in voller Höhe fordert. Der in Anspruch genommene Schuldner hat dann die Möglichkeit, einen Ausgleichsanspruch gegen den anderen Schuldner geltend zu machen.

Fazit

Die unechte Gesamtschuld im Bauwesen ermöglicht es dem Bauherrn, seine Schadenersatzansprüche effektiv geltend zu machen, indem er sowohl Architekten als auch Bauunternehmen gesamtschuldnerisch haftbar machen kann, obwohl die jeweiligen Haftungsgründe unterschiedlich sind. Dies schützt den Bauherrn vor den finanziellen Risiken, die aus Planungs- und Ausführungsfehlern resultieren.

Gesamtschuld

Der Begriff "Gesamtschuld" im Zusammenhang mit Architekten bezieht sich auf eine besondere Form der Haftung, bei der mehrere Parteien gemeinsam für die Erfüllung einer Verbindlichkeit oder für die Wiedergutmachung eines Schadens verantwortlich sind. Im deutschen Recht ist die Gesamtschuld im Bürgerlichen Gesetzbuch (BGB) in den §§ 421 ff. geregelt.

Merkmale der Gesamtschuld

1. Gemeinsame Haftung:
    - Bei einer Gesamtschuld haften alle beteiligten Schuldner gemeinsam und solidarisch für die gesamte Schuld. Das bedeutet, der Gläubiger (z.B. der Bauherr) kann von jedem Schuldner die vollständige Erfüllung der Verbindlichkeit verlangen.

2. Innenausgleich:
    - Wird ein Gesamtschuldner in Anspruch genommen und erfüllt die gesamte Verbindlichkeit, hat er einen Ausgleichsanspruch gegenüber den anderen Gesamtschuldnern. Dieser Ausgleich richtet sich nach deren jeweiligem Anteil an der Verbindlichkeit.

3. Unterschiedliche Rechtsgrundlagen:
    - Die Verpflichtung zur Gesamtschuld kann auf unterschiedlichen Rechtsgrundlagen beruhen, wie z.B. vertraglichen Verpflichtungen, Deliktshaftung oder gesetzlichen Regelungen.

Mögliche Gesamtschuldner

Gesamtschuldner können sein:
- zwei oder mehr Unternehmer
- Architekt und Unternehmer
- Architekt und Statiker
- Architekt / Statiker und sonstige Sonderfachleute
- planende und bauleitende Architekten

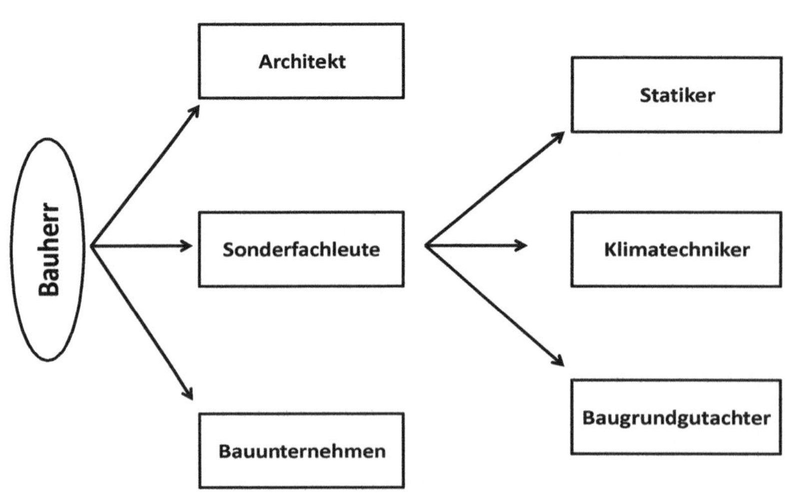

Gesamtschuld im Baubereich

Im Bauwesen kommt es häufig zu Gesamtschuldverhältnissen zwischen Architekten, Bauunternehmern und anderen am Bau beteiligten Parteien. Dies kann in verschiedenen Situationen auftreten:

1. Planungs- und Ausführungsfehler:
   - Wenn sowohl der Architekt als auch der Bauunternehmer Fehler machen, die zu Schäden führen, können beide gesamtschuldnerisch haften. Der Bauherr kann dann von beiden Parteien gemeinsam den gesamten Schaden ersetzt verlangen.

2. Gemeinsame Verantwortlichkeit:
   - Bei komplexen Bauprojekten sind oft mehrere Parteien an der Planung und Ausführung beteiligt. Wenn ein Mangel entsteht, der durch das Zusammenwirken mehrerer Parteien verursacht wurde, kann der Bauherr alle beteiligten Parteien gesamtschuldnerisch in Anspruch nehmen.

Wann liegt eine Gesamtschuld vor ?

Das „Zusammenspiel" kann am besten durch ein Beispiel erklärt werden:
Der Architekt plant ein Haus ohne weiße Wanne, obwohl mit „drückenden Wasser" zu rechnen ist.
Der Auftragnehmer führt die Planung aus, obwohl ihm hinsichtlich des Wassers in der Baugrube Bedenken hätten kommen müssen.
Als Feuchtigkeit im Untergeschoß auftritt, nimmt der Auftraggeber den Auftragnehmer auf Schadensersatz in Anspruch.
Dieser haftet, weil ihm Bedenken kommen mussten und er auf diese nicht hingewiesen hat. Er kann jedoch die Planungsverschuldenshaftung mindernd geltend machen.
Eine Quote bis zu 50 % ist denkbar.

Weiteres Beispiel:
Die vom Architekten vorgesehenen Dehnfugen werden nicht ausgeführt.
Der gleichzeitig als Bauleiter tätige Architekt übersieht das.
Im Innenverhältnis kann der ausführende Unternehmer voll haften.
Diese „Bedenken" kann man diesen Bauunternehmern zutrauen, da hier für die Fehlererkennung lediglich Kenntnisse aus dem Bereich der „handwerklichen Selbstverständlichkeiten" erforderlich sind.

Dazu zählen z. B.:

- Putzarbeiten (LG Köln, Versicherungsrecht 1981, S. 1191)
- Eindecken eines Daches mit Dachpappe (BGH, VersR 1969, S. 473)
- Säubern von Schleifstaub vor
- Verlegung von Platten (BGH, VersR 1966, S. 488)
- Malerarbeiten (NJW RR 2001, S. 1167)

Gesamtschuld vs. schwierige und gefahrenträchtige Arbeiten

Als „Gegenstück" zu den handwerklichen Selbstverständlichkeiten sind anzusehen:

- Betonierungsarbeiten einschließlich der Bewehrungsarbeiten (BGH, Baurecht 1973, S. 255)
- Ausschachtungsarbeiten (Baurecht 2001, S. 273)
- Drainagearbeiten (OLG Hamm, Baurecht 1995, S. 269)
- Dachdeckerarbeiten (Wärmedämmung) (KG NJW RR 2000, S. 2756)
- Estricharbeiten (OLG Stuttgart BauR 2001, 697)
- Verarbeitung neuer Baustoffe und vorgefertigter Teile (BGH, Baurecht 1976, S. 66)
- Schall- und Wärmeisolierarbeiten (Baurecht 2001, S. 1362)

Achtung: Schwierig wird es aber z.B. bei Putzarbeiten (eigentlich eine handwerkliche Selbstverständlichkeit), wenn der Putz zusätzlich zu seiner optischen Aufbesserung auch eine besondere Funktion (z.B. als Schutz auf die Wetterseite des Hauses angebracht) haben soll. Hier hat der Architekt zumindest darauf zu achten, dass der korrekte Putz verwendet wird. Sollte es ggf. auch auf eine spezielle Art der Putzaufbringung ankommen, so wäre auch diese (zumindest am Anfang) zu überwachen.

Kurioser Weise kann sich der Architekt bei Planungsfehlern nicht darauf berufen, dass der Bauherr ebenfalls fachkundig ist.

Ein Architekt muss also z.B. einen Fliesenlegermeister beim Anbringen der Fliesen in seinem eigenen Haus überwachen! Dies lässt sich auch vertraglich nicht anders regeln!

Der Architekt hat gegenüber einem fachkundigen Bauherrn keinen Anspruch auf Überwachung.

Sofern die „öffentliche Hand" Bauleiter stellt, werden diese regelmäßig "behördenintern" tätig, d. h. ein Mitverschulden ist meistens nur schwer durchsetzbar.

Abgrenzung Sonderfachmann ./. Architekt
[Nach OLG Stuttgart, Baurecht 1973, S. 64 vgl. auch OLG Köln BauR 1998 S. 585]

Dem Statiker obliegen zwei ineinander greifende Teile, nämlich eine konstruktive und eine rechnerische Aufgabe, d. h. er hat die Standsicherheit rechnerisch nachzuweisen und die Konstruktion selbst hat den Regeln der Technik zu entsprechen.

Derartige Spezialkenntnisse können von einem Architekten nicht erwartet werden. Bei Fehlern haftet der Statiker.

Hinweis:

Der planende Architekt hat – wenn der Bauherr Planung und Bauleitung getrennt vergeben hat – im Innenverhältnis keinen Anspruch auf Überwachung.
Er haftet im Innenverhältnis allein (BGH in BauR 89, S97).

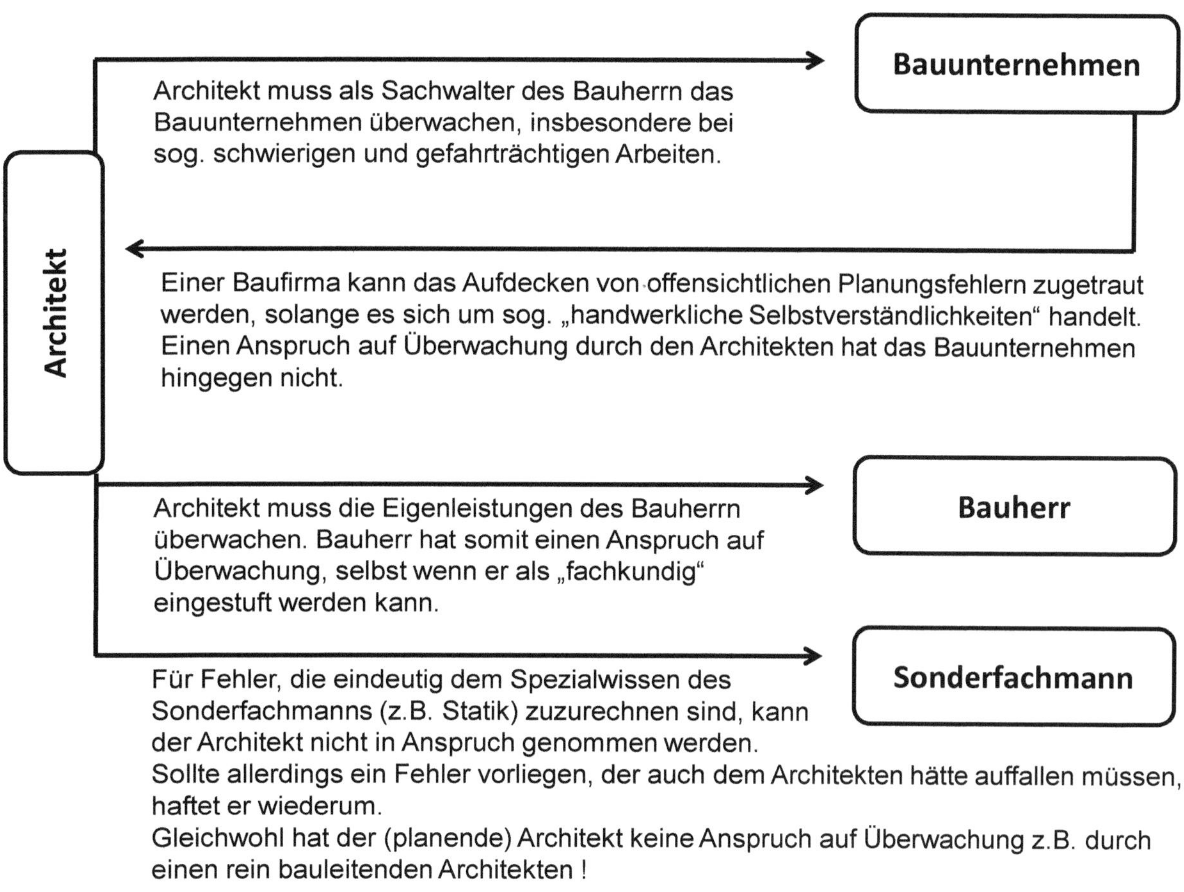

Weitere Beispiele einer Gesamtschuld

Ein Beispiel verdeutlicht die Anwendung der Gesamtschuld im Baubereich:

- Architekt: Plant ein Gebäude, aber übersieht eine wichtige statische Berechnung, was später zu strukturellen Problemen führt.
- Bauunternehmer: Führt die Bauarbeiten aus, hält sich jedoch nicht an die vereinbarten Pläne und verwendet minderwertige Materialien.

Beide Fehler tragen gemeinsam zu einem erheblichen Bauschaden bei. Der Bauherr kann nun entscheiden, ob er den Architekten, den Bauunternehmer oder beide gesamtschuldnerisch in Anspruch nimmt. Derjenige, der die gesamte Schadenssumme zahlt, kann dann einen Ausgleich vom anderen verlangen.

Rechtliche Grundlagen

Die rechtlichen Grundlagen der Gesamtschuld im deutschen Recht sind im BGB festgelegt:

- § 421 BGB: Mehrere Schuldner sind so verpflichtet, dass jeder die ganze Leistung zu bewirken verpflichtet ist, der Gläubiger die Leistung aber nur einmal zu fordern berechtigt ist.
- § 426 BGB: Regelt den Innenausgleich zwischen den Gesamtschuldnern, also wie die Haftung intern aufgeteilt wird, wenn ein Schuldner mehr als seinen Anteil geleistet hat.

Ausgleichsanspruch nach § 426 I BGB

Der Ausgleichsanspruch nach § 426 I BGB lautet:

> 1) Die Gesamtschuldner sind im Verhältnis zueinander zu gleichen Anteilen verpflichtet, soweit nicht ein anderes bestimmt ist. Kann von einem Gesamtschuldner der auf ihn entfallende Beitrag nicht erlangt werden, so ist der Ausfall von den übrigen zur Ausgleichung verpflichteten Schuldnern zu tragen.
>
> (2) Soweit ein Gesamtschuldner den Gläubiger befriedigt und von den übrigen Schuldnern Ausgleichung verlangen kann, geht die Forderung des Gläubigers gegen die übrigen Schuldner auf ihn über. Der Übergang kann nicht zum Nachteil des Gläubigers geltend gemacht werden.

Der § 426 ist ein selbstständiger Anspruch und verjährt in drei Jahren gemäß § 195 ff.

Der Ausgleichsanspruch besteht auch, wenn einzelne Ansprüche verjährt sind (aber keine Umgehung durch Abtretung).

Grundsätzlich werden alle Gesamtschuldner zu gleichen Teilen verpflichtet, aber es ist der Maßstab des § 254 BGB (Mitverschulden) zu beachten.

Voraussetzung der Gesamtschuldnerschaft

Bauunternehmer, Architekt und Sonderfachmann verursachen einen Mangel, der jeweils aus ihrem Verantwortungsbereich stammt.

BGH VII ZR 1/01, Baurecht 2002, S. 1536:

Ein Mangel eines Bauwerks liegt vor, wenn die Bauausführung von dem geschuldeten Werkerfolg abweicht und durch diesen Fehler der nach dem Vertrag vorausgesetzte Gebrauch gemindert wird.

Für die Frage, ob ein Mangel vorliegt, ist es unerheblich, dass die Bauausführung möglicherweise wirtschaftlich und technisch besser ist als die vereinbarte Leistung.

Einwand der Unverhältnismäßigkeit der Nachbesserung

Der Einwand der Unverhältnismäßigkeit der Nachbesserung ist gerechtfertigt, wenn an dem objektiv geringen Interesse des Bestellers an einer mangelfreien Vertragsleistung unter Abwägung ein unter Umständen ganz erheblicher und deshalb vergleichsweise unangemessener Aufwand gegenübersteht, so dass die Forderung auf ordnungsgemäße Vertragserfüllung ein Verstoß gegen Treue und Glauben ist.

Der Maßstab für das objektiv berechtigte Interesse des Bestellers an einer ordnungsgemäßen Erfüllung, auch durch deren Nachbesserung ist der vereinbarte oder nach dem Vertrag vorausgesetzte Gebrauch des Werkes (ohne Bedeutung für die Abwägung sind das Preisleistungsverhältnis und das Verhältnis des Nachbesserungsaufwandes zu den zugehörigen Vertragspreisen).

Ausschließlicher Planungsfehler

Ist ein Mangel ausschließlich auf Planungsfehler des Architekten zurückzuführen, die für den Unternehmer nicht erkennbar sind, besteht keine gesamtschuldnerische Haftung des Architekten bzw. des Unternehmers gegenüber dem Bauherrn, d. h. der Unternehmer kann nicht in Anspruch genommen werden.

Muss sich der Bauherr ein Planungsverschulden des Architekten als seines Erfüllungsgehilfen anrechnen lassen, so haftet der Unternehmer nach Quote (BGH, Baurecht 1971, S. 265).

Hinweis:

Mängel der Bauausführung stammen in erster Linie aus der Sphäre des Bauunternehmers, so dass sie ihn im Verhältnis zum Architekten fast stets allein treffen.

Der Bauunternehmer kann sich nicht darauf berufen, mangelhaft überwacht worden zu sein [BGH NJW 1973, S. 1792)]

Der Bauherr kann sich auf eine unzureichende Überwachung bei Erbringung seiner Eigenleistungen durch den Architekten hingegen berufen! Dies lässt sich auch nicht vertraglich ausschließen (siehe Schadenbeispiele zum Thema „Vertrag").

Fazit

Vorteile einer Gesamtschuld:
Die Gesamtschuld im Bauwesen ermöglicht es dem Bauherrn, effizient und flexibel Schadenersatzansprüche geltend zu machen, indem er die gesamte Schadenssumme von jedem der Beteiligten fordern kann. Dies bietet dem Bauherrn eine erhöhte Sicherheit und erleichtert die Durchsetzung seiner Ansprüche, während die beteiligten Parteien intern für einen gerechten Ausgleich sorgen müssen.

Nachteile einer Gesamtschuld:
Im Bauwesen können Gesamtschuldverhältnisse spezifische Herausforderungen und Nachteile mit sich bringen, die sowohl für Auftragnehmer als auch für Bauherren relevant sind. Hier sind einige der möglichen Nachteile von Gesamtschuldverhältnissen am Bau:

1. **Komplexität der Vertragsbeziehungen**: In Bauprojekten mit Gesamtschuldverhältnissen können die Vertragsbeziehungen komplexer werden, insbesondere wenn mehrere Auftragnehmer oder Subunternehmer beteiligt sind. Dies kann zu einem erhöhten Verwaltungsaufwand führen und die Koordination zwischen den Parteien erschweren.

2. **Risiko von Verzögerungen und Konflikten**: Bei Gesamtschuldverhältnissen besteht ein erhöhtes Risiko von Verzögerungen und Konflikten, da die Leistungen mehrerer Auftragnehmer koordiniert werden müssen. Wenn eine Partei ihre Verpflichtungen nicht erfüllt oder es zu Meinungsverschiedenheiten kommt, kann dies zu Verzögerungen im Bauablauf und zu Konflikten zwischen den beteiligten Parteien führen.

3. **Schwierigkeiten bei der Schadensaufteilung**: Im Falle von Schäden oder Mängeln am Bauwerk kann es schwierig sein, die Verantwortung und Haftung zwischen den verschiedenen Auftragnehmern zu klären, insbesondere wenn keine klare Aufteilung der Verantwortlichkeiten im Vertrag festgelegt wurde. Dies kann zu Streitigkeiten über Haftungsfragen und zu langwierigen rechtlichen Auseinandersetzungen führen.

4. **Erhöhtes Haftungsrisiko für Hauptauftragnehmer**: Hauptauftragnehmer, die ein Gesamtschuldverhältnis mit Subunternehmern eingehen, tragen ein erhöhtes Haftungsrisiko. Auch wenn die Hauptauftragnehmer nicht direkt für die Leistungen der Subunternehmer verantwortlich sind, können sie dennoch für deren Handlungen oder Unterlassungen haften, insbesondere wenn sie nicht angemessen überwacht wurden.

5. **Mangelnde Kontrolle über die Qualität der Arbeit**: Bei Gesamtschuldverhältnissen kann es schwieriger sein, die Qualität der Arbeit der beteiligten Auftragnehmer und Subunternehmer zu kontrollieren. Dies kann zu Qualitätsproblemen führen, die die Gesamtleistung des Projekts beeinträchtigen können.

Insgesamt können Gesamtschuldverhältnisse am Bau bestimmte Nachteile mit sich bringen, die eine sorgfältige Vertragsausgestaltung, klare Kommunikation und effektive Projektsteuerung erfordern, um diese Herausforderungen zu minimieren. Es ist wichtig, die potenziellen Risiken und Auswirkungen eines Gesamtschuldverhältnisses am Bau zu verstehen und geeignete Maßnahmen zu ergreifen, um diese zu adressieren.

Verkehrssicherungspflicht

Die Verkehrssicherungspflicht auf Baustellen bezieht sich auf die rechtliche Verantwortung des Bauherrn, des Bauunternehmens oder anderer Beteiligter, die Sicherheit von Personen und Eigentum auf oder in der Nähe einer Baustelle zu gewährleisten.

Diese Pflicht besteht, um Unfälle, Verletzungen oder Schäden zu vermeiden, die durch die Bauarbeiten verursacht werden könnten.

Hier sind einige wichtige Aspekte der Verkehrssicherungspflicht auf Baustellen:

1. Sicherheitsmaßnahmen: Die beteiligten Parteien sind verpflichtet, angemessene Sicherheitsmaßnahmen zu ergreifen, um Gefahren zu identifizieren, zu minimieren oder zu beseitigen, die für Personen auf der Baustelle oder in ihrer Nähe bestehen könnten. Dies kann die Bereitstellung von Schutzausrüstung, Warnschildern, Absperrungen, Sicherheitszonen, Beleuchtung, Rutschschutz, Notfallplänen und anderen Sicherheitseinrichtungen umfassen.

2. Überwachung und Kontrolle: Die Verantwortlichen müssen die Baustelle regelmäßig überwachen und kontrollieren, um sicherzustellen, dass Sicherheitsstandards eingehalten werden und potenzielle Gefahren rechtzeitig erkannt und behoben werden.

3. Information und Schulung: Alle Personen, die auf der Baustelle arbeiten oder sich in ihrer Nähe aufhalten, müssen über mögliche Gefahren informiert werden und entsprechende Schulungen erhalten, um sicherheitsbewusstes Verhalten zu fördern und Unfälle zu vermeiden.

4. Koordination mit anderen Beteiligten: Die beteiligten Parteien müssen eng mit anderen auf der Baustelle tätigen Unternehmen, Aufsichtsbehörden und gegebenenfalls mit der Öffentlichkeit zusammenarbeiten, um die Sicherheit aller Beteiligten zu gewährleisten.

5. Haftung: Bei Verstößen gegen die Verkehrssicherungspflicht können die verantwortlichen Parteien haftbar gemacht werden für Schäden, die durch Fahrlässigkeit oder mangelnde Sorgfalt verursacht wurden, sowie für Verletzungen von Personen oder Sachen aufgrund unsicherer Bedingungen auf der Baustelle.

Die Verkehrssicherungspflicht auf Baustellen ist eine wichtige rechtliche Anforderung, um die Sicherheit und den Schutz aller Beteiligten während der Bauarbeiten zu gewährleisten. Sie ist in verschiedenen Gesetzen, Vorschriften und Bauvorschriften verankert und muss von den beteiligten Parteien ernst genommen und eingehalten werden.

Verkehrssicherungspflichtig sind:

- Bauherr
- Architekt
- sonstige Fachleute
- Bauunternehmung
- Sicherheits- und Gesundheitsschutzkoordinator

Verkehrssicherungspflicht und Gesamtschuldnerschaft

- Primär liegt die Verkehrssicherungspflicht beim Bauunternehmer.
- Den Architekten trifft im wesentlichem lediglich die sekundäre Verkehrssicherungspflicht.
- Im Einzelfall kommt jedoch auch eine gesamtschuldnerische Haftung in Betracht, und zwar, wenn sowohl Bauunternehmer wie Bauleiter eigene Pflichtverletzungen zu verantworten haben.

Verkehrssicherungspflicht des Bauherrn

Die Verkehrssicherungspflicht des Bauherrn verkürzt sich, soweit er die planerische Durchführung des Bauvorhabens zuverlässigen Fachleuten, Unternehmer, Handwerker und Architekten, überlassen hat. Allerdings verbleiben eigene Überwachungspflichten (BGH NJW 82, S. 2187).

Beispiele zur Verkehrssicherungspflicht

1) Verkehrssicherungspflicht des Bauleiters

Eine Gemeinde verkauft ein Grundstück an eine Bauherrengemeinschaft. Die beauftragte Generalunternehmung lässt im Hof einen Baukran aufstellen, der sodann mit dem Fuß einsackt, da sich unter der dort vorhandenen Schwarzbetondecke ein Backsteingewölbe befindet.

Letzteres bildete die Decke einer ehemaligen Abwasser- oder Jauchegrube.

Der Bauleiter veranlasst sofort, dass die Grube noch am gleichen Tag leer gepumpt wird.

Tags darauf wird die Grube vom Subunternehmer des GU mit schnell bindendem Beton aufgefüllt.

Eine vorherige Inaugenscheinnahme des Inneren der Grube oder eine Begehung erfolgte nicht. Der Beton floss deshalb durch ein nicht bekanntes Abflussrohr in das öffentliche Kanalnetz.

Das Landgericht Mainz entschied, dass sowohl der Bauunternehmer sowie der Bauleiter der Verbandsgemeinde gemäß § 840 BGB gesamtschuldnerisch haften.

Hier wurde dem Bauleiter als „primären Verstoß“ angelastet, dass er nicht die Standfestigkeit des Bodens überprüft hatte. Diese Pflichtwidrigkeit sei für den eingetretenen Schaden auch kausal gewesen (vgl. BGH NJW 1984, S. 360).

2) Verkehrssicherungspflicht des Bauunternehmers

Ein Unternehmer deckt auf einer Baustelle befindliche Schachtöffnungen mit losen aufliegenden Holzplatten ab.

Später stürzt ein mit Installationsarbeiten beschäftigter Handwerker in einen Schacht, weil sich die Abdichtung verschoben hat (OLG Hamm, IBR 1997, S. 243).

Entscheidung OLG Hamm:
Verletzung der Verkehrssicherungspflicht, aber auch Mitverschulden des Handwerkers.

3) Verkehrssicherungspflicht des Bauunternehmers

Eine Schülerin kommt zu Fall, als sie ein ca. knapp 30 cm über den Erdboden hängendes Flatterband übersteigen wollte.

Dabei stürzte sie und schlug auf eine 10 – 15 cm aus dem umgebenden Erdreich hervorragende Pflasterkante.

Keine Verletzung der Verkehrssicherungspflicht des Straßenbauunternehmers, auch nicht unter „Kinderschutz-Gesichtspunkten“.

(OLG Düsseldorf, Urteil vom 31.03.1995, Versicherungsrecht 1996, Seite 1166).

Das gezeigte Schaubild lässt sich daher nun wie folgt ergänzen:

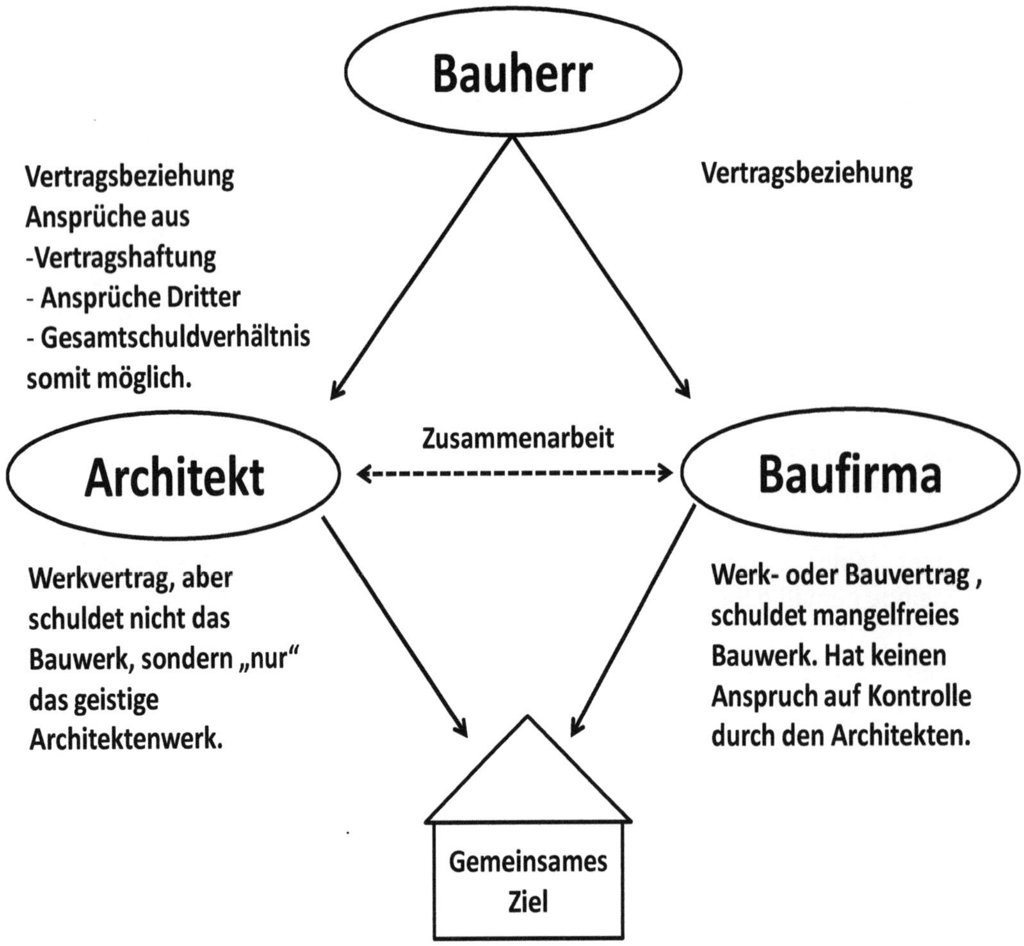

Die Bedeutung der sogenannten „Abnahme“

Schon häufig gehört, aber wahrscheinlich in seiner Bedeutung bis dato immer unterschätzt:
Die Abnahme!

Im Baubereich bezeichnet die "Abnahme" einen zentralen Rechtsakt, bei dem der Bauherr das fertiggestellte Bauwerk vom Bauunternehmer oder Architekten formal übernimmt. Die Abnahme markiert den Übergang von der Bauphase in die Nutzungsphase und hat zahlreiche rechtliche Konsequenzen.

Definition und Bedeutung der Abnahme

1. Rechtsakt:
    - Die Abnahme ist eine formelle Erklärung des Bauherrn, dass das Bauwerk im Wesentlichen vertragsgemäß hergestellt wurde und er es als im Wesentlichen vertragsgemäß anerkennt. Sie ist in § 640 des Bürgerlichen Gesetzbuches (BGB) geregelt.

2. Übergang der Gefahr:
    - Mit der Abnahme geht die Gefahr für Beschädigungen und Verlust des Bauwerks vom Auftragnehmer auf den Auftraggeber über.

3. Fälligkeit der Vergütung:
    - Durch die Abnahme wird die Schlussrechnung des Bauunternehmers fällig. Das bedeutet, dass der Bauherr nun verpflichtet ist, die vereinbarte Vergütung zu zahlen, sofern keine wesentlichen Mängel vorliegen.

4. Beginn der Verjährungsfrist:
    - Mit der Abnahme beginnt die Verjährungsfrist für Mängelansprüche. Üblicherweise beträgt diese Frist fünf Jahre für Bauwerke (§ 634a BGB).

5. Beweislastumkehr:
    - Nach der Abnahme muss der Bauherr beweisen, dass eventuelle Mängel bereits zum Zeitpunkt der Abnahme vorhanden waren. Vor der Abnahme liegt die Beweislast beim Auftragnehmer.

Durchführung der Abnahme

1. Einladung zur Abnahme:
    - Der Bauunternehmer lädt den Bauherrn zur Abnahme ein, sobald die Bauarbeiten abgeschlossen sind.

2. Abnahmeprüfung:
    - Der Bauherr prüft das Bauwerk auf etwaige Mängel. Es wird empfohlen, sich durch einen Sachverständigen unterstützen zu lassen.

3. Mängelprotokoll:
    - Alle festgestellten Mängel werden in einem Protokoll festgehalten. Der Bauunternehmer ist verpflichtet, diese Mängel zu beseitigen.

4. Abnahmeerklärung:
    - Nach der Mängelbeseitigung erklärt der Bauherr die Abnahme. Diese Erklärung kann schriftlich erfolgen und sollte im Abnahmeprotokoll dokumentiert werden.

Allgemeine Voraussetzungen

Eine Abnahme setzt zunächst voraus, dass das Werk überhaupt

- abnahmefähig
- und abnahmereif

ist.

Abnahmereif ist ein Gewerk dann, wenn es zum Zeitpunkt der Abnahme vertragsgemäß hergestellt wurde.

Ein Jurist würde sagen: Die Abnahmefähigkeit liegt nicht vor, wenn die Abnahme aufgrund der Beschaffenheit des Werkes ausgeschlossen, d. h. nicht möglich oder nach der Verkehrssitte nicht üblich ist (z. B. bei Beförderungsleistungen, Konzerten etc.).

Einfacher: Zum Zeitpunkt der Abnahme dürfen durchaus noch Mängel bestehen, sie müssen allerdings in einem zumutbaren Rahmen sein.

Zu beachten ist, dass unwesentliche Mängel oder Restleistungen der Abnahmereife nicht entgegenstehen.

Unwesentlich ist ein Mangel, wenn er nach Art und Umfang so unbedeutend ist, dass das Interesse des Bestellers (Bauherr) an der Beseitigung des Mangels vor der Abnahme nicht schützenswert ist und er auf die Mängelrechte nach § 634 BGB verwiesen werden kann.

Bei der Beantwortung dieser (stets einzelfallbezogenen) Frage sind neben der Art und dem Umfang des Mangels vor allem auch seine Auswirkungen auf das Gesamtwerk und dessen Gebrauchstauglichkeit zu beachten.

Auch optische oder mit geringfügigem Aufwand zu beseitigende Mängel können daher ebenso wie die Summe vieler unwesentlicher Mängel zu einer Überschreitung der sog. Unwesentlichkeitsgrenze und somit zur fehlenden Abnahmereife führen.

Hinweis: Ein unwesentlicher Mangel liegt vor, wenn es dem Besteller zumutbar ist, das Werk als im Wesentlichen vertragsgemäß anzusehen und sich mit den Mängelrechten und dem Leistungsverweigerungsrecht zu begnügen. Dies ist im Einzelfall anhand von Art und Umfang des vorliegenden Mangels und unter Abwägung der beiderseitigen Interessen zu beurteilen.

Kriterien für die Beurteilung im Einzelfall sind dabei z.B.:

- Kosten und Zeitaufwand einer Mängelbeseitigung
- Beeinträchtigung der Nutzbarkeit (Funktionalität)
- Sicherheitsrelevanz der Mängel

Die **Unwesentlichkeitsgrenze** bei Baumängeln ist ein Konzept, das in der Rechtsprechung und in baurechtlichen Verträgen verwendet wird, um festzulegen, welche Mängel als unwesentlich oder unerheblich betrachtet werden und daher keinen Anspruch auf Nachbesserung oder Schadensersatz rechtfertigen.

Die genaue Definition und Anwendung der Unwesentlichkeitsgrenze können je nach Rechtsordnung, Vertragsbedingungen und den Umständen eines spezifischen Falls variieren. Im Allgemeinen kann die Unwesentlichkeitsgrenze wie folgt definiert werden:

1. **Nicht erhebliche Abweichungen**: Die Unwesentlichkeitsgrenze bezieht sich auf Mängel oder Abweichungen von vertraglichen Anforderungen, die nicht von solcher Bedeutung oder Tragweite sind, dass sie die Gesamtleistung des Bauwerks wesentlich beeinträchtigen oder den Vertragszweck gefährden.

2. **Messbarkeit und Beurteilung**: Die Unwesentlichkeitsgrenze ist oft eine Frage der Messbarkeit und Beurteilung. Es kann sich um eine quantitative Größe handeln, wie beispielsweise eine bestimmte Prozentzahl der Abweichung von den vertraglichen Spezifikationen, oder um eine qualitative Beurteilung, die auf den Auswirkungen des Mangels auf die Funktionalität, Sicherheit oder Ästhetik des Bauwerks basiert.

3. **Vertragsbedingungen**: Die Unwesentlichkeitsgrenze kann in den Vertragsbedingungen festgelegt werden, entweder explizit durch eine bestimmte Klausel oder implizit durch den vereinbarten Verwendungszweck oder die vereinbarten Standards und Spezifikationen.

4. **Auswirkungen auf Ansprüche**: Mängel, die unter die Unwesentlichkeitsgrenze fallen, können in der Regel nicht zur Geltendmachung von Ansprüchen auf Mängelbeseitigung, Minderung oder Schadensersatz berechtigen. Stattdessen werden sie oft als Teil der normalen Toleranzen oder Akzeptanzkriterien betrachtet, die bei Bauarbeiten auftreten können.

Es ist wichtig zu beachten, dass die Festlegung und Anwendung der Unwesentlichkeitsgrenze im Einzelfall von verschiedenen Faktoren abhängt und Gegenstand von Verhandlungen, Auslegung und Streitigkeiten sein kann. Bauherren, Auftragnehmer und Rechtsanwälte müssen sorgfältig prüfen, wie die Unwesentlichkeitsgrenze in ihren Verträgen definiert ist und wie sie angewendet wird, um potenzielle Konflikte zu vermeiden oder zu lösen.

Hinweis: Ein unwesentlicher Mangel liegt vor, wenn es dem Besteller zumutbar ist, das Werk als im Wesentlichen vertragsgemäß anzusehen und sich mit den Mängelrechten und dem Leistungsverweigerungsrecht zu begnügen. Dies ist im Einzelfall anhand von Art und Umfang des vorliegenden Mangels und unter Abwägung der beiderseitigen Interessen zu beurteilen.

Kriterien für die Beurteilung im Einzelfall sind dabei z.B.:

- Kosten und Zeitaufwand einer Mängelbeseitigung
- Beeinträchtigung der Nutzbarkeit (Funktionalität)
- Sicherheitsrelevanz der Mängel

Unterschiedliche Arten / Formen einer Abnahme

Im Baubereich gibt es verschiedene Formen der Abnahme, die je nach den Anforderungen des Bauprojekts, den vertraglichen Vereinbarungen und den rechtlichen Rahmenbedingungen variieren können. Hier sind einige der häufigsten Formen der Abnahme:

1. **Teilabnahme**: Bei größeren Bauprojekten kann eine Teilabnahme erfolgen, bei der bestimmte Abschnitte oder Gewerke des Projekts separat abgenommen werden. Dies ermöglicht es, Teile des Projekts bereits in Betrieb zu nehmen oder zu nutzen, während andere Teile noch fertiggestellt werden.

2. **Vollabnahme**: Die Vollabnahme erfolgt, wenn das gesamte Bauwerk oder Projekt als Ganzes abgenommen wird, nachdem alle Arbeiten abgeschlossen und alle Mängel behoben wurden. Dies ist in der Regel der endgültige Schritt vor der Übergabe des Bauwerks an den Bauherrn.

3. **Provisorische Abnahme**: Manchmal wird eine provisorische Abnahme durchgeführt, bei der das Bauwerk vorübergehend abgenommen wird, auch wenn noch einige Arbeiten oder Mängel vorhanden sind. Dies kann erfolgen, um den Bauherrn zu ermöglichen, Teile des Bauwerks vor der endgültigen Fertigstellung zu nutzen, oder um zeitliche oder finanzielle Zwänge zu berücksichtigen.

4. **Stufenweise Abnahme**: Bei komplexen Bauprojekten kann eine stufenweise Abnahme erfolgen, bei der bestimmte Phasen oder Etappen des Projekts separat abgenommen werden. Dies ermöglicht eine schrittweise Inbetriebnahme des Bauwerks und eine frühzeitige Nutzung bestimmter Bereiche oder Funktionen.

5. **Abnahme mit Vorbehalt**: In einigen Fällen kann eine Abnahme unter Vorbehalt erfolgen, bei der der Bauherr das Bauwerk unter bestimmten Bedingungen oder mit Einschränkungen akzeptiert. Dies kann geschehen, wenn bestimmte Mängel noch behoben werden müssen oder wenn es offene Fragen oder Uneinigkeiten gibt, die noch geklärt werden müssen.

6. **Förmliche Abnahme**: Die förmliche Abnahme erfolgt gemäß den festgelegten Verfahren und Formalitäten, die in den vertraglichen Vereinbarungen oder den geltenden Rechtsvorschriften festgelegt sind. Dies kann die Unterzeichnung eines Abnahmeprotokolls, die Bestätigung durch alle beteiligten Parteien und die Dokumentation von Mängeln und Reservierungen umfassen.

Diese Formen der Abnahme können je nach den spezifischen Anforderungen und Umständen eines Bauprojekts kombiniert oder modifiziert werden. Es ist wichtig, dass die Abnahmeverfahren klar in den Verträgen festgelegt sind und dass alle beteiligten Parteien ihre Rechte und Pflichten verstehen, um Streitigkeiten zu vermeiden und einen reibungslosen Übergang des Bauwerks sicherzustellen.

Sonderfall: Abnahme nach Kündigung

Auch bei vorzeitiger Beendigung des Vertrages, etwa aufgrund einer Kündigung, kann und muss eine Abnahme des unvollendeten Teilwerkes für die Fälligkeit des Honoraranspruches erfolgen. Dies hat der BGH zu einem gekündigten Bauvertrag entschieden.
[vgl. BGH Urteil vom 11.05.2006, Az. VII ZR 146/04, BauR 2006,1294]

Das gilt nur dann nicht, wenn der Auftraggeber nicht mehr die Erfüllung des Vertrages, sondern Minderung oder Schadensersatz verlangt oder wenn der Auftraggeber von vornherein die Abnahme ernsthaft und endgültig ablehnt.

Nach Kündigung sollte der Auftragnehmer (Architekt) dem Auftraggeber (Besteller / Bauherr) eine Frist zur Abnahme setzen.

Sonderfall: Die Abnahme eines mangelhaften Bauwerks

Das Oberlandesgericht München [Urteil vom 29.10.2013, Az.: 9 U 773/13] hatte folgenden Fall zu entscheiden:

Es ging um die Abnahme einer im Rahmen eines Bauträgervertrags errichteten Wohnungsanlage mit Tiefgaragenstellplätzen. Die entsprechenden zu Grunde liegenden Bauleistungen wurden unter Auflistung verschiedener Mängel im Rahmen verschiedener Abnahmeprotokolle abgenommen.

Das Gericht hat diesbezüglich ausdrücklich festgestellt, dass es den Parteien freigestellt ist, unabhängig vom Vorhandensein auch umfangreicherer Mängel eine Abnahme zu erklären. Ist dies der Fall, treten damit auch die entsprechenden Rechtsfolgen der Abnahme ein.

Daher ändert die Auflistung anlässlich der Überprüfung festgestellter Baumängel im Abnahmeprotokoll nichts daran, dass die Abnahme gleichwohl als erteilt gilt, sofern das Protokoll unterschrieben wurde.

Fazit: Ist der Auftraggeber daher der Meinung, dass das ihm geschuldete Werk in der vorliegenden Form aufgrund der vorhandenen Mängel noch nicht abnahmereif, d. h. im Wesentlichen vertragsgemäß und ohne erhebliche Mängel fertiggestellt ist, so muss er die Abnahme verweigern.

Abgrenzung zu anderen Abnahme-Begriffen

Folgende Begriffe sollten voneinander unterschieden werden:

- „öffentlich-rechtliche Abnahme"
- „technische Abnahme"
- „Abnahme der vertraglichen Leistungen"

Die Abnahme im vorgenannten Sinne ist zunächst von der öffentlich-rechtlichen Abnahme zu unterscheiden.

> Bei der öffentlich-rechtlichen Abnahme wird grundsätzlich nur untersucht, ob die jeweils relevanten, öffentlich-rechtlichen Bestimmungen eingehalten wurden (z. B. Brandschutz).
> Die öffentlich-rechtliche Abnahme kann Voraussetzung für die Abnahme im Sinne der §§ 640 BGB, 12 VOB/B sein, diese aber nicht ersetzen.

Ebenso verhält es sich bei der technischen Abnahme gemäß § 4 Abs. 10 VOB/B, deren Begriff oft für Verwirrung sorgt.

> Mit der technischen Abnahme wird der Zustand der bereits erbrachten Leistungen dokumentiert, insbesondere wenn die bereits erbrachten Leistungen zu einem späteren Zeitpunkt nicht mehr oder nur noch mit erheblichem Aufwand überprüft werden können
> (z. B. Estrich unter verlegtem Fußboden).

> Abzugrenzen ist die Abnahme der vertraglichen Leistungen auch von der sog. Aufmaßnahme, bei der grundsätzlich nur abrechnungsrelevante Feststellungen über die vom Unternehmer ausgeführten Leistungen getroffen werden (z. B. hinsichtlich Anzahl, Maß, Gewicht etc.).

Auch ein sog. Testbetrieb, der gerade bei technisch geprägten Bauvorhaben stattfindet, stellt regelmäßig keine Abnahme, sondern nur eine Vorstufe zur Abnahme dar.

Verjährung

In den Vergabe- und Vertragsordnungen für Bauleistungen (VOB), die in Deutschland angewendet werden, sind die Verjährungsfristen für Baumängel in den §§ 13, 13a und 16 VOB/B (Teil B der VOB) geregelt. Hier sind die wichtigsten Punkte:

Mängelansprüche während der Gewährleistungsfrist (§ 13 VOB/B):
Gemäß § 13 Absatz 4 der Vergabe- und Vertragsordnung für Bauleistungen, Teil B (VOB/B), beträgt die Verjährungsfrist während der Gewährleistungsfrist:

1. **Für Baumängel**: Die Verjährungsfrist für Ansprüche wegen Mängeln beträgt vier Jahre, beginnend mit der Abnahme der Bauleistung.

2. **Für Bauwerke oder Teile davon, die entsprechend ihrer üblichen Verwendungsweise für eine bestimmte Dauer errichtet worden sind**: Die Verjährungsfrist für Ansprüche wegen Mängeln beträgt fünf Jahre, beginnend mit der Abnahme der Bauleistung.

Es ist wichtig zu beachten, dass diese Verjährungsfristen in der VOB/B für Ansprüche wegen Mängeln gelten, die während der Gewährleistungsfrist geltend gemacht werden können. Die Gewährleistungsfrist beginnt mit der Abnahme der Bauleistung und beträgt gemäß § 13 Absatz 5 VOB/B in der Regel vier Jahre. Während dieser Zeit können Mängelansprüche geltend gemacht werden, sofern die jeweiligen Verjährungsfristen noch nicht abgelaufen sind.
Es ist ratsam, die spezifischen Bestimmungen und Vertragsbedingungen in jedem Bauprojekt zu überprüfen, da die Anwendung und Auslegung der Verjährungsfristen von den vertraglichen Vereinbarungen und den geltenden Rechtsvorschriften abhängen können.

Prüfungs- und Rügepflicht des Auftraggebers (§ 13a VOB/B):
Gemäß § 13a Absatz 1 der Vergabe- und Vertragsordnung für Bauleistungen, Teil B (VOB/B), gelten für den Auftraggeber Prüfungs- und Rügefristen für die Abnahme der Leistung:

1. **Prüfungsfrist**: Der Auftraggeber hat eine Prüfungsfrist von zwölf Werktagen, beginnend mit dem Zugang der Mitteilung des Auftragnehmers über die Fertigstellung der Leistung oder eines prüfbaren Teils davon. Während dieser Zeit hat der Auftraggeber die Möglichkeit, die ausgeführten Arbeiten zu prüfen und zu überprüfen, ob sie den vertraglichen Anforderungen entsprechen.

2. **Rügefrist**: Innerhalb dieser Prüfungsfrist muss der Auftraggeber eventuelle Mängel oder Abweichungen von den vertraglichen Anforderungen rügen. Die Rügefrist beträgt in der Regel ebenfalls zwölf Werktage, beginnend mit dem Zugang der Mitteilung des Auftragnehmers über die Fertigstellung der Leistung oder eines prüfbaren Teils davon.

Es ist wichtig zu beachten, dass diese Fristen sowohl für die Prüfung der Leistung als auch für die Rüge von Mängeln gelten. Der Auftraggeber muss innerhalb dieser Fristen die Arbeit prüfen und eventuelle Mängel dem Auftragnehmer mitteilen. Wenn keine Rüge erfolgt, gilt die Leistung als genehmigt.
Es ist ratsam, die genauen Bestimmungen und Fristen in den vertraglichen Vereinbarungen zu überprüfen, da sie je nach den spezifischen Bedingungen des Bauvertrags variieren können.

Verjährung von Schadensersatzansprüchen (§ 16 VOB/B):
Gemäß § 16 Absatz 3 der Vergabe- und Vertragsordnung für Bauleistungen, Teil B (VOB/B), gelten die folgenden Verjährungsfristen für Schadenersatzansprüche:

1. **Verjährungsfrist für Schadenersatzansprüche wegen Mängeln der Bauleistung**: Die Verjährungsfrist beträgt fünf Jahre, beginnend mit der Abnahme der Bauleistung.

2. **Verjährungsfrist für Schadenersatzansprüche wegen Verletzung vertraglicher oder gesetzlicher Pflichten, die nicht auf einem Mangel beruhen**: Die Verjährungsfrist beträgt drei Jahre, beginnend mit dem Zeitpunkt, an dem der Anspruch entstanden ist.

Es ist wichtig zu beachten, dass diese Verjährungsfristen gemäß § 16 Absatz 3 VOB/B für Schadenersatzansprüche gelten, die aus dem Bauvertrag oder aus gesetzlichen Bestimmungen resultieren. Die Verjährungsfristen beginnen je nach Art des Anspruchs zu unterschiedlichen Zeitpunkten und dauern für unterschiedliche Zeiträume an.

Es ist ratsam, die genauen Bestimmungen und Fristen in den vertraglichen Vereinbarungen zu überprüfen, da sie je nach den spezifischen Bedingungen des Bauvertrags variieren können.

Es ist wichtig zu beachten, dass die Verjährungsfristen in der VOB/B grundsätzlich durch vertragliche Vereinbarungen zwischen den Vertragsparteien modifiziert werden können. Dies bedeutet, dass die Parteien eine kürzere oder längere Verjährungsfrist vereinbaren können, solange dies nicht gegen zwingende gesetzliche Bestimmungen verstößt.

Es wird empfohlen, im Bauvertrag spezifische Regelungen zur Verjährung von Baumängeln festzulegen, um Missverständnisse und Streitigkeiten zu vermeiden.

Hinweis:
Der Architekt / Ingenieur sollte besondere Vorsicht walten lassen, wenn er nur einzelne Leistungen oder sogar nur einzelne Teilleistungen zu erbringen hat.

In derartigen Fällen können sich die Vollendung der Leistungen und somit auch die Abnahme weit nach hinten verlagern.

Schuldet der Architekt z. B. die Ausführungsplanung, kann die Abnahme nicht im Beginn der Bauarbeiten gesehen werden, sondern ist erst nach Vollendung und Abnahme derselben denkbar!

Ausschlaggebend ist, dass sich einerseits Planungsmängel bis zur Fertigstellung des Bauwerks verwirklichen können und andererseits die Ausführungsplanung bis zum Erreichen des Planungsziels (Verkörperung der Planung im Bauwerk) fortzuschreiben ist.

Die Leistungen des Architekten sind in diesem Fall daher grundsätzlich erst beendet, wenn das Bauwerk fertiggestellt ist. Dies kann ein monatelanges Warten bedeuten.

Stufenvertrag

Ein Stufenvertrag ist ein Vertragstyp, der im Baubereich häufig zwischen einem Architekten bzw. Planer und einem Auftraggeber abgeschlossen wird. Er gliedert die Planungs- und Bauphase in verschiedene aufeinanderfolgende Stufen oder Phasen, wobei jede Phase separat vergütet wird. Dies ermöglicht eine schrittweise Abwicklung des Projekts und bietet dem Auftraggeber die Möglichkeit, den Fortschritt zu überwachen und die Kosten besser zu kontrollieren.

Typischerweise umfasst ein Stufenvertrag mehrere aufeinanderfolgende Phasen, die in der Regel wie folgt gegliedert sind:

1. **Entwurfsphase**: In dieser Phase erarbeitet der Architekt erste Entwurfskonzepte und Pläne auf Basis der Anforderungen und Wünsche des Auftraggebers. Diese Phase kann mehrere Entwurfsstufen umfassen, wie z.B. Vorplanung, Entwurfsplanung und Genehmigungsplanung.

2. **Genehmigungsphase**: Nachdem der Entwurf abgeschlossen ist, wird er zur Genehmigung bei den zuständigen Behörden eingereicht. Der Architekt übernimmt oft die Koordination und Kommunikation mit den Behörden und passt den Entwurf bei Bedarf entsprechend an.

3. **Ausführungsplanung**: In dieser Phase werden die detaillierten Ausführungspläne erstellt, die von den Baufirmen zur Ausführung des Projekts verwendet werden. Dies umfasst technische Details, Materialauswahl, Konstruktionszeichnungen und andere relevante Informationen.

4. **Bauüberwachung und -leitung**: Während der Bauphase überwacht der Architekt den Baufortschritt, koordiniert die Arbeit der verschiedenen Gewerke, prüft die Einhaltung von Baustandards und -vorschriften und vertritt die Interessen des Auftraggebers gegenüber den ausführenden Unternehmen.

Die Vergütung des Architekten erfolgt normalerweise in jeder Phase separat, basierend auf einem vereinbarten Honorar oder einer vereinbarten Gebühr für die erbrachten Leistungen. Dies ermöglicht dem Auftraggeber eine schrittweise Zahlung entsprechend dem Fortschritt des Projekts und der erbrachten Leistungen des Architekten.

Ein Stufenvertrag bietet sowohl dem Architekten als auch dem Auftraggeber klare Strukturen und Meilensteine für die Durchführung eines Bauprojekts und trägt dazu bei, Risiken zu minimieren und die Qualität sowie die Kostenkontrolle zu verbessern.

Bei einem Stufenvertrag ist aus rechtlicher Sicht strittig, ob die Verjährung der Mängelrechte

- einheitlich mit Abschluss und Abnahme aller Leistungen
- oder getrennt mit Abschluss und Abnahme der jeweiligen Stufe

beginnt.

Für den Architekten / Ingenieur ist die „getrennt mit Abschluss und Abnahme der jeweiligen Stufe" beginnende Verjährung vorteilhafter, weil bei einem Stufenvertrag nicht alle Leistungen von Beginn an, sondern eben nur Stufe für Stufe vertraglich vereinbart werden.

Hier sollten also die einzelnen Stufen als eigenständige Verträge deklariert oder alternativ eine Teilabnahme vereinbart werden.

Heikel wird es dann, wenn der Vertrag nicht vollendet wurde. Hier spricht man von sog. „hängen gebliebenen Verträgen".

Die Rechtsprechung vertritt hier zumeist die Ansicht, dass der Beginn der Verjährung von Mängelansprüchen stets an die Abnahme gekoppelt ist.
Fehlt es an einer Abnahme, beginnt die Verjährungsfrist nicht!

Der Architekt / Ingenieur kann etwaige Ansprüche seines Auftraggebers nicht mit dem Argument der Verjährung ablehnen, da diese nicht begonnen hat.

Fazit
Die Abnahme ist ein kritischer Meilenstein im Bauprozess, der erhebliche rechtliche Auswirkungen hat. Sie signalisiert den Übergang der Verantwortung und den Beginn der Verjährungsfrist für Mängelansprüche. Eine sorgfältige Durchführung der Abnahme, einschließlich einer detaillierten Prüfung und Protokollierung, ist essenziell, um spätere Streitigkeiten zu vermeiden.

Kapitel 2
Der Versicherungsvertrag

Versichertes Risiko

Die versicherte Tätigkeit

Als freiberufliche Tätigkeit im Sinne der primären Risikobeschreibung gilt zunächst die Tätigkeit des freiberuflichen Architekten oder Ingenieurs. Auch die entsprechende Nebentätigkeit eines beamteten oder angestellten Architekten/Ingenieurs zählt zur freiberuflichen Tätigkeit i.S.d. versicherten Risikos.

Primäre Risikobeschreibung

Versichert ist hier die gesetzliche Haftpflicht des Versicherungsnehmers für die Folgen von Verstößen bei der Ausübung seiner im Versicherungsschein und seinen Nachträgen beschriebenen freiberuflichen Tätigkeit als Architekt /Ingenieur.

Der Umfang des Versicherungsschutzes wird durch das Berufsbild des Architekten/Ingenieurs konkretisiert, welches in einigen Landesarchitektengesetzen näher definiert ist (z.B. § 3 NArchtG).

Bei Unklarheiten, ob eine Tätigkeit unter das Berufsbild fällt oder nicht, sollte sich der Versicherungsnehmer unbedingt bei seinem Versicherer erkundigen.

Hinweis:
Für die freiberufliche (Neben-)Tätigkeit der beamteten, angestellten oder (bau-)gewerblich tätigen Architekten ist der Abschluss einer objektbezogenen Beruf-Haftpflichtversicherung angebracht.
Alternativ besteht auch die Möglichkeit des Abschlusses einer sogenannten Ruheversicherung, die im Falle eines Auftrags die Berufs-Haftpflichtversicherung dann aktiviert werden kann.
Welche Versicherungsform (Objektversicherung, Ruheversicherung oder Jahresversicherung) von der eigenen Architekten-/ Ingenieurkammer akzeptiert wird, sollte im Vorfeld mit dieser geklärt werden.

Die entsprechende Tätigkeit des (bau-)gewerblichen Architekten wird als versicherbare freiberufliche Tätigkeit qualifiziert, soweit dieser nicht mit der Bauausführung am selben Objekt betraut ist und es sich nicht um sonstige Tätigkeiten oder Leistungen außerhalb des Berufsbildes des Architekten handelt.

Das mit der dienstlichen Tätigkeit des angestellten Architekten/Ingenieurs verbundene Haftpflichtrisiko ist nach allgemeinen versicherungstechnischen Grundsätzen über eine von seinem Arbeitgeber abzuschließende Berufs- bzw. Betriebs-Haftpflichtversicherung abzudecken, wobei eventuelle Schadensersatzansprüche des Arbeitgebers gegen seinen angestellten Architekten nicht versicherbar sind.

Die Berufs-Haftpflichtversicherung schützt den Architekten/ Ingenieur gegen finanzielle Nachteile, die ihm dadurch erwachsen, dass er wegen eines Versicherungsfalles von einem Dritten in Anspruch genommen wird.

Unter den Versicherungsschutz fällt demnach nur der einem Dritten entstandene Schaden (z.B. am Bauwerk oder Grundstück), der zur Erhebung von Schadensersatzansprüchen führt.

Nicht Gegenstand der Berufs-Haftpflichtversicherung sind hingegen:

- Erfüllungs-, Nachbesserungs- bzw. Mängelbeseitigungsansprüche wegen einer mangelhaften Leistung des Architekten/Ingenieurs selbst.

Diese Ansprüche werden von der Berufs-Haftpflichtversicherung nicht umfasst, da es sich bei all diesen Ansprüchen nicht um Schadensersatzansprüche handelt.

Beispiel: Der Architekt muss seine mangelhaften Planungsunterlagen nachbessern, bevor diese baulich umgesetzt werden können. Für die Kosten der Nachbesserung besteht kein Versicherungsschutz, da es sich hierbei um die originäre Vertragserfüllung des Architekten handelt. Somit sind Schäden an der eigenen Leistung des Versicherungsnehmers, die auf eine in der Planung oder sonstigen beruflichen Aktivität liegende Ursache zurückzuführen sind, vom Versicherungsschutz grundsätzlich ausgeschlossen.

In den gängigen Wordings kann dies wie folgt vorzufinden sein:

Kein Versicherungsschutz besteht für Ansprüche – auch wenn es sich um gesetzliche Ansprüche handelt –

- auf Erfüllung von Verträgen,
- auf Nacherfüllung,
- aus Selbstvornahme,
- bei Rücktritt,
- bei Minderung oder
- auf Schadensersatz statt der Leistung.

Dies gilt auch, wenn ein Dritter die eigene Leistung des Architekten kostenpflichtig nachbessert.

Hinweis:
Hat sich der Planungsfehler bereits im Bauwerk realisiert und werden aus diesem Grund für die Sanierung des mängelbehafteten Bauwerks Schadensersatzansprüche geltend gemacht, besteht hierfür aber Versicherungsschutz.

I.d.R. ebenfalls unter „Nicht versichert“ vorzufinden sind:

- Ausfalls der Nutzung des Vertragsgegenstandes oder wegen des Ausbleibens des mit der Vertragsleistung geschuldeten Erfolges
- Ersatz vergeblicher Aufwendungen im Vertrauen auf ordnungsgemäße Vertragserfüllung
- auf Ersatz von Vermögensschäden wegen Verzögerung der Leistung
- wegen anderer an die Stelle der Erfüllung tretender Ersatzleistungen

Berufsbildfremde Tätigkeiten und Leistungen

Die Berufs-Haftpflichtversicherung des Architekten oder Ingenieurs ist auf die versicherte Tätigkeit ausgerichtet, die vorwiegend (wenn auch nicht abschließend) in den §§650p ff. BGB, den Architekten-/ Ingenieurgesetzen der Länder sowie in der einschlägigen Honorarordnung (HOAI) definiert ist.

Bereits hieraus ergibt sich, dass Tätigkeiten/Leistungen außerhalb des Berufsbildes eines Architekten/Ingenieurs nicht zum versicherten Risiko gehören (sogenannte »negative Risikobeschreibung«).

Mit dem Berufsbild nicht vereinbar und somit nicht versichert sind z.B.:

- das Veräußern und Vermitteln von Grundstücken,
- das Gewähren und Vermitteln von Krediten,
- das Vermitteln von Mietern,
- das Verwalten von Häusern und Wohnungen.

Ein wesentliches Element des Versicherungsschutzes der Berufs-Haftpflichtversicherung ist ferner, dass der Architekt /Ingenieur von Ausführungs-, Herstellungs-, Liefer- und sonstigen wirtschaftlichen Interessen unabhängig ist.

Übernimmt der Versicherungsnehmer beispielsweise Verpflichtungen, die über die im Versicherungsschein beschriebenen Tätigkeiten/Berufsbilder hinausgehen, so sind daraus resultierende Ansprüche insgesamt nicht Gegenstand der Versicherung.
Infolgedessen ist die gesamte Berufshaftpflicht (bezüglich dieser Verpflichtungen) nicht versichert.

D.h. auch für Teilbereiche, die grundsätzlich unter das Berufsbild fallen aber im Zusammenhang mit den berufsbildfremden Leistungen ausgeführt werden besteht keine Deckung – eine „absolute Nullstellung" des Versicherungsschutzes!

Dies ist insbesondere dann der Fall, wenn der Versicherungsnehmer

- Bauten ganz oder teilweise erstellt oder erstellen lässt (z.B. als Bauherr, Bauträger, Generalübernehmer),
- selbst Bauleistungen erbringt oder erbringen lässt (z.B. als Generalunternehmer, Unternehmer, Handwerker),
- Baustoffe liefert oder liefern lässt (z.B. als Hersteller, Händler).

Im Hinblick auf diese Regelung ist auch die Abgrenzung zwischen den Bezeichnungen Bauträger, Generalübernehmer und Generalunternehmer wichtig:

Als Bauträger fungiert derjenige, der für einen Bauherrn auf einem eigenen Grundstück ein Bauvorhaben erstellt und dieses dann mitsamt dem Grundstück übereignet. Der Bauträger führt dabei keine eigenen Bauarbeiten durch, sondern bedient sich ausschließlich Fremdfirmen, um das Bauvorhaben zu realisieren.

Der Generalübernehmer hat die gleiche Stellung wie der Bauträger mit dem einzigen Unterschied, dass er nicht auf eigenem, sondern auf fremdem Grundstück – in der Regel auf dem des Bauherrn – das Bauvorhaben errichtet.

Auch der Generalübernehmer arbeitet zur Realisierung ausschließlich mit Fremdfirmen und führt keine eigenen Bautätigkeiten durch. Im Gegensatz zu den beiden vorgenannten ist der Generalunternehmer selbst Handwerker, d.h. er führt auch eigenverantwortlich Bautätigkeiten durch. Daneben bedient er sich aber auch Fremdfirmen, die einzelne Bauabschnitte ausführen.

Zur Vermeidung von Interessenkollisionen ist die Berufs-Haftpflicht auch dann nicht versichert, wenn die zuvor genannten Voraussetzungen gegeben sind

- in der Person des Ehegatten oder Lebenspartners des Versicherungsnehmers

- in der Person eines Geschäftsführers, Gesellschafters oder Partners i.S.d. PartGG des Versicherungsnehmers

- bei Unternehmen, die vom Versicherungsnehmer oder den zuvor genannten Personen geleitet werden, die ihnen gehören oder an denen sie beteiligt sind. Das Gleiche gilt, wenn eine Beteiligung an diesen Unternehmen über Dritte besteht oder bestand.

- bei juristischen oder natürlichen Personen, die am Versicherungsnehmer beteiligt sind.

Eine Beteiligung im Sinne der obigen Punkte liegt insbesondere bei wirtschaftlicher, personeller, rechtlicher und/oder finanzieller Verflechtung vor.

Beispiel:
Der versicherte Architekt hatte eine Doppelhaushälfte geplant. Die Bauausführung erfolgte durch eine Bauträger-Gesellschaft, deren alleiniger Geschäftsführer und Gesellschafter der versicherte Architekt war. Diese Bauträger-Gesellschaft beauftragte zur Durchführung des Bauvorhabens einige Subunternehmer. Da das Bauvorhaben aufgrund von Planungsfehlern mangelhaft errichtet worden war, traten Feuchtigkeitsmängel auf. Es entstand ein größerer Schaden. Hier sind die Voraussetzungen der sogenannten „negativen Risikobeschreibung" erfüllt, denn es wurde eine Tätigkeit ausgeübt, die über das versicherte Berufsbild hinausging.
Nicht maßgeblich war, dass der Kläger bzw. seine Bauträger-Gesellschaft den Bauvertrag mit Hilfe von Subunternehmern erfüllt hat (OLG Düsseldorf, Beschluss v. 16.11.2006 und 19.12.2006 – 4 U 139/06).

Sinn und Zweck der Klausel ist, Versicherungsschutz nur dann zu gewähren, wenn das Haftungsrisiko in der reinen (planenden und bauleitenden) Architekten- und Bauingenieurtätigkeit besteht.

Ist diese mit einer Betätigung als Bauunternehmer verbunden, so ist wegen des andersartigen und höheren Risikos kein Versicherungsschutz zu gewähren. Das ist auch dann der Fall, wenn der Versicherungsnehmer Subunternehmer beauftragt.

Denn Verpflichteter und Haftender im Verhältnis zum Bauherrn ist der Versicherungsnehmer. Der Wegfall des Versicherungsschutzes basiert insofern auf der Tatsache, dass ein auf der beruflichen Tätigkeit des Versicherungsnehmers beruhender Schaden gleichzeitig einen Schadenersatzanspruch des Versicherungsnehmers in dessen Eigenschaft als z.B. Bauherr oder Generalunternehmer darstellen würde.

Dies wäre der klassische nicht versicherbare Eigenschaden.

Weitaus entscheidender ist jedoch die Tatsache, dass bei Vorliegen der obigen Verflechtung die gesamte Berufstätigkeit für den konkreten Bau nicht versichert ist. Mithin besteht auch kein

Versicherungsschutz für Schäden, die allein auf eine mangelhafte Architektentätigkeit – und damit auf keinen Ausführungsmangel – zurückzuführen sind.

Vielmehr ist die komplette Berufstätigkeit des Versicherungsnehmers von der Versicherung ausgeschlossen, soweit der Architekt /Ingenieur Bauten als Bauunternehmer oder in gleich zu achtender Stellung ausführt (BGH, Urteil v. 24.04.1971, VersR 1971, S. 557).

Es wird nicht danach unterschieden, ob die Gebäudeschäden auf Verstöße des Versicherungsnehmers bei der Bauleitung oder bei der Bauausführung zurückzuführen sind.

Hinweis:
Somit besteht bei Übernahme berufsbildfremder Tätigkeiten grundsätzlich auch für die vom Versicherungsnehmer unter Umständen mit übernommene Architekten- und/oder Ingenieurleistung kein Versicherungsschutz, und zwar weder für Objektschäden noch für Drittschäden.
Sind die Voraussetzungen jedoch nur bei einem einzelnen Bauvorhaben gegeben, so besteht der Versicherungsschutz hinsichtlich der für andere Bauvorhaben zu erbringenden Architektenleistungen fort (siehe aber den besonderen Schutz des Versicherungsnehmers als privater Bauherr).

Erweiterte Berufsbildklausel

Es gibt wenige Wordings, die die vorgenannte Regelung bei Berufsbildüberschreitungen aufweichen. Diese Aufweichungen werden meist auch als „erweitere Berufsbildklausel" bezeichnet.

Danach gilt es für den Deckungsschutz aufgrund der Berufsbildklausel als unschädlich, wenn eine Beteiligung des Architekten/ Ingenieurs an einem Bauwerk als Bauherr nicht mehr als einen bestimmten Prozentanteil beträgt.

Allerdings ist diese Klausel i.d.R. (wenn sie vereinbart wurde) auf eine bestimmte Rolle der Versicherungsnehmers als Bauherr oder bei einer Beteiligung an einem Bauträger oder Generalübernehmer beschränkt !

Wichtig für das Verständnis der Berufs-Haftpflichtversicherung ist hierbei, um was es sich bei diesen Ausnahmen handelt: Es geht ausschließlich darum, die absolute Nullstellung des gesamten Deckungsschutzes, die sich aus der Berufsbildklausel ergibt, zu „überspringen", d.h. überhaupt erst zu den weiteren Fragen des Deckungsschutzes zu gelangen.

Bildlich gesprochen bildet die Berufsbildklausel die Haustür, die man erst einmal aufschließen muss, um dann innerhalb des Hauses in den einzelnen Räumen den konkret bestehenden Versicherungsschutz zu finden.

Die Möglichkeit, überhaupt in den Anwendungsbereich der Berufs-Haftpflichtversicherung zu kommen ändert vor allem nichts an der Gegebenheit, dass nach den Versicherungsfalldefinitionen immer ein Drittschaden vorausgesetzt wird.

Als Folge dessen besteht zwar nach der erweiterten Berufsbildklausel grundsätzlich Deckungsschutz, aber eben nicht für den Eigenanteil (bis zu X%), da hier eben gerade nicht die Voraussetzung der Versicherungsfalldefinition des Schadens eines Dritten vorliegt.

Die jeweilige Beteiligungsquote wird daher (neben der Selbstbeteiligung) im Schadenfall von der Höhe der berechtigten Haftpflichtansprüche in Abzug gebracht werden.

Neben diesen reinen Beteiligungsformen wird zum Teil die Berufsbildklausel aber auch in den Bereichen Lieferung von Baustoffen und der eigenen Bauleistungserbringung aufgeweicht:
In diesen Fällen ist es für das versicherte Berufsbild unschädlich, wenn der Versicherungsnehmer Baustoffe liefert oder liefern lässt. Allerdings nur, soweit das Entgelt für diese Lieferverpflichtungen X% des konkreten Honoraranspruches für dasselbe Bauvorhaben nicht übersteigt.

Damit soll sichergestellt werden, dass das Planungsinteresse das Lieferinteresse weiterhin deutlich übersteigt und ein möglicher Interessenskonflikt so gering wie möglich gehalten wird.

Diese Ausnahme von der Berufsbildklausel gilt allerdings dann nicht, wenn die gelieferten Baustoffe für das konkrete Bauvorhaben (vom Versicherungsnehmer) individuell geplant wurden.

Bei dieser Konstellation kann keine Deckung gewährt werden, weil ansonsten Fehler des gelieferten Baustoffes über die Planungsdeckung in einen Versicherungsschutz hineingeraten könnten, der eben nicht Bestandteil einer Berufs-Haftpflichtversicherung sein kann.

Zumeist mittlerweile als Deckungsunschädlich ist die Lieferung von Einrichtungsgegenstände geregelt.

Eine eigene Bauleistung durch den Versicherungsnehmer kann auch von diesem weiter gefassten Versicherungsschutz positiv geregelt sein. Sofern der Versicherungsnehmer durch einen gesonderten Werkvertrag eigene Bauleistungen erbringt und das entsprechende Entgelt dafür maximal X% des Honorars für das konkrete Bauvorhaben beträgt, wird dieses ebenfalls nicht als Verstoß gegen das Berufsbild angesehen.

Allerdings wird hier vorsorglich noch klarstellend aufgeführt, dass natürlich über die Berufs-Haftpflichtversicherung kein Versicherungsschutz für die Bauleistungen selbst geleistet werden kann

Sekundärhaftung

Ein Thema, das im Rahmen der Haftung von Planern immer wieder relevant wird, ist der Bereich der Sekundärhaftung.

Diese wurde durch den Bundesgerichtshof insbesondere für den Architekten entwickelt und hat eine weitreichende Untersuchungs- und Beratungspflicht des Architekten zur Folge.

Sekundärhaftung bezieht sich im Allgemeinen auf eine Form der Haftung, die sich von einer primären Haftung ableitet.

Ein häufiges Beispiel für Sekundärhaftung ist die Haftung von Auftraggebern, Hauptunternehmen oder Bauherren für Verletzungen oder Schäden, die von Arbeitnehmern von Subunternehmern oder Auftragnehmern verursacht werden.

Obwohl das Hauptunternehmen möglicherweise nicht direkt an der Arbeit beteiligt ist, kann es dennoch für Sicherheitsmängel oder Verletzungen haftbar gemacht werden, wenn es seine Pflichten zur Überwachung und Sicherstellung der Einhaltung von Sicherheitsstandards vernachlässigt hat.

Ein weiteres Beispiel für Sekundärhaftung kann in der Produkthaftung liegen. Ein Unternehmen kann für Schäden haftbar gemacht werden, die durch fehlerhafte Produkte eines Zulieferers oder Herstellers entstehen, auch wenn das Unternehmen selbst nicht direkt an der Herstellung des fehlerhaften Produkts beteiligt war. Dies kann der Fall sein, wenn das Unternehmen das Produkt vertreibt oder in seine eigenen Produkte integriert.

Generell kann Sekundärhaftung eine Art von indirekter Haftung sein, die aufgrund der Beziehung zwischen den beteiligten Parteien entsteht. Es ist wichtig für Unternehmen und Einzelpersonen, sich der potenziellen sekundären Haftung bewusst zu sein und angemessene Maßnahmen zu ergreifen, um Risiken zu minimieren und gesetzliche Anforderungen einzuhalten.

Die Sekundärhaftung beim Architekten bezieht sich auf die rechtliche Verantwortung oder Haftung des Architekten im Vergleich zu anderen beteiligten Parteien, insbesondere zu den ausführenden Bauunternehmen oder anderen Fachleuten, die an einem Bauprojekt beteiligt sind.

Hier sind einige wichtige Punkte zur Sekundärhaftung beim Architekten:

1. Primäre und sekundäre Haftung: Im Bauwesen können mehrere Parteien an einem Bauprojekt beteiligt sein, darunter Architekten, Bauunternehmen, Ingenieure, Auftraggeber usw. Die primäre Haftung bezieht sich auf die direkte Verantwortung einer Partei für Schäden oder Mängel, die aus ihrer eigenen Handlung oder Unterlassung resultieren. Die sekundäre Haftung bezieht sich hingegen auf die Verantwortung einer Partei für Schäden oder Mängel, die zwar nicht unmittelbar von ihr verursacht wurden, aber dennoch aufgrund ihrer Beteiligung am Bauprojekt entstanden sind.

2. Grundlagen der Sekundärhaftung: Die Sekundärhaftung des Architekten kann sich aus verschiedenen Gründen ergeben, wie z.B. aus Mängeln oder Fehlern in den Planungsunterlagen, aus unzureichenden Aufsichts- oder Koordinationsmaßnahmen während der Bauphase oder aus Versäumnissen bei der Erfüllung gesetzlicher Vorschriften oder Standards. In solchen Fällen kann der Architekt trotzdem für die entstandenen Schäden haftbar gemacht werden, auch wenn die direkte Ursache möglicherweise bei einem anderen Beteiligten liegt.

3. Gemeinsame Haftung: Im Falle von Mängeln oder Schäden an einem Bauwerk können mehrere Parteien, einschließlich des Architekten, gemeinsam haftbar gemacht werden. Dies bedeutet, dass die betroffenen Parteien für die Schäden gemeinsam verantwortlich sind, unabhängig davon, ob sie primär oder sekundär dazu beigetragen haben.

4. Risikominimierung: Um die Sekundärhaftung zu minimieren, ist es für Architekten wichtig, angemessene Sorgfalt bei der Planung und Überwachung von Bauprojekten walten zu lassen, um potenzielle Mängel oder Risiken zu identifizieren und zu minimieren. Dies umfasst eine gründliche Prüfung der Planungsunterlagen, eine effektive Kommunikation mit anderen Beteiligten und eine angemessene Überwachung während der Bauphase.

Insgesamt ist die Sekundärhaftung beim Architekten ein wichtiger Aspekt der rechtlichen Verantwortung im Bauwesen, der sorgfältige Aufmerksamkeit erfordert, um potenzielle Haftungsrisiken zu minimieren und die Qualität der architektonischen Arbeit zu gewährleisten.

Ein Architekt / Ingenieur, der in nicht verjährter Frist von einem Mangel am Bauwerk erfährt, muss als Sachwalter des Bauherren die Ursachen des Mangels unverzüglich und umfassend aufklären und den Bauherren entsprechend unterrichten und beraten, auch wenn seine eigene Verantwortung für den Mangel im Raum steht.

Unterlässt der Architekt dies, verstößt er gegen seine Verpflichtungen als Sachwalter des Bauherrn.

Er kann sich dann nicht auf die darauffolgende Verjährung eines gegen ihn gerichteten Schadensersatzanspruchs auf Grund des Mangels berufen.

Durch die Verletzung der Untersuchungs- und Beratungspflichten wird eine neue Verjährung in Gang gesetzt, die erst mit Ende der eigentlichen Gewährleistungsfrist zu laufen beginnt.

Die Verjährungsfrist betrug nach altem Recht 30 Jahre, bei Anwendung des neuen Rechts gilt eine dreijährige Frist ab Kenntnis (maximal jedoch 10 Jahre ab Entstehung).

Auf diesem Wege wird die Haftung des Planers deutlich ausgeweitet.

Die Versicherungsfälle

Architektendeckungen sind mittlerweile sehr breit aufgestellte Haftpflichtkonzepte, die das versicherte Architekturbüro möglichst „in alle Richtungen" optimal absichern sollen.

Daher können – je nachdem, welches Paket für den jeweiligen Versicherungsnehmer zusammengestellt wurde – mehrere Versicherungsfall-Definitionen gelten.

Verstoß-Prinzip

Versichert wird die gesetzliche Haftpflicht des Versicherungsnehmers für die Folgen von **Verstößen** bei der Ausübung seiner beruflichen Tätigkeiten / Berufsbilder.

In dem Abstellen auf den Verstoß-Zeitpunkt – im Gegensatz zum Zeitpunkt des Schadenereignisses – liegt eine der Besonderheiten der Berufshaftpflichtversicherung.

Der Schadenzeitpunkt ist daher nicht das Einstürzen der Baugrube, sondern der Zeitpunkt des konkreten Planungs- oder Überwachungsfehlers, durch den die Ursache gesetzt wurde.

Wie bereits am Anfang des Buches erwähnt, wird an dieser Stelle auf die Besonderheit bzw. auf eine mögliche Deckungslücke bei den Objektdeckungen eingegangen!

Häufig nehmen Architekturbüros / Ingenieure an Ausschreibungen (Wettbewerben) teil und treten hier im Rahmen dieser (wochenlangen) Ausschreibungen mit Planungen „in Vorleistung". Schnell kann es daher geschehen, dass bei Auftragserteilung direkt mit der konkreten Planung, was meistens „nur" noch eine Abänderung der bereits vorliegenden Unterlagen ist, begonnen wird. Den rechtzeitigen (!) Abschluss einer Objektdeckung kann der Versicherungsnehmer hier leicht aus den Augen verlieren.

Sollte die Objektdeckung zu spät beantragt werden, kann es sein, dass die Planungsleistung dann nicht mehr in den versicherten Zeitraum fällt! Hierbei sei angemerkt, dass dieses Verfahren durchaus im individuellen Ermessensspielraum des jeweiligen Versicherers liegt!

Grundsätzlich sollte daher dem Versicherungsnehmer immer zu einem durchlaufenden Jahresvertrag geraten werden, da hier diese Lücke nicht vorkommen kann!

Begriffserläuterung:

Als Verstoß wird ein objektiv fehlgesteuerter tatsächlicher Vorgang betrachtet, d.h. ein von einer gebotenen Norm abweichendes Tun oder Unterlassen, das als Folge einen Drittschaden auslösen kann. Als Verstoß stellt sich z.B. die Erstellung des fehlerhaften Planes dar, der sich als Ursache eines konkreten Schadens am Bauwerk auswirken kann. Infolge des Verstoßprinzipes gilt, dass für den Versicherungsfall auch immer nur die Bedingungen und Versicherungssummen herangezogen werden, die zum Zeitpunkt des Verstoßes zwischen Architekten/Ingenieur und Versicherer vereinbart waren.

Problem in der Praxis:

Im Schadenfall können daher ggf. ältere vereinbarte Bedingungstexte, niedrigere Versicherungssummen, abweichende Selbstbeteiligungen oder ähnliches zum Tragen kommen. Entscheidend für den Deckungsschutz ist daher der Zeitpunkt des Verstoßes!

Ob für einen gegen den Architekten/ Ingenieur erhobenen Schadensersatzanspruch Versicherungsschutz besteht, hängt vom Zeitpunkt ab, zu dem die Ursache für den eingetretenen Schaden (z.B. Planungsfehler oder sonstige Pflichtverletzung) gesetzt wurde, d.h. der Verstoß begangen wurde. Zwischen dem Verstoßzeitpunkt und dem Zeitpunkt des Schadeneintritts (= schädigendes Ereignis) können u.U. mehrere Jahre liegen. Entscheidend für die Versicherungsdeckung ist, dass der Verstoßzeitpunkt in den versicherten Zeitraum fällt.

Maßgeblicher Verstoß im Sinne dieser Betrachtungen ist das **erste fehlerhafte Verhalten** des Versicherten, das in unmittelbarer Kausalkette den Schaden herbeigeführt hat. Dabei bleibt es auch dann, wenn der Versicherungsnehmer die Möglichkeit und Rechtspflicht hatte, den Verstoß im weiteren Verlauf der Beauftragung zu berichtigen und damit seine schädigenden Auswirkungen abzuwenden (OLG Nürnberg VersR 94, 1462).

Wenn die erste Ursachenkomponente für den zum Schaden führenden Planungsfehler bereits im Rahmen der Vorplanung gesetzt wurde und sich in den folgenden aufeinander aufbauenden Planungsstufen (z.B. § 34 Abs. 3 Nr. 2-5 HOAI) zur unmittelbaren Ursache lediglich verdichtet hat, so fällt der für die Versicherungsschutzgewährung maßgebliche Verstoß zeitlich in die Vorplanung.

Zu einem anderen Ergebnis käme man aber, wenn ein Bauherr nach der vorbereitenden Planung (Leistungsphasen 2 u. 3 gem. HOAI) das Bauvorhaben aufgibt und später darauf zurückkommt und der Architekt oder Ingenieur nunmehr Genehmigungs- und Ausführungspläne nach den bisherigen fehlerhaften Planungsunterlagen anfertigt; in diesem Fall läge der Verstoßzeitpunkt in der später beauftragten Leistungsphase 4 gem. HOAI, da ein Architekt bei der Übernahme von Plänen (auch seiner eigenen) immer eine Überprüfungspflicht daraufhin hat, ob diese fehlerfrei sind.

Unter dem Verstoß versteht man ein von einer gebotenen Verhaltensnorm abweichendes Tun oder Unterlassen, das ein Schadenereignis zur Folge haben kann, aber nicht notwendigerweise zur Folge haben muss.

Um **einen** (einheitlichen) Verstoß handelt es sich auch dann, wenn der Architekt z.B. bei der Vorplanung einen Fehler begangen hat und diesen im Zuge weiterer Leistungsphasen nicht bemerkt.

Das wiederholte Nichterkennen des ersten und für den Versicherungsfall relevanten Verstoßes schafft keinesfalls weitere Verstöße, für die abermals die Deckungssummen zur Verfügung zu stellen wären.

Zu einem anderen Ergebnis führt jedoch der Fall, dass der Planungsfehler eines Architekten von einem anderen, mit der Objektüberwachung beauftragten Architekten hätte erkannt werden müssen.

Hier haben zwei Versicherungsnehmer unabhängig voneinander jeweils einen Verstoß begangen, für den jeder von ihnen im Rahmen seines Vertrages Versicherungsschutz hat.

Aus der Praxis: Wann wäre in diesem Beispiel der Schadentag?

Ein Architekt nimmt einen schon vor Jahren erstellten Plan für einen jetzt aktuell anstehenden Auftrag. Er müsste für seinen Kunden nur noch den Plan an die aktuellen Gegebenheiten anpassen. Jetzt kommt es zu einem Planungsfehler.

Wird der Schadentag in die ursprüngliche Planungsphase oder in die aktuelle Planungsphase gelegt?

Hierzu sollte folgender Punkt geprüft werden:
Wird der Plan durch die Anpassungen zu einem neuen Plan und somit zu einem neuen Risiko?

Für eine Objektdeckung würde der Plan zu einem neuen Risiko werden!
Somit würde der Schadentag in die aktuelle Planungsphase fallen.

Im Bereich einer Jahresversicherung würde dieser Fall automatisch aufgrund der Jahreshonorarabrechnung mitversichert sein und somit auch der aktuellen Planungsphase zugerechnet werden.

Es ist üblich, dass Architekten einige Standardhäuser für sich einmal geplant haben und dann bundesweit an die örtlichen Begebenheiten des Bauvorhabens bzw. an die Kundenwünsche des Bestellers anpassen.

Schadenereignis-Prinzip

Als Schadenereignis bezeichnet man den Vorfall, als dessen Folge die Schädigung des Dritten unmittelbar entstanden ist. Auf den Zeitpunkt der Schadenverursachung, die letztendlich kausal zum Schadenereignis geführt hat, kommt es nicht an.

Beim Schadenereignisprinzip fällt somit der Versicherungsfall mit dem Schadenereignis zusammen. Das Schadenereignisprinzip ist die in Deutschland in der allgemeinen Haftpflicht gängigste Versicherungsfalldefinition. Für die gedeckten beruflichen Risiken ist das Schadenereignisprinzip ungeeignet, weil es oft keine zeitliche Verbindung zwischen dem eigentlichen Fehler bzw. in einer Planung und dem eintretenden Schaden, der sich erst im Bauverlauf realisiert, gibt.

Dieser Baustein ist wichtig für die sog. „klassischen" Betriebshaftpflichtrisiken, wie sie auch bei Bauunternehmen, Tischlern oder Dachdeckern auftreten können. Sie beziehen sich i.d.R. auf die eingeschlossenen Nebenrisiken, wie z.B. die Verwendung von Arbeitsmaschinen, Miet-/Pachtsachschäden, Haus- und Grundbesitzerrisiko, Bürohaftungsrisiko usw.

Manifestationsprinzip

Diese Versicherungsfall-Definition bezieht sich i.d.R. auf die versicherten Umweltschäden. Auch Architekturbüros haben z.B. einen Heizöltank o.ä.

Als Versicherungsfall wird die nachprüfbare erste Feststellung des Personen-, Sach- oder Vermögensschadens durch den Geschädigten, einen sonstigen Dritten oder den Versicherungsnehmer definiert.

Bei Umweltschäden machen weder das Verstoßprinzip noch das Schadenereignisprinzip Sinn.

Beispiel:
Wenn aus einem unterirdischen Öltank aufgrund von Korrosion Öl austritt und langsam durch das Erdreich bis zu einem Fluss vordringt, so kann zwar festgestellt werden, wann das Öl erstmalig im Flusswasser zu finden ist, nicht aber wann ein Versicherungsnehmer einen Verstoß begangen hat (z.B. eine nicht erfolgte rechtzeitige Überprüfung) oder wann das schädigende Ereignis eingetreten ist (das erste tatsächlich entstandene Loch, durch das das Öl aus dem Tank austrat).

In allen hier genannten Fällen muss der Versicherungsfall während der Wirksamkeit der Versicherung eingetreten sein.

Wichtig:
Das Manifestationsprinzip kommt aber nicht bei jedem Schaden im Umweltbereich zum Tragen. Bei Schäden, die auf der beruflichen Tätigkeit des Versicherungsnehmers beruhen (Planungs- oder Überwachungsfehler, der später zu einem Umweltschaden führt) verbleibt es beim Verstoßprinzip!!

Claims made-Prinzip

Diese Versicherungsfalldefinition findet bei D&O-Deckung oder bei Diskriminierungsrisiken (Verstöße gegen das AGG) Anwendung.

Als Versicherungsfall gilt hier die erstmalige Geltendmachung eines gesetzlichen Haftpflichtanspruches privatrechtlichen Inhalts durch Dritte während der Dauer des Versicherungsvertrages.

Ein Haftpflichtanspruch ist geltend gemacht, wenn gegen den Versicherungsnehmer oder eine mitversicherte Person ein Anspruch schriftlich erhoben wird oder ein Dritter dem Versicherungsnehmer schriftlich mitteilt, einen Anspruch gegen diesen zu haben.

Dies stellt gegenüber den anderen Versicherungsfalldefinitionen eine Einschränkung dar, allerdings handelt es sich bei den betroffenen Risiken um solche, die ohne eine entsprechende Risikobegrenzung nicht versicherbar sein würden.

Deckungszeitraum

Der Deckungszeitraum in einer Haftpflichtversicherung bezieht sich auf den Zeitraum, für den die Versicherungsschutz bietet. Es ist wichtig zu verstehen, dass dieser Zeitraum die Zeitspanne umfasst, während der Ereignisse oder Vorfälle auftreten können, die zu Schadensersatzforderungen führen könnten, und in der die Versicherungsgesellschaft für diese potenziellen Ansprüche haftbar ist.
Hier sind einige wichtige Aspekte des Deckungszeitraums:

1. **Anfangs- und Enddatum**: Der Deckungszeitraum beginnt typischerweise mit dem Datum des Versicherungsvertragsabschlusses oder einer anderen festgelegten Zeitpunkt, der im Vertrag angegeben ist. Er endet normalerweise zum Zeitpunkt der Kündigung des Versicherungsvertrags oder zum Ablaufdatum des Vertrags, sofern er nicht verlängert wird.

2. **Kontinuität der Deckung**: Während des Deckungszeitraums besteht die Versicherungsdeckung kontinuierlich, sofern die Prämien ordnungsgemäß gezahlt werden und keine Kündigung des Vertrags vorliegt. Dies bedeutet, dass Ereignisse, die während dieses Zeitraums auftreten und zu Schadensersatzforderungen führen, normalerweise von der Versicherung abgedeckt sind, auch wenn die tatsächliche Meldung oder Abwicklung des Anspruchs möglicherweise nach dem Ende des Deckungszeitraums erfolgt.

3. **Rückwirkende Deckung**: In einigen Fällen kann eine Haftpflichtversicherung eine rückwirkende Deckung für Ereignisse bieten, die vor dem Beginn des aktuellen Deckungszeitraums liegen, jedoch erst während dieses Zeitraums gemeldet werden. Dies ist besonders wichtig, um sicherzustellen, dass potenzielle Haftungsansprüche auch für Ereignisse abgedeckt sind, die vor Vertragsabschluss aufgetreten sind, aber erst später bekannt wurden.

Rückwärtsversicherung

Im Hinblick auf Berufsanfänger sind bei einigen Versicherern beim erstmaligen Abschluss auch solche Verstöße versichert, die innerhalb eines überschaubaren Zeitraumes (z.B. 1 Jahr) vor Beginn des Versicherungsvertrages begangen wurden, jedoch dem Versicherungsnehmer bis zum Vertragsabschluss nicht bekannt waren.

Solange kein Schadenereignis bekannt ist, kann der VN i.d.R. gegen einen Einmalbeitrag die Summen auch rückwirkend erhöhen.

Hintergrund:
Nach dem Verstoßprinzip muss die Ursache (Verstoß) des Schadens, der zu Schadensersatzansprüchen führt, während der Wirksamkeit des Versicherungsvertrages liegen, d. h. zwischen Beginn und Ende des versicherten Zeitraums, damit Versicherungsschutz besteht.

Hinweis:
Als bekannt gilt ein Verstoß auch dann, wenn ein Vorkommnis vom Versicherungsnehmer als Fehler erkannt oder ihm gegenüber als fehlerhaft bezeichnet wurde. Es müssen noch keine Schadensersatzansprüche erhoben oder angedroht worden sein.

Hinweis:
Inwieweit ein Fehler „bekannt" war oder nicht, kann im Einzelfall strittig sein.
Es gibt Deckungskonzepte, die im Falle einer Uneinigkeit zwischen Versicherer und Versicherungsnehmer bis zur Klärung der Situation zunächst Deckung gewähren.

Sollte sich herausstellen, dass der Verstoß schon bekannt war, entfällt der gewährte Deckungsschutz rückwirkend und der Versicherungsnehmer muss alle bis dahin aufgewendeten Kosten/Ausgaben zurückerstatten.

Nachhaftung

Der Versicherer hat aufgrund der vertraglichen Vereinbarung mit dem Versicherungsnehmer bei Risiken, denen das Verstoßprinzip zu Grunde liegt, grundsätzlich auch nach Vertragsende noch für alle Schäden aufzukommen, die auf einem Verstoß des Versicherten während der Vertragslaufzeit basieren, von denen der Versicherte aber erst nach Beendigung der Versicherung Kenntnis erlangt.

Sollte eine bestehende Planungsdeckung mal gekündigt werden, sollte die in dem jeweiligen Vertrag vereinbarte Nachmeldefrist sowohl auf ihre Voraussetzungen als auch auf die vereinbarten Zeiträume hin geprüft werden!

Bei älteren Verträgen liegt i.d.R. noch eine zeitliche Nachhaftungsbeschränkung vor.
So umfasste häufig der Versicherungsschutz Schäden, die in dem versicherten Zeitraum entstanden sind (Verstoßtheorie) UND dem Versicherer nicht später als **5 Jahre** nach Ablauf des Vertrages gemeldet wurden!

Aktuelle Wordings haben allerdings mittlerweile diese zeitliche Beschränkungen vollständig aufgehoben, d.h. es besteht Versicherungsschutz für alle (beruflichen) Schäden, deren Verstoßzeitpunkt im versicherten Zeitraum lag, unabhängig, wann diese gemeldet werden.

Hinweis:
Dieser Wegfall entbindet den Versicherungsnehmer nicht von der unverzüglichen Pflicht zur Schadenmeldung.

Tipp
Es sollte auch darauf geachtet werden, dass diese Nachhaftung auf mögliche Erben des Versicherungsnehmers übergeht!

Spätschadenklausel

Bei dieser Vereinbarung, die für den Fall eines Versichererwechsels konzipiert wurde, erstreckt sich der Versicherungsschutz in solchen Fällen auch auf Verstöße, die innerhalb der Versicherungsdauer einer Vorversicherung begangen wurden und die bzw. deren Folgen dem Versicherungsnehmer erst nach Ablauf einer etwaig mit dem Vorversicherer vereinbarten fünfjährigen Nachhaftung bekannt geworden und aufgrund dessen nicht mehr gedeckt sind.

Voraussetzung für die Deckung ist lediglich ein lückenloses Bestehen einer (Berufs-)Haftpflichtversicherung seit dem betreffenden Verstoß. Für den Versicherungsschutz gelten dann i.d.R. nicht die mit dem Versicherer vereinbarten Versicherungssummen, sondern die der Vorversicherung, höchstens jedoch die Versicherungssummen des bestehenden Vertrages.

Darüber hinaus haben i.d.R. die Bedingungen Gültigkeit, die zum Zeitpunkt des aktuell bestehenden Vertragsabschlusses vereinbart wurden.

Grundsätzliche Voraussetzung für den Eintritt ist jedoch, dass der Schaden vom Vorversicherer nur aufgrund der abgelaufenen Nachhaftungsfrist abgelehnt wird.

Lehnt die Vorversicherung den Schaden aufgrund anderweitiger Gründe ab, besteht auch über die Spätschadenklausel kein Deckungsschutz.

Klärung Verstoßzeitpunkt

Wie nun auf den vorherigen Seiten erläutert, gibt es für bestimmte Versicherungsfallkonstellationen individuell abgestellte Versicherungsfalldefinitionen.
Damit werden schon sehr viele Situationen und Haftungsszenarien aufgefangen.

Dennoch kann es in seltenen Fällen zu Diskussionen kommen, wann genau der Schaden verursacht wurde. Für jeden Versicherungsnehmer kann es daher deckungsseitig kritisch werden, wenn nicht sicher festgestellt werden kann, wann ein Versicherungsfall eingetreten ist.

Dies ist vor allem im Bereich des Verstoßprinzipes und damit der primären Risikoabsicherung der beruflichen Tätigkeit des Architekten /Ingenieurs nicht leicht. Gerade die Klärung in den Planungsphasen eines Bauvorhabens, wann genau der Fehler in der Planung gesetzt bzw. gemacht oder wann dieser nicht mehr korrigiert wurde, ist meist höchst umstritten und selten so klar, dass eine eindeutige Festlegung erfolgen kann.

Ein Problem für den Versicherungsnehmer entsteht dann, wenn im Zeitraum dieser Planungen ein Wechsel von einem Versicherer zum anderen erfolgt

Hinweis:
Der Versicherungsnehmer ist beweislastig für die Voraussetzungen des Versicherungsfalls, damit auch für den Zeitpunkt des Verstoßes innerhalb des versicherten Zeitraumes. Wenn dieser Zeitpunkt aber unklar ist bzw. nicht genau zeitlich geklärt werden kann, kann es vorkommen, dass der Vorversicherer der Auffassung ist, dass der Verstoß später erfolgt ist, d. h. im Versicherungszeitraum des aktuellen Versicherers, dieser hingegen von einem früheren Zeitpunkt und damit der Zuständigkeit des Vorversicherers ausgeht.

Der Versicherungsnehmer – der durchgehenden Deckungsschutz hat, nur eben nicht durchgehend bei einem Versicherer – steht dieser „Ping-Pong-Diskussion" der Versicherer mehr oder weniger hilflos gegenüber, weil der Beweis, wann der Verstoß stattgefunden hat, nicht zweifelsfrei erbracht werden kann. Als Folge könnten beide Versicherer die Deckung mit Hinweis auf den nicht geklärten Verstoßzeitpunkt ablehnen und der Versicherungsnehmer stände ohne Deckungsschutz dar.

Um dieses Dilemma für den Versicherungsnehmer zu beseitigen, gibt es in aktuellen Deckungskonzepten die Neuregelung, dass der besitzender Versicherer in einem solchen Streitfall – allerdings ohne Anerkennung einer Rechtspflicht – zunächst in die Schadenregulierung eintritt, um in diesem Zuge zusammen mit dem Versicherungsnehmer zu klären, wann genau der Verstoß und damit der Versicherungsfall eingetreten ist.

Sollte sich der Verstoßzeitpunkt dann im Bereich des Vorversicherers befinden, würde dieser die Schadenbearbeitung weiterführen bzw. ggf. würde die dann in den Regress gegenüber dem Vorversicherer eintreten.

Ausschlüsse / Allgemein

In der Berufs-Haftpflichtversicherung gilt das Prinzip der universellen Deckung, d.h. der Versicherungsschutz umfasst, soweit nicht eine besondere Ausschlussklausel entgegensteht, sämtliche nach der primären Risikobeschreibung gedeckten Haftpflichtansprüche.

Einige Wordings haben aufgrund ihrer abschließend positiven Risikobeschreibung zur Folge, dass Ausschlüsse, die ein bestimmtes Risiko betreffen, auch dort mit aufgeführt werden.

Trotzdem gibt es Tatbestände, die aus grundsätzlichen versicherungsrechtlichen und -technischen Erwägungen nicht versicherbar sind.

Die allgemeinen Ausschlüsse können allerdings in zwei Kategorien unterteilt werden:

- Ausschlüsse, die ein bestimmtes Risiko sanktionieren, d.h. ein objektiv eingrenzbares Risiko oder einen objektiv abgrenzbaren Vorgang widerspiegeln

- Ausschlüsse, die ein persönliches Fehlverhalten voraussetzen, sog. personalisierte Ausschlüsse.

Diese personalisierten Ausschlüsse sind allerdings auf einige wenige Fälle begrenzt:

- Vorsatz, bewusst pflichtwidriges Verhalten

- Übertragung von Krankheiten

- Umgang mit brennbaren Stoffen

Diese Unterscheidung wird in den Wordings auch durch die Wortwahl getragen.

Es wird zwischen „Versicherungsansprüchen" und „Ansprüchen" unterschieden.

• Ansprüche sind hierbei die allgemeinen gesetzlichen Ansprüche, die einen objektiven Tatbestand voraussetzen, z.B. einen Leasingvertrag.

• Versicherungsansprüche sind hingegen die Ansprüche des Versicherungsnehmers aus dem Versicherungsvertrag, d.h. es geht um die Frage, ob der einzeln Versicherte einen persönlichen Anspruch aus dem Vertrag hat bzw. ob dieser Anspruch durch ein persönliches Verhalten ggf. entfällt.

Hier sollte geprüft werden, welche Regelung genau der Versicherer vorsieht. Ist ggf. ein sog. „cross over"-Prinzip vereinbart, bedeutet dies im Schadensfall:

Hier wird für das gesamte Versicherungsverhältnis bestimmt, dass bei Vorliegen von Risikobegrenzungen oder Ausschlüssen der Versicherungsschutz für alle durch den Vertrag Versicherten oder Mitversicherten entfällt, unabhängig davon, ob die Risikobegrenzung in der Person des Versicherungsnehmers oder eines Mitversicherten vorhanden ist.

Das bedeutet zunächst, dass der Versicherer aus dem Vertrag heraus keine Deckung gewährt, wenn eine Risikobegrenzung eingetreten ist – egal wer diese zu verantworten hat.

Die Ausnahmen von diesem Prinzip sind die personalisierten Ausschlüsse, die rein auf das persönliche Fehlverhalten abstellen und in der Konsequenz hieraus auch nur dieses sanktionieren.

Das bedeutet, dass bei Vorliegen eines personalisierten Ausschlusses der Deckungsschutz nur für denjenigen Versicherten entfällt, der den Ausschluss verwirklicht hat.

Alle weiteren Versicherten oder Mitversicherten genießen hingegen den Deckungsschutz, als ob der Ausschluss nicht vorliegen würde.

Beispiel:
Ein Angestellter des Architekten begeht vorsätzlich einen Planungsfehler, um einen unliebsamen Bauherrn zu schädigen, was auch eintritt. Der Architekt selbst hatte die Aufgabe vollständig seinem Angestellten überlassen und auch keine Veranlassung an dessen sonstiger Redlichkeit zu zweifeln. Durch die vorsätzliche Schädigung besteht grundsätzlich kein Deckungsschutz.
Allerdings handelt es sich um einen personalisierten Ausschluss, so dass der Deckungsschutz nur für denjenigen entfällt, der hier gehandelt hat, namentlich den Angestellten.
Für den Architekten, der sich das Verhalten seines Angestellten zurechnen lassen muss, besteht der Versicherungsschutz weiterhin.

Mitversicherte Personen / Parteien

Die gesetzlichen Vertreter eines Architekten sind die Personen, die befugt sind, in rechtlichen Angelegenheiten im Namen des Architekten zu handeln und Entscheidungen zu treffen. Typischerweise umfasst dies folgende Personen:

1. Der Architekt selbst: Als Inhaber oder Leiter des Architekturbüros ist der Architekt in der Regel der primäre gesetzliche Vertreter. Er oder sie trägt die Verantwortung für die Arbeit des Büros und kann in rechtlichen Angelegenheiten im Namen des Büros handeln.

2. Partner oder Mitinhaber: In einigen Fällen kann ein Architekturbüro von mehreren Partnern oder Mitinhabern geführt werden. Diese Personen sind ebenfalls gesetzliche Vertreter des Büros und können in rechtlichen Angelegenheiten handeln.

3. Bevollmächtigte Mitarbeiter: Der Architekt kann bestimmte Mitarbeiter seines Büros bevollmächtigen, in seinem Namen zu handeln und Entscheidungen zu treffen. Diese Mitarbeiter können beispielsweise Projektleiter oder Rechtsberater sein, die befugt sind, Verträge zu unterzeichnen oder Rechtsstreitigkeiten zu führen.

4. Rechtliche Vertreter oder Anwälte: In rechtlichen Angelegenheiten kann ein Architekt rechtliche Vertreter oder Anwälte beauftragen, in seinem Namen zu handeln und ihn vor Gericht oder anderen rechtlichen Instanzen zu vertreten.

Die gesetzlichen Vertreter eines Architekten haben die Befugnis, im Namen des Architekten Verträge abzuschließen, rechtliche Dokumente zu unterzeichnen, Entscheidungen zu treffen und rechtliche Schritte zu unternehmen. Es ist wichtig, dass diese Personen die Interessen des Architekten angemessen vertreten und die geltenden Gesetze und Vorschriften beachten.

Sollte mitversichert sein: Die Zugriffshaftung

Die Zugriffshaftung im Baubereich bezieht sich auf die Haftung einer Person oder eines Unternehmens für Schäden, die durch den Zugriff auf oder die Nutzung eines Grundstücks entstehen. Typischerweise bezieht sich die Zugriffshaftung auf Baustellen oder Bauprojekte, bei denen verschiedene Parteien Zugang zu einem Grundstück benötigen, um Bauarbeiten durchzuführen.

Die Zugriffshaftung kann verschiedene Situationen umfassen, darunter:

1. Schäden an benachbarten Grundstücken: Wenn Bauarbeiten auf einem Grundstück durchgeführt werden, können Schäden an benachbarten Grundstücken auftreten, die durch den Zugriff auf das Baugrundstück oder durch die Bauaktivitäten selbst verursacht werden. In solchen Fällen kann der Eigentümer des Baugrundstücks für die Schäden haftbar gemacht werden, die aufgrund des Zugriffs oder der Nutzung seines Grundstücks entstehen.

2. Schäden an Infrastruktur oder öffentlichen Einrichtungen: Der Zugriff auf ein Grundstück für Bauarbeiten kann auch Schäden an Infrastruktur oder öffentlichen Einrichtungen verursachen, wie beispielsweise Straßen, Gehwegen, Wasserleitungen oder Strommasten. In solchen Fällen können die Personen oder Unternehmen, die Zugriff auf das Grundstück erhalten haben, für die Schäden haftbar gemacht werden.

3. Haftung für Unfälle und Verletzungen: Personen, die Zugang zu einem Baugrundstück haben, wie Bauarbeiter, Lieferanten oder Besucher, können aufgrund von Unfällen oder Verletzungen haftbar gemacht werden, die während ihres Aufenthalts auf dem Grundstück auftreten. Dies kann den Eigentümer des Grundstücks und gegebenenfalls auch den Bauherrn betreffen.

Arbeitnehmerüberlassung

I.d.R. sind konzeptionell auch „AÜ“ versichert für den Fall, dass dem Versicherungsnehmer bei einer – erlaubten – Arbeitnehmerüberlassung ein Auswahlmissgeschick passiert.

Die Erlaubnis nach dem Arbeitnehmerüberlassungsgesetz (AÜG) ist Voraussetzung für den Deckungsschutz.

Dies bedeutet, dass der Versicherungsnehmer dann Deckungsschutz hat, wenn er einem Geschäftspartner einen ungeeigneten Mitarbeiter im Wege der Arbeitnehmerüberlassung zur Verfügung stellt und sich durch die Ungeeignetheit ein Schaden (beim Entleiher) ergibt.

Dies könnte z.B. dann der Fall sein, wenn dem Versicherungsnehmer hätte bewusst sein müssen, dass der Mitarbeiter für die konkrete Aufgabe nicht geeignet war und der Entleiher aufgrund eines Fehlers des Entliehenen weitere Kosten zur Fehlerkorrektur aufwenden muss.

Weitere Ansprüche sind nicht versichert, also insbesondere auch keine Drittansprüche gegen den Entleiher aufgrund von Fehlern des Entliehenen. Ebenfalls nicht umfasst ist die persönliche Haftpflichtdeckung des Entliehenen aufgrund etwaiger Haftpflichtansprüche des Entleihers gegen ihn.

In Deutschland regelt das Arbeitnehmerüberlassungsgesetz (AÜG) die Bedingungen für die Überlassung von Arbeitnehmern. Das AÜG legt unter anderem fest, dass Personaldienstleister eine Erlaubnis für die Arbeitnehmerüberlassung benötigen und dass die Arbeitsbedingungen der überlassenen Arbeitnehmer nicht schlechter sein dürfen als die Bedingungen vergleichbarer Stammbelegschaften.

Ansprüche Versicherter untereinander

Dieser Bereich unterteilt sich in drei Punkte:

- Ansprüche der Repräsentanten und gesetzlichen Vertreter sowie deren Angehörigen gegen den Versicherungsnehmer

- Ansprüche mitversicherter Personen untereinander

- Ansprüche mitversicherter Unternehmen untereinander

Grundsätzlich unterscheiden sich diese Punkte wie folgt:
Bei den Regelungen für Repräsentanten und gesetzlichen Vertretern des Versicherungsnehmers sowie deren Angehörigen handelt es sich um Schadenersatzansprüche gegen den Versicherungsnehmer, bei den anderen beiden um solche, die zwischen Mitversicherten i.S.d. Versicherungsvertrags entstehen.

Ansprüche der Angehörigen kann wie folgt geregelt sein:

Wenn der Versicherungsnehmer seinem Ehegatten, seinen Kindern oder einer sonst eingeschlossenen Person (u.a. die Repräsentanten und gesetzlichen Vertreter) einen Schaden zufügt, ist dieser versichert.

Voraussetzung ist hier allerdings, dass es um Personen- oder Eigentumsverletzungen geht und es sich bei den Ansprüchen um solche eines Sozialversicherungsträgers oder um solche von Betriebsangehörigen aus Anlass eines Schadenfalles handelt. Dann ist Versicherungsschutz auch gegeben, wenn es um einen Schaden im Zuständigkeitsbereich des gesetzlichen Vertreters/Repräsentanten geht.

Bei Ansprüchen mitversicherter Personen untereinander sind Schadenersatzansprüche mitversicherter Personen untereinander geregelt, also wenn ein Mitversicherter einem anderen Mitversicherten einen Schaden zugefügt hat.

Diese Ansprüche sind – abschließend positiv geregelt - versichert, wenn es sich entweder um

- Personenschäden, die nicht Folge eines Arbeitsunfalles sind,

- Sachschäden oder

- Vermögensschäden aus der Verletzung von Datenschutzgesetzen handelt.

Ansprüche mitversicherter Unternehmen untereinander regelt hingegen die Ansprüche von mitversicherten Unternehmen, d.h. juristischen Personen, untereinander.

Hier gibt es keine abschließende positive Aufzählung, was versichert ist, sondern die Abgrenzung erfolgt durch Ausschlüsse, was nicht vom Versicherungsschutz umfasst wird. Alles andere ist folglich versichert.

Bei den Ausschlüssen handelt es sich um Ansprüche

- wegen Vermögensschäden;
- der Partner von Arbeitsgemeinschaften untereinander sowie Ansprüche der Arbeitsgemeinschaften gegenüber den Partnern und umgekehrt;
- wegen Miet-/Pachtsachschäden an Räumen und Gebäuden gemäß
- wegen Miet-/Pachtsachschäden an Arbeitsgeräten und Arbeitsmaschinen sowie
- wegen Mietsachschäden an sonstigen beweglichen Sachen

Individuelle Anpassung von Versicherungssummen und Bedingungswerken

In die Zukunft betrachtet können die vereinbarten Konditionen für einzelne Projekte oder für den gesamten Vertrag nach oben angepasst werden.

Dies kann z.B. durch eine Objektdeckung für ein spezielles Bauvorhaben (ggf. sogar über einen anderen Versicherer) erfolgen.

Objektdeckungen haben den Vorteil, dass der Bauherr sicher sein kann, dass die vereinbarten Versicherungssummen nicht durch einen Fehler des Architekten bei einem anderen Bauvorhaben aufgebraucht werden.

Soll der gesamte Vertrag verbessert und die Versicherungssummen erhöht werden, kann dies bei einer Verweigerung durch den vertragsführenden Versicherer (z.B., weil das Risiko für die neuen Versicherungssummen zu hoch ist) durch eine Anschlussdeckung erfolgen.

Diese Anschlussdeckung kann auf zwei Wegen erfolgen:

DIC / DIL

Der Versicherungsnehmer findet einen neuen Versicherer, der die gewünschten Versicherungssummen anbieten kann, der Grundvertrag kann aber noch nicht gekündigt werden. Hier kann der Architekt den Antrag trotzdem schon annehmen, in dem er mit dem neuen Versicherer eine Summendifferenzdeckung (DIL) bzw. eine Konditionsdifferenzdeckung (DIC) bis zum Ablauf der Vorversicherung vereinbart.

DIL:	Difference in Limits	Differenzdeckung für Versicherungssummen
DIC:	Difference in Conditions	Differenzdeckung für Bedingungswerke

Reversed DIC

Dieser Punkt ist an dieser Stelle lediglich zur Vervollständigung aufgeführt, da eine Kongruenzdeckung (englisch „Reversed DIC“) eher in internationalen Programmen vorkommt.

Sollte der Versicherungsschutz der ausländischen (!) Grunddeckung („good local standard“) in einzelnen Bausteinen besser sein, so würde durch diese Deckungsvariante diese Leistungsverbesserungen in den deutschen Hauptvertrag übernommen werden.

Es gelten in diesem Fall die Bedingungen der Grunddeckung (bei internationalen Risiken der „lokalen Policen“).

Exzedent (Anmerkung: Als Schreibweise ist „Excedent“ auch richtig!)

Der Grundvertrag ist und bleibt bei einem Versicherer und ein zweiter Versicherer übernimmt auf Dauer die Differenz bis zu der gewünschten Versicherungssumme. Die Summen aus dem „Grundvertrag“ sind dann so gesehen eine Art Selbstbeteiligung, da der Excedenten-Versicherer erst nach Ausschöpfung dieser Summen mit seinem Vertrag ins Spiel kommt.

Drop-down-Klausel / Step-down-Klausel

Diese „Selbstbeteiligung“ durch den bestehenden Grundvertrag wird durch eine sog. Drop-down-Klausel (oder auch „Step-down“) aufgehoben.

Die sog. Drop-down-Klausel greift ein, sobald der Versicherer des Grundvertrags wegen Ausschöpfung der Versicherungssummen bei einem erneuten Schaden nicht mehr leisten muss.

Dies kann z.B. dann der Fall sein, wenn Großschäden die Versicherungssummen ausgeschöpft haben.

In diesem Fall würde der Exzedenten-Versicherer „vom ersten Euro“ an die Leistung übernehmen.

Beispiel: **Versicherungsnehmer hat einen Haftpflichtvertrag mit 5 Mio. Versicherungssumme und benötigen 5 weitere Millionen (umgangssprachlich „5 auf 5“), die er aber aufgrund des Risikos nicht von seinem derzeitigen Versicherer bekommt.**

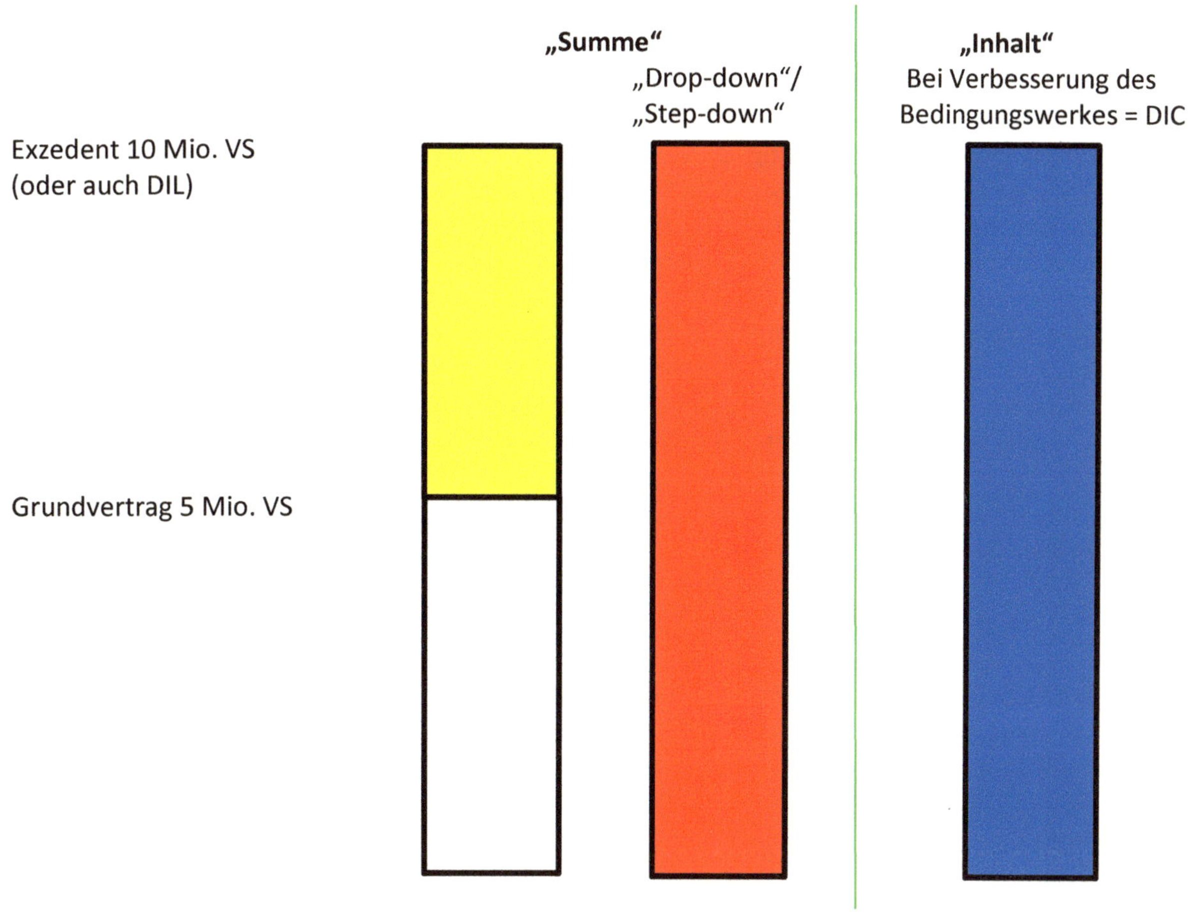

Serienschaden

Auch planende Berufe können Serienschäden verursachen!

Eine Serienproduktion liegt dann vor, wenn die Stückzahl der auf einen Plan des Versicherungsnehmers beruhenden Sache (Haus, Garage etc.) „größer 2“ ist.

Ein "Serienschaden" im Zusammenhang mit einem Architekten bezieht sich auf wiederholte oder häufig auftretende Fehler oder Mängel in verschiedenen Projekten, die von diesem Architekten betreut wurden. Diese Schäden können sich auf verschiedene Aspekte der architektonischen Arbeit beziehen, wie z.B. Planungsfehler, Konstruktionsmängel oder Designprobleme.

Hier sind einige wichtige Punkte, die den Serienschaden beim Architekten charakterisieren:

1. **Wiederholte Muster**: Ein Serienschaden tritt auf, wenn ähnliche Fehler oder Mängel in mehreren Projekten auftreten, die von dem betreffenden Architekten bearbeitet wurden. Diese Muster können auf systematische Probleme bei der Planung, Ausführung oder Überwachung von Bauprojekten hinweisen.

2. **Haftungsrisiko**: Serienschäden stellen ein erhöhtes Haftungsrisiko für den Architekten dar, da sie auf eine mögliche Vernachlässigung der Sorgfaltspflicht oder auf wiederkehrende Mängel in der Arbeitsweise hinweisen können. Dies kann zu rechtlichen Auseinandersetzungen und Schadensersatzforderungen von Bauherren, Auftraggebern oder anderen betroffenen Parteien führen.

3. **Ursachenanalyse**: Es ist wichtig, die Ursachen für Serienschäden zu analysieren, um zukünftige Fehler zu vermeiden und die Qualität der architektonischen Arbeit zu verbessern. Dies kann eine gründliche Überprüfung der Planungs- und Ausführungsprozesse sowie der Qualitätskontrollmaßnahmen erfordern.

4. **Risikomanagement**: Architekten und ihre Versicherungsträger müssen geeignete Risikomanagementstrategien implementieren, um Serienschäden zu minimieren oder zu verhindern. Dies kann die Überprüfung von Arbeitsabläufen, die Schulung des Personals und die Verbesserung der Qualitätssicherungsmaßnahmen umfassen.

Die Erbringung von Serienplanungen ist also im Vorfeld zu klären. Sollte der VN diese erbringen, ist der Versicherer über die Punkte

- Was wird geplant?
- Für welchen Auftraggeber wird diese Leistung erbracht?
- Mögliche Stückzahl?

zu informieren.

Es wäre nicht das erste Mal, dass ein Elektroingenieur „ein elektronisches Bauteil zur Kontrolle von Umdrehungen“ planen soll.

Klingt nicht sonderlich „gefährlich", wenn aber dieses Teil von einem namenhaften Waschmaschinenhersteller in Auftrag gegeben wurde und es in die nächste Serie seiner Waschmaschinen einbaut, die dann weltweit vertreibt, sieht es schon anders aus.

Die Versicherungssummen stehen i.d.R. nur einmal zur Verfügung, wenn

- **mehrere gleiche oder gleichartige Verstöße, die unmittelbar auf demselben Fehler beruhen,**
- **zu Schäden an einem Bauwerk oder mehreren Bauwerken führen, auch wenn diese Bauwerke nicht zum selben Bauvorhaben gehören**.

Beispiel A: Der Architekt ist von fünf Bauherren mit der Planung ihrer benachbarten Häuser beauftragt und sieht ohne Einholung eines Bodengutachtens jeweils ein bestimmtes, nicht ausreichendes Abdichtungsverfahren vor (= mehrere gleiche Verstöße, die unmittelbar auf demselben Fehler beruhen).

Durch den Planungsfehler kommt es in allen Häusern zum Eindringen von Wasser (= Schäden an mehreren Bauwerken).

Beispiel B: Ein Ingenieur erstellt Pläne für verschiedene Silos. Bei der ersten statischen Berechnung, auf die er später bei seinen weiteren Planungen immer wieder zurückgreift, unterläuft ihm ein Fehler (= mehrere gleiche Verstöße, die unmittelbar auf demselben Fehler beruhen).

Dies führt dazu, dass bei allen Silos nach kurzer Zeit Risse in den Wänden auftreten (= Schäden an mehreren Bauwerken).

Fazit: Es besteht für Architekten / Ingenieure ein erhebliches Risiko durch

- Übertragung eines fehlerhaften Ansatzes / einer fehlerhaften Teilplanung
- sowie die Nutzung einer fehlerhaften Planungssoftware.

Somit können in mehreren Plänen, Berechnungen usw. eine Vielzahl von Fehlern eingebaut werden.

Wie bereits erwähnt, gilt i.d.R. die einfache Summenmaximierung, wenn „mehrere Verstöße zu einem einheitlichen Schaden führen".

Mehrere Verstöße führen also zu einem augenscheinlich einheitlichen Schadenbild.

Beispiel: Ein Architekt versäumt eine Bodenuntersuchung vornehmen zu lassen und berücksichtigt somit nicht den tatsächlichen Grundwasserstand (erster Verstoß).

Im Rahmen eines Baugrubenaushubs hätte der Architekt aufgrund der sehr feuchten Erde misstrauisch werden müssen. Den Aushub hat er sich allerdings nicht angesehen und geprüft (zweiter Verstoß).

Somit blieb eine adäquate Schlussfolgerung für die Realisierung des Bauobjekts (z.B. Verzicht auf einen Keller, Höherlegung des Hauses oder Einbau einer „weißen Wanne") aus.

Erhebliche Sachschäden durch Wassereintritt in das Kellergeschoß nach Fertigstellung der Baumaßnahme sind die Folge (ein einheitlicher Schaden durch verschiedene Fehlleistungen).

Aber nicht immer werden „nur" Häuser geplant und gebaut.

Etwas komplizierter wird die Serienschaden-Problematik bei z.B. Maschinenbau-Ingenieuren.

Beispiel: Ein Maschinenbauingenieur plant u.a. Maschinen für die Genuss- und Lebensmittelindustrie.

Ein Kunde ist ein großer Zigarettenhersteller.

Wenn also der VN **einen** Plan für **eine** Maschine erstellt und diese Maschine dann aufgrund eines VN-Fehlers **mehrere Tausend** falsche Zigaretten herstellt, ist das dann ein Serienschaden?

Oder müsste der VN **einen** Plan für **mehr als eine** Maschine erstellen, um einen Serienschaden auszulösen?

Zunächst sollte man sich hier Seite 16 noch einmal anschauen, denn bei der Haftpflichtversicherung von Architekten / Ingenieuren sind grundsätzlich die **mittelbaren** Schäden ausgeschlossen.

Dieser Versicherungsnehmer sollte also folgenden Passus zum Thema Serienschäden in seinem Haftpflichtvertrag finden:

„Abweichend von Ziff. XY steht die Versicherungssumme nur einmal zur Verfügung, wenn mehrere gleiche oder gleichartige Verstöße, die unmittelbar auf demselben Fehler beruhen, zu Schäden an einem Bauwerk oder mehreren Bauwerken führen, auch wenn diese Bauwerke nicht zum selben Bauvorhaben gehören."

Ein Serienschaden läge also z.B. vor, wenn der Kunde **eine** Maschine plant und auf Basis der (fehlerhaften) Planung **mehrere gleiche Maschinen** hergestellt würden.

Der Fehler des Ingenieurs muss sich also direkt vervielfachen (Anzahl der fehlerhaften Maschinen).

Für diese Serienschäden bestünde dann Versicherungsschutz, allerdings mit der oben zitieren Einschränkung der vereinbarten Versicherungssumme bzw. Maximierung.

Die indirekte Auswirkung (hier: Massen von fehlerhaften Zigaretten DURCH eine fehlerhafte Maschine) ist kein „Serienschaden", wobei man im ersten Moment dies meinen könnte, da die fehlerhaften Zigaretten „serienmäßig" produziert wurden.

Hinweis:

Denkt man an Maschinen, denkt man...

- im Schadensfall auch an „Stillstand“ und den damit unweigerlich verbundenen Umsatzeinbruch.

  Hierbei handelt es sich aber i.d.R. um Schäden, die über den unmittelbaren Mangel oder den Schaden an Maschinen, Anlagen oder Teilen davon hinausgehen.

  Also z. B. um entgangenen Gewinn, Produktionsausfall jeder Art, Stillstand, Minderleistung, unzureichende Qualität oder Quantität, Beschädigung oder Vernichtung der in der Produktion befindlichen Stoffe, unzureichende Rentabilität oder Wirtschaftlichkeit, Aufwendungen in Erwartung ordnungsgemäßer Leistungen, Kosten für den Rückruf von Produkten usw.

  Diese Schäden sind **nicht** Gegenstand einer Planungsdeckung!

- auch an Serienproduktion.

  Eine Serienproduktion liegt dann vor, wenn die Stückzahl der auf einen Plan des Versicherungsnehmers beruhenden Maschinen „größer 2“ ist.

  Sofern über den Versicherer kein Versicherungsschutz für Serienplanungen hergestellt wurde, sind Schäden aus der Planung oder Konstruktion von Maschinen, Anlagen oder Teilen davon, **nicht** versichert!

  Dieser Ausschluss gilt nicht, wenn im Zusammenhang mit einer beauftragten Planung oder Konstruktion einer Gesamtanlage/-maschine auch baugleiche Einzelteile eingeplant sind, die zum Zwecke der Fertigung der beauftragten Gesamtanlage/-maschine seriell hergestellt werden.

Auslandsschäden

Im Zeitalter des grenzüberschreitenden Bauens bedarf es auch für Architekten/Ingenieure eines Versicherungsschutzes für Tätigkeiten im Ausland.

Wie auch in anderen Haftpflichtverträgen unterscheidet eine Architektendeckung drei unterschiedliche Bereiche von Auslandsschäden:

- Beruflichen Tätigkeit
- Teilnahme an Geschäftsreisen oder Messen

Ob man folgende Position als separaten Punkt sehen möchte oder als „Bonbon“ für den Versicherungsnehmer, liegt im Auge des Betrachters: Einige Wordings beinhalten auch eine sog. „Mallorca-Police“ für die Benutzung von fremden Fahrzeugen bei beruflichen Reisen, d.h. eine Art Exzedentenversicherung im Anschluss bzw. neben der Haftpflichtversicherung des benutzten Kraftfahrzeugs, falls die im dem jeweiligen Land übliche Haftpflichtsumme nicht ausreicht.

Da das größte Risiko im Bereich der beruflichen Tätigkeit liegt, wurde hier in der Vergangenheit bzw. wird noch heute in den Musterbedingungen vom GDV nur mit einem regional eingegrenzten Versicherungsschutz gearbeitet.

So wird man in den Musterbedingungen aber auch in älteren Versicherungsverträgen nur mitversicherte Auslandsschäden innerhalb der EU sowie der Schweiz, Liechtenstein, Norwegen und Island mit vorfinden.

Mittlerweile sind aber Formulierungen zu finden wie „Es besteht weltweite Auslandsschutz nach dem für den Versicherungsnehmer im Schadenfall geltenden Recht. Dies gilt selbst dann, wenn ein anderes als das Landesrecht vereinbart wurde.“

Durch diese Regelung erhält der Versicherungsnehmer eine weitergehende Gestaltungsfreiheit seiner beruflichen Tätigkeit: Die freie Rechtswahl bei Architekten- bzw. Ingenieurverträgen.

Beispiel: Ein Architekt plant für ein neues Fußballstadion in Brasilien eine Dachkonstruktion. Die komplette Planung erfolgt von Deutschland aus, im Architektenvertrag mit dem indischen Generalunternehmer besteht dieser auf indisches Recht, worauf sich der Architekt einlässt. Der Deckungsschutz würde im Schadenfall entweder aufgrund gesetzlicher Ansprüche nach brasilianischem Recht – sofern diese geltend gemacht werden können – oder aber nach indischem Recht gewährt werden.

Ausnahmen von dieser weltweiten Deckung nach frei zu vereinbarendem Recht bestehen in Bezug auf Schäden in den USA und Kanada: Diese sind versichert, es gilt aber die „alte Regelung“, dass die Regulierung des Schadens nur nach einem in Europa geltenden Recht vorgenommen wird.

Ebenfalls gilt für beide Länder, dass die Kosten auf die Entschädigungssumme angerechnet werden. Damit einhergehend ist – als Ausnahme – auch die Vereinbarung von US-amerikanischen oder kanadischem Recht nicht vom Deckungsumfang umfasst.

Besondere Sorgfalt sollte man bei besondere Ausschlüsse im Bereich der Auslandsdeckung gelten alle Ansprüche im Zusammenhang mit Arbeitsunfällen, von punitive damages und aus Artikeln 1792ff. und 1231-1 des französischen Code Civil oder gleichartiger landesrechtlicher Bestimmungen (Décennale) walten lassen. Hier handelt es sich zum Teil um in den jeweiligen Land vorgeschriebene Deckungsbausteine.

Einen Punkt darf man ebenfalls nicht aus den Augen verlieren: Versicherungsschutz in den sog. „non admitted-Ländern".

Es gibt Länder auf der Welt, die die Gewährung lokalen Versicherungsschutzes nur solchen Versichersicherungsgesellschaften erlauben, die auch eine lokale Zulassung haben. Entsprechend darf und kann nicht jeder (deutsche) Versicherer in diesen Ländern den lokalen Schutz anbieten.

Nicht von dem Verbot betroffen sind aber Leistungen, die nicht lokal erbracht werden, d.h. bei denen das Risiko nicht vor Ort belegen ist – man spricht von der „Risikobelegenheit". Sofern die Haftpflicht keine natürliche Person betrifft, ist das Risiko im Generellen in dem Staat belegen, in dem sich das jeweilige Unternehmen, die Betriebsstätte oder die jeweilige Einrichtung befindet, auf die sich die Haftpflichtversicherung bezieht.

Die Risikobelegenheit ist dabei von Art und Umfang der Tätigkeit des Versicherungsnehmers abhängig. Wird der überwiegende Teil der Gesamtleistung im Ausland erbracht, so ist eine Risikobelegenheit im Ausland anzunehmen, insofern das Risiko auch dort zu versichern.

Anders wäre es z.B. bei Planern, die von Deutschland aus für ein im Ausland zu errichtendes Bauvorhanden die Planungsleistungen erbringen – dann kann man davon ausgehen, dass die Risikobelegenheit am Ort der versicherten Leistung, d.h. der Planung, liegt und damit in Deutschland.

Alle anderen Konstellationen sind im Einzelfall zu prüfen.

Beispiel: Im vorgenannten Beispiel ist Brasilien ein „non admitted"-Land, d.h. lokalen Versicherungsschutz darf von einem deutschen Versicherer nicht erbracht werden.
Da der Architekt seine Leistung aber ausschließlich von Deutschland aus erbringt, besteht hierfür Deckungsschutz.

Für den Versicherungsnehmer stellen sich daher im Umgang mit dem „non admitted" zunächst die folgenden Fragen:

- Wer wird tätig?
  Unselbständige oder selbständige Niederlassung; „Registrierung" vor Ort erforderlich (steuerlich oder handelsrechtlich)?

- Einschaltung von Subunternehmer? Woher kommen diese?

- Welche Leistungen erbringt der Versicherungsnehmer?
  Planungsleistungen, Bauüberwachungstätigkeiten, ausführende Tätigkeiten, Produktlieferungen etc. ?

- Wo werden die Leistungen erbracht? Aus Deutschland oder vor Ort ?

Auslandsschäden bei Geschäftsreisen, Ausstellungen, Messen, Kongressen oder Märkten sind im Vergleich zu den o.g. Themen schon deutlich leichter zu versichern.

Auslandsschäden bei Geschäftsreisen waren schon bislang generell mitversichert. Da es sich nicht um eine ureigene berufliche Tätigkeit handelt, sondern um administrative Nebentätigen oder auch Akquisen, greift hierfür auch nicht das „non admitted"-Verbot.

Wichtig ist deshalb, dass weder ausführende oder überwachende berufliche oder gewerbliche Tätigkeiten vom Versicherungsnehmer geleistet werden.

Das Führen fremder versicherungspflichtiger Kraftfahrzeuge im Ausland kann ebenfalls je nach Risikoträger berücksichtigt werden.

Mit der sog. „Mallorca"-Police gibt es den Deckungsschutz auch für Risiken aus der Benutzung fremder Kraftfahrzeuge im Ausland, wenn die hierfür abgeschlossene Haftpflichtversicherung nicht ausreicht. Voraussetzung für den Schutz ist aber i.d.R., dass die Benutzung aus Anlass von Geschäftsreisen, Dienstreisen oder Dienstfahrten erfolgt. Der Schutz gilt dann zumeist weltweit mit Ausnahme der USA, US-Territorien und Kanadas

Hintergrundinformationen zu „non admitted"

Welche Stufen der Zulassung zur lokalen oder grenzüberschreitenden Geschäftstätigkeit gibt es im Versicherungswesen?

• admitted
Hier gewährt ein lokal zugelassener Versicherer Versicherungsschutz. Innerhalb der EU ist dies im Rahmen der EU-Dienstleistungsfreiheit auch ohne lokale Niederlassung grenzüberschreitend möglich.

• non admitted
Ein lokal nicht zugelassener (= non admitted) Versicherer stellt Versicherungsschutz zur Verfügung. Dies ist beispielsweise der Fall bei DIC-/DIL-Deckungen über einen Mastervertrag, der mit dem Mutterhaus eines Versicherungsnehmers geschlossen wird.

• non admitted-Verbot
Viele Länder verbieten grenzüberschreitende Versicherungsdeckungen ohne lokale Zulassung des Versicherers. Es darf hier kein Versicherungsschutz aus dem Ausland heraus für ein lokales Risiko geboten werden. Dies gilt auch für DIC-/DIL-Deckungen.
Ansonsten verstößt der Versicherer gegen geltendes Recht. Bei internationalen Versicherungskonzepten stellt sich also die Frage, in welchen Ländern was zulässig ist und in welcher Weise dem Kunden Versicherungsschutz geboten werden kann und darf.

• erlaubte non admitted-Deckung
In manchen Ländern kann über Ministerien oder lokale Aufsichtsbehörden unter Auflagen eine Sondererlaubnis für eine grenzüberschreitende Deckung ohne generelle lokale Zulassung eingeholt werden. Dies nennt man eine erlaubte non-admitted-Deckung. Weltweit gesehen ist jedoch in den meisten Ländern nur lokal nieder- und zugelassenen Versicherern gestattet, Versicherungsschutz zu gewähren. Hier handelt es sich um die sogenannten non-admitted-Verbotsländer.

Grundsätzlich ist festzuhalten:
Innerhalb der EU ist eine Geschäftstätigkeit im Rahmen der Dienstleistungsfreiheit (FOS-Police) wie auch selbstverständlich über lokale Niederlassungen (Lokalpolice) legal möglich.

Mehr als 140 Staaten gehören zu den non-admitted-Verbotsländern.

Dazu zählen Länder wie: Brasilien, Russland, Indien und China, die dieser Staatengruppe auch die Bezeichnung BRIC-Staaten verliehen haben.

Aber auch die nahe gelegene Schweiz gehört zu den strengst kontrollierten non-admitted-Verbotsländern.

Da in diesen Ländern nur Lokaldeckungen zulässig sind, ist die Einbindung dieser Deckungen in ein Internationales Versicherungsprogramm schwierig. Selbst wenn der programmführende Versicherer über eine lokale Niederlassung in einem non-admitted Staat verfügt, ist es fraglich, ob dem lokalen Kunden auf Grund des gesetzlichen Rahmens die vom Mutterhaus gewünschte Deckung auch lokal zur Verfügung gestellt werden kann.

Auch DIC-/DIL-Deckungen aus dem Ausland heraus sind für ein Risiko in einem non-admitted-Verbotsland unzulässig.

Derartige Deckungen werden von den betroffenen Staaten als lizenzloser und damit illegaler Betrieb von Versicherungsgeschäft betrachtet. Daraus folgt, dass Auslandstöchter eines deutschen Versicherungsnehmers in einer deutschen Police auch nicht als mitversicherte Unternehmen benannt sein dürfen.

Mögliche Rechtsfolgen aus einer Zuwiderhandlung reichen von Bußgeldern bis zur Strafverfolgung. Der Versicherungsvertrag selbst kann von den Aufsichtsbehörden als nichtig erklärt werden oder eine Vertragsrückabwicklung angeordnet werden. Aus rechtlicher Sicht ist daher zu lokalen Deckungen durch lokal zugelassene Versicherer zu raten. Dies widerspricht jedoch dem Ziel eines zentral gesteuerten Internationalen Versicherungsprogramms mit möglichst einheitlichem Deckungsumfang für alle Lokationen einer Unternehmensgruppe.

Financial Interest Cover

Eine Lösungsmöglichkeit zur Deckung von Risiken in non-admitted-Verbotsländern ist die Versicherung des finanziellen Interesses der Muttergesellschaft an ihren Auslandstöchtern, d. h. ihrer Investitionen in oder Beteiligung an ihren Auslandstöchtern.

Im Rahmen dieses „Financial Interest Covers“ sind ausschließlich die finanziellen Auswirkungen eines bei einer ausländischen Tochter eingetretenen Schadens auf das Mutterhaus gedeckt, also Vermögensschäden.

Nach VAG, Nr. 16 handelt es sich hier um die Versicherungssparte „verschiedene finanzielle Verluste“. Versicherungsnehmer und Prämienschuldner ist die Konzernmutter.

Die ausländischen Tochterunternehmen werden ausschließlich über Lokalpolicen versichert. Es gibt keine versicherungsvertragliche Verbindung zur Tochtergesellschaft, so dass jedwede Versicherungsleistung aus dem Financial Interest Cover im Entschädigungsfall ausschließlich an die Muttergesellschaft erfolgt.

Voraussetzung für eine Entschädigungsleistung ist, dass der Mutter selbst infolge eines Schadens bei der Auslandstochter ein Schaden entsteht. Die Entschädigung bemisst sich an der schadenbedingten Minderung des Beteiligungswertes an der Tochter. Sie entspricht der hypothetischen Entschädigungsleistung aus einer DIC-/DIL-Deckung, wenn diese rechtlich wirksam hätte vereinbart werden können.

BRICS-Staaten

Die BRICS-Staaten sind eine Gruppe von fünf großen Schwellenländern, die aufgrund ihres wachsenden wirtschaftlichen Einflusses und Potenzials zusammengekommen sind.

Die Abkürzung "BRICS" steht für Brasilien, Russland, Indien, China und Südafrika. Diese Länder bilden gemeinsam die BRICS-Gruppe.

Die BRICS-Staaten sind aufgrund ihrer Größe, Bevölkerungszahlen und wirtschaftlichen Ressourcen wichtige Akteure in der globalen Wirtschaft. Jedes dieser Länder hat seine eigenen spezifischen Merkmale und Herausforderungen, aber sie alle verfolgen gemeinsame Ziele, wie z.B. die Förderung des wirtschaftlichen Wachstums, die Stärkung der regionalen Zusammenarbeit und die Reformierung der internationalen Finanzinstitutionen.

Die BRICS-Staaten treffen sich regelmäßig auf Gipfeltreffen, um politische, wirtschaftliche und strategische Fragen zu diskutieren und gemeinsame Initiativen voranzutreiben. Sie haben auch verschiedene Kooperationsmechanismen eingerichtet, darunter Arbeitsgruppen, Handels- und Investitionsförderung, kulturellen Austausch und technische Zusammenarbeit.

Obwohl die BRICS-Staaten gemeinsame Interessen und Ziele haben, gibt es auch Herausforderungen und Unterschiede zwischen den Mitgliedsländern, die die Zusammenarbeit beeinflussen können. Dennoch bleiben die BRICS ein wichtiger Akteur auf der globalen Bühne und ihre Bedeutung wird voraussichtlich weiter zunehmen, da sie eine wachsende Rolle in der Weltwirtschaft spielen.

Der Architekt kann zum Hersteller werden

Erstellt ein Architekt auf eigenem Bestreben hin Pläne für z.B. Fachwerkhäuser und vertreibt diese Pläne dann mittels Lizenzvergabe an interessierte Bauunternehmen. Die konkrete Anpassung des jeweiligen Plans an die individuellen Wünsche und Gegebenheiten (Hanglage, mit Carport etc.) vor Ort, kümmert sich dann ein lokaler Architekt, der dann auch Bauvorlageberechtigt ist.

Der Lizenzvergebene Architekt wird hingegen aus Sicht des Haftpflichtversicherers zum Hersteller.

Durch die Lizenzvergabe wird der Plan zum Produkt. Eine Deckung im Rahmen einer Architektendeckung ist dann nicht mehr möglich.

Hier sollte dann versucht werden eine Deckung als Bauunternehmer (z.B. Bauträger oder Generalübernehmer) zu platzieren.

Diese alternative Deckungsvariante wäre insofern kein Problem, da die Herstellertätigkeit ein klarer Ausschluss in einer Architektendeckung darstellt und somit keine Doppelversicherung entstehen wird.

Wenn der Architekt mal selbst baut

Der Architekt /Ingenieur als privater Bauherr kommt durchaus mal in der Praxis vor.

Für diesen Fall, dass der Architekt /Ingenieur für sein eigenes Bauvorhaben oder das seiner Ehefrau plant bzw. die Bauüberwachung übernimmt, sehen gängige Wordings eine Teilausnahme zu der vorhandenen „absoluten Nullstellung" vor.

Ältere Verträge sind diesbezüglich genauesten zu prüfen, da es in den zurückliegenden Jahren diverse Formulierungsversuche gab, dieses private Bauvorhaben irgendwie im Vertrag zu „verstecken".

Aktuell wird der bisherige Wortlaut als weitere Ausnahme der erweiterten Berufsbildklausel aufgenommen. Diese Ausnahme war systematisch auch notwendig, da bei einem privaten Bauvorhaben der Eigentumsanteil mit 100% die anderen Ausnahmen zur Berufsbildklausel nicht ausreichen würden.

In der Folge ist diese Bauherrenhaftpflicht auch dann gegeben, wenn der Versicherungsnehmer das Gebäude selbst plant. Gute Wordings beschreiben positiv diese Absicherung als Bauherr für Bauvorhaben, die dem versicherten Büro oder den privaten Zwecken der Versicherten oder ihrem Privatvermögen zuzuordnen sind.

Allerdings verbleibt es bei dem Grundsatz, dass nur Drittschäden abgesichert sind.

Nicht versichert bleiben daher Ansprüche auf Basis der Objektschäden, da es sich hierbei um Eigenschäden bzw., wenn die Ehefrau als Bauherrin auftritt, um Quasi-Eigenschäden handelt.

Hierzu zählen Schäden und/oder Mängel an den Bauten selbst und etwaige daraus resultierenden Vermögensfolgeschäden, wie entgangener Gewinn, Mietausfall usw.

Über die i.d.R. mitversicherte Privat-Haftpflichtversicherung ist ergänzend hierzu eine alternative Bauherren-Haftpflicht unter den dort geregelten Voraussetzungen versichert, wobei die o.g. aktuell vorzufindende Deckung meistens für den Versicherungsnehmer vorteilhafter sein wird

Rechtsdienstleistung

Mitversichert gilt die erlaubte außergerichtliche Rechtsdienstleistung nach Maßgabe des Rechtsdienstleistungsgesetzes (RDG) als Nebenleistung der versicherten freiberuflichen Tätigkeit.

Als Rechtsdienstleistung gilt dabei „jede Tätigkeit in konkreten fremden Angelegenheiten, sobald sie eine rechtliche Prüfung des Einzelfalls erfordert".

Rechtsdienstleistung ist nach dem Gesetz **nicht**:

- die Erstellung wissenschaftlicher Gutachten,
- die Tätigkeit von Schiedsrichtern, Schlichtungsstellen oder die Mediation,
- die an die Allgemeinheit gerichtete Erörterung von Rechtsfragen in den Medien.

Die Grenzen der Rechtsberatung durch den Architekten

Das Rechtsdienstleistungsgesetz (RDG) ist ein deutsches Gesetz, das die Erbringung von Rechtsdienstleistungen regelt. Es wurde am 12. Dezember 2007 verabschiedet und trat am 1. Juli 2008 in Kraft.

Das RDG hat zum Ziel, den Rechtsuchenden einen angemessenen Zugang zu Rechtsberatung und Rechtsvertretung zu ermöglichen, während gleichzeitig die Qualität und Integrität der Rechtsdienstleistungen gewährleistet wird.

Einige wichtige Aspekte des Rechtsdienstleistungsgesetzes sind:

1. Definition von Rechtsdienstleistungen: Das RDG definiert, was als Rechtsdienstleistung betrachtet wird. Dies umfasst die Beratung, Vertretung und die Erfüllung rechtlicher Interessen Dritter.

2. Zugelassene Rechtsdienstleister: Das Gesetz regelt, welche Personen und Einrichtungen Rechtsdienstleistungen erbringen dürfen. Dazu gehören Rechtsanwälte, Notare, Steuerberater und Rechtsbeistände. Das RDG ermöglicht es auch bestimmten anderen Personen, Rechtsdienstleistungen in begrenztem Umfang zu erbringen, wie zum Beispiel Inkassodienstleistungen oder die Hilfe in Verwaltungsverfahren.

3. Verbot der unerlaubten Rechtsdienstleistung: Das RDG verbietet Personen, die nicht befugt sind, Rechtsdienstleistungen zu erbringen, dies zu tun. Dies soll sicherstellen, dass die Rechtsberatung und -vertretung von qualifizierten Fachleuten erbracht wird, um die Interessen der Rechtsuchenden zu schützen.

4. Aufsichtsbehörden: Das Gesetz sieht vor, dass die Erbringung von Rechtsdienstleistungen von bestimmten Aufsichtsbehörden überwacht wird, um sicherzustellen, dass die Anforderungen des Gesetzes eingehalten werden und die Qualität der Dienstleistungen gewährleistet ist.

5. Verbraucherschutz: Das RDG enthält Bestimmungen zum Schutz der Verbraucher vor unzureichenden oder unangemessenen Rechtsdienstleistungen. Dazu gehören Informationspflichten, Haftungsregelungen und Beschwerdeverfahren.

Insgesamt zielt das Rechtsdienstleistungsgesetz darauf ab, einen ausgewogenen Rahmen für die Erbringung von Rechtsdienstleistungen zu schaffen, der den Schutz der Verbraucherinteressen und die Qualität der Dienstleistungen gewährleistet, während gleichzeitig der Zugang zur Rechtspflege erleichtert wird.

Wichtig: Die Erbringung einer bestimmten Rechtsdienstleistung darf nicht als vertragliche Nebenleistung vereinbart werden.
Dem Architekten sind in diesem sensiblen Bereich nur dann Tätigkeiten erlaubt, wenn sie ausschließen können, dass ihre eigene Dienstleistung nicht für eine Mangelhaftigkeit am Bauwerk in Frage kommt!

Fazit: Ein Architekt darf rechtliche Beratung im Rahmen seines Fachbereichs und seiner Expertise erbringen, solange diese Beratung eng mit den architektonischen Aspekten eines Projekts verbunden ist. Diese Beratung sollte sich auf Fragen und Probleme beziehen, die spezifisch mit dem Bauwesen, Bauvorschriften, Planungsgenehmigungen, Vertragsrecht für Bauverträge und ähnliche Bereiche verbunden sind.

Hier sind einige typische Bereiche, in denen ein Architekt rechtliche Beratung anbieten kann:

1. **Bauvorschriften und Genehmigungen**: Ein Architekt kann seine Kunden über die geltenden Bauvorschriften und Genehmigungsverfahren informieren und sie bei der Einhaltung dieser Vorschriften unterstützen.

2. **Vertragsrecht**: Ein Architekt kann Bauherren bei der Prüfung und Gestaltung von Verträgen unterstützen, die mit Bauunternehmen, Lieferanten und anderen Beteiligten geschlossen werden sollen.

3. **Haftungsfragen**: Ein Architekt kann seine Kunden über ihre rechtlichen Pflichten und Haftungsrisiken im Zusammenhang mit einem Bauprojekt informieren und sie dabei unterstützen, diese Risiken zu minimieren.

4. **Streitschlichtung und Schiedsverfahren**: Ein Architekt kann bei der außergerichtlichen Streitschlichtung und Schiedsverfahren im Zusammenhang mit Baukonflikten beraten und unterstützen.

Es ist wichtig anzumerken, dass ein Architekt keine umfassende rechtliche Beratung in allen Rechtsbereichen außerhalb seines Fachgebiets anbieten darf. In solchen Fällen ist es ratsam, einen Rechtsanwalt oder eine spezialisierte Rechtsberatungsstelle hinzuzuziehen.

Beratungstätigkeit gemäß VGV, VOL und VOB

Mitversichert sollte sein die gesetzliche Haftpflicht des Versicherungsnehmers aus der Beratung von öffentlichen Auftraggebern bei Vergabeverfahren nach

- der Verordnung über die Vergabe öffentlicher Aufträge (Vergabeverordnung – VgV),
- der Verdingungsordnung für Leistungen (VOL) und der
- Vergabe- und Vertragsordnung für Bauleistungen (VOB).

Diese Tätigkeit – die Beratung – stellt eigentlich nur einen Unterfall einer Sachverständigentätigkeit dar. Da diese sich aber nicht auf ein vorhandenes Bauvorhaben, sondern auf die im Vorfeld einer Ausschreibung der öffentlichen Hand benötigten Expertise bezieht, wurde hier eine Klarstellung vorgenommen.

Forschung und Entwicklung (F&E)

Entwicklungs- und / oder Experimentierschäden, insbesondere Schäden, die zumeist auf nicht bekanntes technisches oder verfahrenstechnisches Wissen und Können (Know-how) zurück zu führen sind, gelten als nicht versichert.

Dies gilt auch

- bei der Anwendung eines nicht ausreichend erprobten Verfahrens
- oder einer nicht ausreichend erprobten Verfahrensstufe
- sowie bei der Verwendung eines für den vorgesehenen Verwendungszweck nach ungeprüftem Material.

In den Bereich der „Forschung und Entwicklung" geraten die Versicherungsnehmer schnell!

Beispiel: Bei Großbaustellen liefern die Betonwerke den Beton nicht immer von dem möglicherweise weit entfernten Werk aus, sondern lassen den Beton vor Ort mischen. Hierzu erhält der Architekt i.d.R. den Auftrag, den gewünschten Beton aus den vor Ort anzutreffenden Baustoffen (Sand- und Kiesvorkommen) mischen zu lassen bzw. bei der Berechnung der „Rezeptur" behilflich zu sein.
Ein zusätzliches hohes Risiko, dass nicht immer versicherbar ist. Das Betonwerk wälzt sein Herstellerrisiko auf den Architekten ab.

Wichtig ist vor allem die Frage, ob sich der „neue" Beton immer noch im sog. Normbereich befinden wird.

In der Praxis kann es daher durchaus sein, dass allein für die neue Mixtur eine Materialprüfstelle von dem Architekten eingeschaltet wird.

Forschung und Entwicklung (F&E) führen nicht automatisch zu einem gesicherten Stand der Technik.

Der Begriff "gesicherter Stand der Technik" bezieht sich auf den aktuellen Entwicklungsstand in einem bestimmten Bereich, der allgemein akzeptiert und anerkannt ist. Er basiert auf einem breiten Konsens in der Fachgemeinschaft und wird durch regelmäßige Überprüfung und Validierung durch Praxiserfahrung sowie wissenschaftliche Forschung und Innovationen unterstützt.

Ein gesicherter Stand der Technik wird typischerweise erreicht, wenn eine bestimmte Technologie, Methode oder Praxis ausreichend getestet, dokumentiert und erfolgreich angewendet wurde, um als zuverlässig und effektiv betrachtet zu werden. Dies kann durch verschiedene Faktoren bestätigt werden, wie z.B.:

1. Wissenschaftliche Forschung: Wenn Ergebnisse aus Forschungsprojekten wiederholt bestätigt wurden und von Experten in dem entsprechenden Fachgebiet anerkannt sind, kann dies dazu beitragen, einen gesicherten Stand der Technik zu etablieren.

2. Praxiserfahrung: Die erfolgreiche Anwendung einer bestimmten Technologie oder Methode in der Praxis über einen längeren Zeitraum kann zur Entwicklung eines gesicherten Standes der Technik beitragen.

3. Normen und Standards: Die Integration in anerkannte Normen und Standards in der Industrie kann ein Indikator dafür sein, dass eine bestimmte Technologie oder Methode als gesicherter Stand der Technik betrachtet wird.

4. Regulatorische Anerkennung: In einigen Fällen kann die Anerkennung durch Regulierungsbehörden oder staatliche Stellen dazu beitragen, einen gesicherten Stand der Technik zu bestätigen.

Es ist wichtig zu beachten, dass sich der Stand der Technik ständig weiterentwickelt und durch kontinuierliche Forschung, Entwicklung und Innovation beeinflusst wird. Daher ist es möglich, dass das, was heute als gesicherter Stand der Technik angesehen wird, in Zukunft durch neuere Erkenntnisse und Fortschritte in Frage gestellt wird.

Laborbetriebe / Prüfstellen

Der Betrieb eines eigenen Labors ist i.d.R. im Rahmen der gesetzlichen Haftpflicht mitversichert, sofern dies als Nebenleistung zum Berufs- oder Tätigkeitsbild gehört.

Abzugrenzen sind hier allerdings die sogenannten Prüfstellen, z.B. zur Materialprüfung von Beton.

Diese sog. Prüfstellen sind als gesondertes Risiko zu betrachten und zählen damit nicht zu den „klassischen“ Architekten- / Ingenieursrisiken.

Wichtige Vertragspositionen

Tätigkeits-/Bearbeitungsschäden

Ein Tätigkeits-/Bearbeitungsschaden liegt dann vor, wenn ein Versicherungsnehmer im Zuge seiner beruflichen Tätigkeit an einem fremden Drittgegenstand Arbeiten durchführt.

Bei einem Gutachter wäre das z.B. immer dann der Fall, wenn er Bauteilöffnungen durchführt, um sein Gutachten erstellen zu können. Sollte es im Zuge dieser Tätigkeiten zu einem Schaden kommen, bestünde dann entsprechender Versicherungsschutz.

Die Risikobeschreibung umfasst hierbei nicht nur die Tätigkeitsschäden an der Sache selbst, sondern auch wenn die beschädigte Sache vom Versicherungsnehmer zur Durchführung von Arbeiten benutzt wurde, z.B. eine Leiter, um an ein Fenster zu gelangen.

Ebenfalls gedeckt sind Schäden, bei denen es sich nicht um klassische Bearbeitungsschäden handelt, sondern um solche, die durch eine Tätigkeit in unmittelbarer Nähe entstanden sind. Voraussetzung ist hier allerdings, dass der Versicherungsnehmer die notwendigen Schutzmaßnahmen getroffen hatte – auch wenn diese letztendlich nicht ausgereicht haben.

Leitungsschäden

Auch für den Fall, dass ein Versicherungsnehmer aufgrund seiner beruflichen Tätigkeit eine Leitung beschädigt oder zerstört, besteht über diese Position Deckungsschutz.

Der Versicherungsschutz beschränkt sich hierbei nicht nur auf den Schaden an der Leitung selbst, sondern umfasst auch alle damit im Zusammenhang stehenden Folgeschäden.

Beispiel:
Ein Bodengutachter vergisst fahrlässig sich über etwaige Kabel im Erdreich zu informieren und zerstört bei der Probeentnahme eine Wasserleitung.
Als Folge dessen kommt es zu einer Unterspülung und zum Einbruch eines Teils des unbebauten Grundstückes.
Die Kosten für Reparatur an der Leistung sind ebenso wie die Kosten zur Wiederherstellung des Grundstückes vom Deckungsschutz umfasst.

Obhutschäden

Unter Obhut versteht man einen besonderen Verwahrungsvertrag, der in §§ 688ff. BGB gesetzlich geregelt ist. Kernbereich eines solchen Vertrages ist die Verwahrung einer fremden Sache, wobei derjenige, der die Sache übergeben hat, diese jederzeit herausverlangen kann. Ob ein solcher Vertrag als entgeltlich oder unentgeltlich geschlossen wurde, spielt keine Rolle.

Unterfangung, Unterfahrung von Gebäuden, Erdrutsch, Senkungen

Die Mitversicherung der gesetzlichen Haftpflicht für Schäden aus Unterfangungs- oder Unterfahrungsmaßnahmen sowie Senkungen oder Erdrutschen ist aus der Historie ehemaliger Ausschlüsse in diesem Bereich zu sehen.

Wenn einem Architekten/Ingenieur ein Planungsfehler unterläuft, welcher als Folge eine Senkung eines Gebäudes hat, dann ist dies bereits aus der regulären beruflichen Tätigkeit versichert. Insofern stellt der o.g Punkt keine eigenständige Risikoerweiterung dar, sondern betont als Umkehrschluss hauptsächlich, dass es hier unter dem Bedingungswerk keinen Ausschluss gibt.

- **<u>Unterfahrungen</u>**

Herstellung eines Bauwerks (z. B. Tunnel, Tiefgarage etc.) unter bestehenden Bauwerken.
Die vorhandenen Bauwerkslasten müssen dabei ganz oder teilweise durch eine neue Gründung / neues Fundament abgeleitet werden.

<u>Vorher</u> **<u>Nachher</u>**

- **Unterfangungen**

Soll neben einem bestehenden Bauwerk ein neues Bauwerk errichtet werden, so darf das bestehende Bauwerk im Zuge der Baugrubenherstellung nicht ohne ausreichende Sicherungsmaßnahmen bis zu seiner Unterkante oder tiefer ausgeschachtet werden.

Liegt die Gründungsebene des **neuen Bauwerks tiefer** als die des bestehenden Bauwerks, so sind die Fundamente des bestehenden Bauwerks zu unterfangen.

Bei Verschiebungen im Baugrund oder in der Gründung eines Bauwerks bzw. bei der Unterfangung von Gebäuden treten innerhalb der Tragestruktur des Gebäudes **nicht vermeidbare** „Lastumlagerungen" ein, die bis zu einem gewissen Grade schadensfrei vom Bauwerk aufgenommen werden können!

Sobald die aus den Lastumlagerungen resultierenden Spannungen die Grenze der Tragfähigkeit der eingesetzten Baumaterialien überschreiten entstehen Risse, die zu einer weiteren Lastumlagerung und ggf. zu weiteren Rissen führen.

Vorher

Nachher

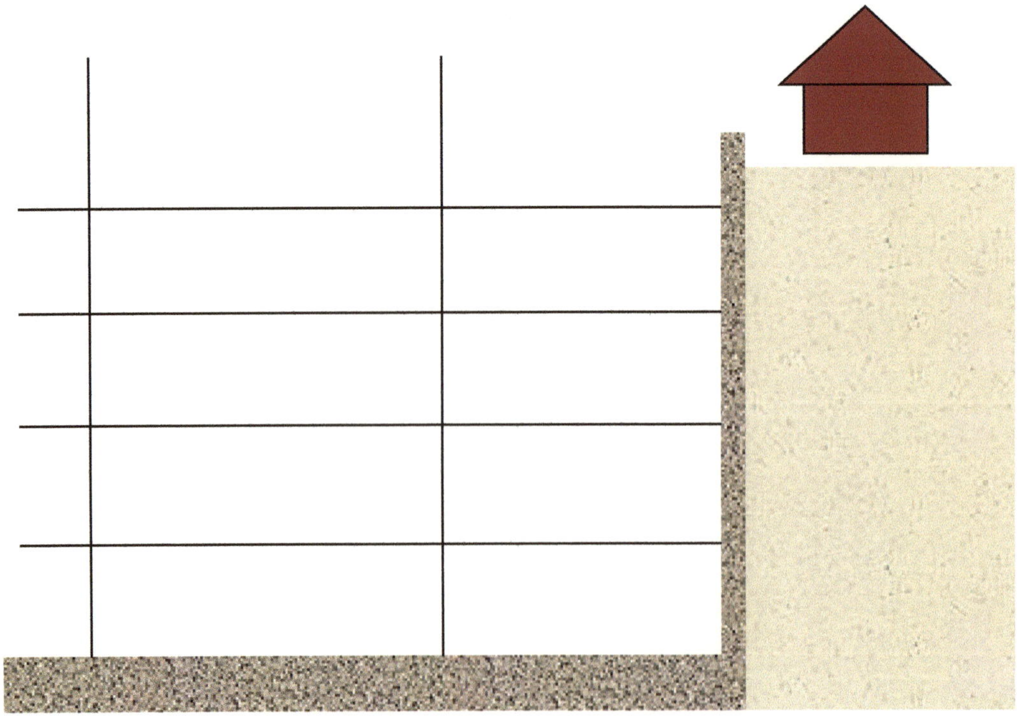

Strahlenrisiko

Die Bedingungen sehen zur Abrundung des Versicherungsschutzes auch die Mitversicherung des Strahlenrisikos vor.

Die Regelung der Mitversicherung von Strahlenschäden – oder korrekt ausgedrückt von „Schäden durch Strahlen" – ist mittlerweile weitergehender erfasst als es noch vor ein paar Jahren der Fall war.

Vormals waren „lediglich" Röntgengeräte und Störstrahler mitversichert, zudem nur, soweit diese im Rahmen der beruflichen Tätigkeit zu Mess- oder Prüfzwecken verwendet wurden.

Aktuell beschränken sich die gängigen Wordings nicht mehr nur auf Röntgengeräte, sondern erweitern den Deckungsschutz generell auf jeden deckungsvorsorgefreien Umfang mit ionisierenden Strahlen.

Deckungsvorsorgefrei bedeutet dabei, dass für diesen Umgang nicht durch gesetzliche Regelungen eine Pflichtversicherung besteht. Röntgeneinrichtungen fallen für gewöhnlich in diesen Bereich.

Früher nicht üblich, mittlerweile im Versicherungsschutz i.d.R. enthalten, sind genetischen Veränderungen. Aufgrund der aktuellen medizinischen Einschätzung werden Genomveränderungen als Personenschäden angesehen, die generell nicht vom Deckungsausschluss umfasst sein sollen.

Dadurch besteht mittlerweile Versicherungsschutz für den Architekten hinsichtlich seiner gesetzlichen Haftpflicht aus dem Besitz und der deckungsvorsorgefreien Verwendung von radioaktiven Stoffen sowie Röntgeneinrichtungen zu Untersuchungs- und Prüfungszwecken (inklusive der Nutzung von Laseranlagen).

Ausgeschlossen bleiben jedoch genetische Schäden sowie Personenschäden von Mitarbeitern, die im Rahmen ihrer Tätigkeit, die von energiereichen ionisierenden Strahlen oder Laserstrahlen ausgehenden Gefahren in Kauf zu nehmen haben.

Asbestschäden

Das Thema Asbest ist aus gesundheitlichen Aspekten immer noch hoch brisant, so dass im Umgang damit allerhöchste Vorsicht angebracht ist.

Es ist schwierig, eine genaue Anzahl von Todesfällen aufgrund von Asbestexposition in Deutschland anzugeben, da viele Faktoren eine Rolle spielen und die Berichterstattung über Asbest-bedingte Todesfälle möglicherweise nicht vollständig ist.

Asbest ist bekannt für seine gesundheitsschädlichen Auswirkungen, insbesondere wenn Menschen über einen längeren Zeitraum Asbestfasern einatmen. Die Asbestexposition kann zu schweren Krankheiten wie Asbestose, Lungenkrebs und Mesotheliom führen. Da Asbest in der Vergangenheit weit verbreitet in verschiedenen Branchen und in vielen Gebäuden verwendet wurde, sind viele Menschen potenziell gefährdet.

Laut einer Studie des Bundesinstituts für Risikobewertung (BfR) aus dem Jahr 2014 wurden in Deutschland zwischen 1999 und 2010 jährlich etwa 1.600 bis 2.100 asbestbedingte Todesfälle verzeichnet. Diese Zahl basiert auf Schätzungen und kann sich im Laufe der Zeit geändert haben, insbesondere da die Auswirkungen der Asbestexposition oft erst Jahrzehnte später auftreten.

Es ist wichtig zu beachten, dass die Exposition gegenüber Asbest in den letzten Jahrzehnten aufgrund von Regelungen und Maßnahmen zur Asbestbekämpfung in Deutschland erheblich reduziert wurde. Dennoch bleiben Asbest-bedingte Krankheiten eine ernste gesundheitliche Gefahr, insbesondere für Personen, die in der Vergangenheit Asbest ausgesetzt waren oder immer noch damit arbeiten.

Für den Architekten/ Ingenieur wird dies vornehmlich in Bezug auf Sanierungen ein haftungsrelevantes Problem, wenn z.B. eine Asbestbelastung nicht oder nicht hinreichend erkannt wurde.

Dabei ist zu beachten, dass sich der Versicherungsschutz immer im Rahmen der gesetzlichen Haftung bewegt, insbesondere Sowieso-Kosten fallen damit nicht hierunter.

Wenn z.B. ein Architekt bei einer Fassadensanierung übersieht, dass die Verkleidung asbesthaltig ist, sind die Kosten für den erhöhten Aufwand für den Abbruch als Sowieso-Kosten nicht versichert (der Versicherungsnehmer haftet hierfür aber auch nicht).

Gedeckt wären hingegen alle Kosten für eine Dekontaminierung, sollten Asbestfasern aufgrund der Nichtkenntnis und des damit verbundenen fehlerhaften Umgangs freigesetzt worden sein.

Ebenfalls sind Verzögerungskosten für die Neuplanung (der dann aufwendigeren Sanierungsarbeiten) sowie etwaige für die ursprünglich angedachte Sanierung überflüssigerweise aufgewendeten Gelder i.d.R. gedeckt.

Ob es sich um ein mit Asbest und damit unter ein behaftetes Risiko handelt, ist immer am Umgang im Schadenfall zu bemessen: Alle Kosten, die in direktem oder indirektem Zusammenhang mit Asbestfasern (egal, ob diese schon freigesetzt sind, oder noch in Platten gebunden sind) stehen, fallen unter das versicherte Risiko.

Oder anders ausgedrückt: Mitversichert sind i.d.R. alle Kosten, die ohne das Vorhandensein von Asbest nicht notwendig gewesen wären. Das Asbest-Risiko ist mit einem Sublimit belegt.

Boden- und Bohrarbeiten

Gerade für die Ingenieure aus den Bereichen Statik und Umwelt ist die Mitversicherung der Boden- und Bohrarbeiten unerlässlich.

Da diese Arbeiten auf dem Grundstück des Bestellers (Bauherr) eher untypisch sind, dient diese Regelung zur Klarstellung des Versicherungsschutzes.

Die Ausführung von Boden- und Bohrarbeiten zum Zwecke der beruflichen Tätigkeit im Zusammenhang mit Erkundigungen für die Standsicherheit und Abdichtungsmaßnahmen ist hiermit gemeint.

Im Gespräch mit dem Versicherungsnehmer sollte geklärt werden, wie er diese Bohrungen durchführt und was für (selbstfahrende) Maschinen dazu eingesetzt werden.

Arbeitsmaschinen/ -geräte

Ingenieure und z. T. auch Architekten müssen sich für ihre Arbeit gelegentlich Arbeitsgeräten oder -maschinen bedienen; z.B. braucht ein Tiefbauingenieur ggf. einen Erdbohrer, um Bodenmesswerte extrahieren zu können. Die Verwendung aller Arbeitsgeräte, die der Versicherungsnehmer zur Ausübung seiner Tätigkeit braucht, sollten daher vom Deckungsschutz umfasst sein.

Miet-/Pachtsachschäden an Arbeitsgeräten und Arbeitsmaschinen

Sämtliche Arbeitsgeräte Dritter die nicht nur mittels Miete oder Pacht genutzt werden, sondern auch mal eben schnell auf der Nachbarbaustelle geliehene Arbeitsgeräte, sollten erfasst sein.
In der Masse weisen die Wordings an dieser Stelle eine zeitliche Einschränkung von max. 4 Wochen aus.
Auf Summengrenzen, Geltungsbereiche und Art der mitversicherten Maschinen ist bitte zu achten. So kann es durchaus sein, dass z.B. Wasserfahrzeuge nicht mitversichert sind.

Flugdrohnen, unbemannte Flugsysteme

Flugdrohnen sind nicht nur Spielzeuge, sondern werden in zunehmendem Maße auch im gewerblichen Bereich eingesetzt. Für Architekten/Ingenieure bieten mit Kameras ausgestattete Flugdrohnen u.a. eine schnelle und unkomplizierte Möglichkeit für Gutachten o.ä. Luftaufnahmen zu erhalten.

Was dabei oft nicht gesehen wird: nicht jeder Einsatz von Flugdrohnen ist unproblematisch.

Deshalb wurde (europarechtlich) zunächst für den gewerblichen (und mittlerweile auch für den privaten) Gebrauch von Flugdrohnen eine Versicherungspflicht eingeführt, die ins deutsche Recht übernommen wurde. Als Flugdrohne wird gemeinhin ein unbemanntes Luftfahrzeug, welches ohne eine an Bord befindliche Besatzung betrieben und navigiert werden kann und entweder durch einen Computer oder vom Boden über eine Fernsteuerung geflogen wird, definiert.

Rechtlich ist dabei zwischen

- Flugmodellen und
- unbemannten Flugsystemen (sog. UAS)

zu unterscheiden

Von Flugmodellen spricht man bei der Benutzung im privaten oder Sportbereich, von UAS im gewerblichen Bereich.

Aufgrund der Verordnung (EG) Nr. 785/2004 bzw. der § 33 ff. Luftverkehrsgesetz in Verbindung mit § 101 ff. Luftverkehrs-Zulassungs-Ordnung (LuftVZO) wird für den gewerblichen Bereich eine Versicherung – in Form einer Pflichtversicherung – benötigt.

Wenn ein Architekt /Ingenieur eine Flugdrohne beruflich einsetzt besteht daher Versicherungspflicht,. Zunächst besteht Deckung für alle Einsätze von Flugdrohnen mit einem Aufstiegsgewicht von bis zu 5 kg innerhalb des Geltungsbereiches der EU.

Vorsorgeversicherung

Die Vorsorgeversicherung bedeutet für den Versicherungsnehmer, dass eine bislang nicht gemeldete berufliche Tätigkeit unter den bestehenden Deckungsschutz fällt, ohne dass diese unmittelbar dem Versicherer angezeigt werden muss.

Voraussetzung ist allerdings, dass diese Tätigkeit innerhalb der geltenden Bedingungen versicherbar ist, d.h. grundsätzlich unter das Berufsbild eines Architekten oder Ingenieurs fällt und nicht ausgeschlossen ist.

Damit sind aber auch besondere Tätigkeitsfelder, sofort mitversichert, solange diese dem generellen Berufsbild zuordenbar sind.

Weitere Voraussetzung ist, dass der Versicherungsnehmer auf Nachfrage die neu übernommenen Risiken offenlegt und dass sich der Versicherungsnehmer mit dem Versicherer auf einen Zahlungsbetrag für dieses übernommene Risiko einigen kann.

Die Nachfrage erfolgt mittels dem jährlichen Fragebogen.

Leistungs-Updates

Für den Fall, dass zukünftige Bedingungswerke des Versicherers bessere Leistungsinhalte aufweisen, gelten diese Verbesserungen unmittelbar mit Einführung der neueren Bedingungen auch für den bestehenden Versicherungsvertrag.

Hier muss man allerdings prüfen, für welchen Vertragsteil genau diese Updates vereinbart wurden.

Nur für die Privat-Haftpflicht oder nur für das gewerbliche Risiko ? Ist der Betriebs- oder Berufshaftpflicht-Teil gemeint ? Die Umwelthaftpflicht- und der Rechtsschutzbereich ebenfalls ?

Besserstellungsgarantie

Die Besserstellungsgarantie hat ihren Fokus darin, einem Kunden beim Versichererwechsel zu garantieren, dass er im Schadenfall nicht schlechter gestellt ist als bei seinem vorherigen Versicherer.

Allerdings gilt dies nur für die Deckung beim unmittelbaren Vorversicherer und auch nur für eine bestimmte Zeit (z.B. in den ersten 3 Jahren).

Hier ist zu prüfen, ob nur Versicherer-Bedingungswerke oder auch sog. Maklerkonzepte gemeint sind. Zumeist beziehen sich Besserstellungsgarantien auf sog. Standardbedingungen und nicht auf individuelle Vereinbarungen.

Zudem ist Voraussetzung, dass beim Vorversicherer dasselbe Tätigkeitsfeld mit abgesichert war.

Versehensklausel

Die Versehensklausel privilegiert den Versicherungsnehmer bei bestehenden Obliegenheiten und ist i.d.R. zweigeteilt. Zum einen wird eine Regelung für den Fall getroffen, dass der Versicherungsnehmer berufliche Risiken versehentlich vor Vertragsschluss nicht gemeldet hat.

Zum anderen enthält sie eine Regelung, was passiert, wenn ein Versicherungsfall – versehentlich – nicht rechtzeitig gemeldet wurde.

Versehentlich nicht gemeldete Risiken bei Vertragsschluss.

Ohne Klausel: Generell muss ein (zukünftiger) Versicherungsnehmer alle Risiken, die seine berufliche Tätigkeit ausprägen, also insbesondere alle Tätigkeitsbereiche, dem Versicherer vor Vertragsschluss zur Kenntnis geben, damit dieser aufgrund der vollständigen Informationen die Entscheidung treffen kann, ob und ggf. zu welchem Preis eine Versicherungsdeckung angeboten wird.

Wenn der Versicherungsnehmer diese Pflicht verletzt, stehen je nach Verschuldensgrad des Versicherungsnehmers dem Versicherer unterschiedliche Rechte wie Rücktritt, Kündigung oder Vertragsanpassung zu, die ggf. zum Verlust der Versicherungsdeckung führen.

Daneben ist generell nur das versichert, was auch im Versicherungsschein angegeben ist – so kann sich z.B. ein Versicherungsnehmer, der vornehmlich in der Landschaftsplanung agiert, zu einem günstigeren Tarif versichern, welcher dann aber auch nur diese Tätigkeit umfasst.

Mit Klausel: Für den Fall, dass ein Risiko vor Vertragsschluss versehentlich nicht mit angegeben wurde, ist trotzdem das nicht angemeldete Risiko mitversichert, sofern es grundsätzlich zum Berufsbild des Architekten/Ingenieurs gehört. Der Versicherungsnehmer ist aber verpflichtet, dieses Risiko, sobald ihm das Versehen bewusst wird, unverzüglich nachzumelden und die für das höhere Risiko berechtigte zusätzlichen Versicherungsprämie zu bezahlen. Versehentlich bedeutet hierbei „ohne Absicht", d.h. ein vorsätzliches Nichtmelden führt nicht zu dieser Privilegierung.
Bei einer grob fahrlässigen Nichtmeldung sanktioniert – kann man vom Grundsatz her aber davon ausgehen, dass eben „fahrlässig" noch keine Absicht bestand. Die gesetzlichen Regelungen der Gefahrerhöhung nach § 23ff. VVG werden allerdings durch die Versehensklausel nicht tangiert.

Versehentlich nicht gemeldeter Schaden/Versicherungsfall

Ohne Klausel: Nach § 30 VVG hat der Versicherungsnehmer jeden Versicherungsfall unverzüglich, d.h. grundsätzlich ohne schuldhaftes Zögern, anzuzeigen.

Mit Klausel: Für den Fall, dass die Schadenmeldung versehentlich nicht erfolgt ist, ist diese versehentliche Obliegenheitsverletzung nicht schädlich, solange der Versicherungsnehmer bei Bemerken seines Fehlers die Meldung unverzüglich nachholt.

Die Privilegierung im Bereich der Schadenmeldung wiegt für einen Versicherer schwerer, als ein Fehler in der Tätigkeitsbeschreibung.

Denn durch eine nicht erfolgte Schadensmeldung kann auch die Hauptaufgaben der Berufs-Haftpflichtversicherung, die Prüfung der Haftpflichtfrage und ggf. die Abwehr, nicht möglich sind. Ebenso kann es durch eine verspätete Bearbeitung zu einer erheblichen Kostensteigerung kommen, wenn z.B. dadurch Fristen verpasst würden.

Um dieses Risiko etwas eingrenzen zu können, ist die Versehensklausel bei der Schadenmeldung i.d.R. eingeschränkt und gilt nicht für den Fall, dass ein gerichtliches Verfahren anhängig ist.

Aufgrund der kurzen Fristen in solchen Verfahren muss der Versicherer hier unmittelbar eingreifen können – zudem ist es eher unwahrscheinlich, dass man bei einer vorliegenden Mitteilung eines Gerichts noch von „versehentlich" sprechen kann; dies gilt sowohl für ordentliche (staatliche) Gerichtsverfahren als auch für etwaige Schiedsgerichtsverfahren.

Haftungsvereinbarungen, die über den gesetzlichen Umfang hinausgehen

Wie im Punkt „Primäre Risikobeschreibung" ausgeführt wird, erstreckt sich die Berufs-Haftpflichtversicherung auf die gesetzliche Haftpflicht des Architekten/Ingenieurs, die mit seiner freiberuflichen Tätigkeit verbunden ist.

Hieraus ergibt sich, dass für Ansprüche, die auf Haftungsvereinbarungen beruhen, welche über den Umfang der gesetzlichen Haftung hinausgehen, kein Versicherungsschutz besteht.

Diese Vereinbarungen wären rein vertraglich.

Solche Haftungsvereinbarungen liegen z.B. vor bei

- Garantiezusagen (z.B. Termin- bzw. Kostengarantie)
- Vereinbarung einer Konventionalstrafe, z.B. bei der Überschreitung von Fristen oder Terminen
- Verlängerung der Verjährungsfrist über das gesetzlich Vorgeschriebene hinaus vereinbart.

Allerdings können Teile einer solchen Konventionalstrafe in einzelnen Wordings versichert sein, und zwar dann, wenn es infolge eines deckungspflichtigen Schadens am Bauwerk zu einer nicht rechtzeitigen Fertigstellung des Bauwerks und damit zu einem Nutzungsausfallschaden kommt.
Soweit die Konventionalstrafe nur zur vereinfachten, abstrakten Bezifferung eines derartigen Folgevermögensschadens gedacht ist, wäre der durch die Konventionalstrafe bezifferte Schaden in Höhe des tatsächlich nachgewiesenen Schadens gedeckt.

Bei den Verjährungsfristen gibt es im Baubereich aber auch Besonderheiten:

Der Architekten- oder Ingenieurvertrag ist zwar seit dem 01.01.2018 als eigenständiger Vertrag in den §§ 650pff BGB geregelt, allerdings verbleibt dieser als werkähnlicher Vertrag über den Verweis des § 650q Abs. 1 BGB den generellen Regelungen des Werkvertragsrechts unterworfen.

Hierdurch greifen auch die in § 634a BGB geregelten Verjährungsfristen.

Danach verjähren Forderungen hinsichtlich Werkleistungen bei einem Bauwerk bzw. die Planung oder Überwachung dieses in 5 Jahren ab Abnahme. Andere Forderungen von herzustellenden Werken, die nicht unter den Begriff des Bauwerks fallen, verjähren in 2 Jahren.

Vertraglich können die Parteien grundsätzlich noch etwas anderes regeln – so sieht z.B. die VOB/B eine Verjährung von 4 Jahren vor. Für gewöhnlich wird für alle Leistungen eines Architekten/Ingenieurs eine Verjährung von mindestens 5 Jahren vertraglich vereinbart. Seit einigen Jahren – gerade bei komplexeren Bauvorhaben – werden aber auch Verjährungsfristen von über 5 Jahren, von den Planern verlangt.

In einzelnen Wordings wird dieser Punkt aufgegriffen und sehen vor, dass bei Arbeiten an einem Grundstück oder einem Bauwerk eine vertragliche Verlängerung auf 5 Jahre und 9 Monate mitversichert ist, sofern der Versicherungsnehmer mit dem Auftraggeber eine entsprechende Vereinbarung getroffen hat. Diese unproblematische Verlängerung gilt allerdings zunächst nur für die Verlängerung auf 5 Jahre, d.h. faktisch für Arbeiten allein an einem Grundstück o.ä., bei denen die gesetzliche Verjährung 2 Jahre betragen würde.

Für alle Weiterungen, die über die 5 Jahre hinausgehen, bedarf es noch weiterer **Voraussetzungen für die erweiterte Deckung**:

• Zum einen braucht es eine schriftliche Vereinbarung im Architekten-/ Ingenieurvertrag.
Der Grund liegt in der Rechtssicherheit und der Reduzierung des Betrugsrisikos, indem nicht in einem laufenden Verfahren „plötzlich“ eine Verlängerung hervorgezogen wird, in die ein Versicherungsnehmer ggf. auch gegen seinen Willen aufgrund der Geschäftsbeziehung quasi gezwungen werden könnte.

• Zum anderen muss der Versicherer wissen, dass es eine solche Verlängerung gibt, um eine juristisch korrekte Schadenabwicklung, sei es Freistellung oder Abwehr, vornehmen zu können.
Daher sollte diese Klausel vorsehen, dass diese Vereinbarung spätestens mit der Schadenanzeigeverpflichtung angezeigt wird.

Die Anzeige reicht aber auch mit der Schadenanzeige, weil erst im Schadenfall die Prüfung der Haftungsfrage und damit auch der möglichen Verjährung Bedeutung erlangt.

Kritisch ist die Situation zu bewerten, wenn die Verjährung nicht wie in § 634a Abs. 2 BGB mit der Abnahme beginnt, sondern vertraglich an andere Gegebenheiten gebunden ist. Eine solche „Verlängerung“ der Verjährungsfrist wäre rein vertraglich und vom Versicherungsschutz nicht mit umfasst, soweit diese im Endeffekt zu einer längeren Verjährung als die genannten 5 Jahre und 9 Monate führt.

Beispiel:

Ein Versicherungsnehmer wird mit der Planung bis zur Leistungsphase 5 gem. HOAI eines Bauvorhabens beauftragt. Vertraglich ist vereinbart, dass die Abnahme seiner Leistung aber erst erfolgen soll, wenn das Bauvorhaben insgesamt abgenommen wird, d.h. zum Ende der Leistungsphase 8 gem. HOAI.

Die zeitliche Differenz zwischen dem Werkvertragsende des Versicherungsnehmers (Ausführungsplanung) und der Fertigstellung des Bauvorhabens ist eine rein vertragliche Verlängerung der Verjährungsfristen, die grundsätzlich deckungskritisch ist.

Sofern sich – was wahrscheinlich sein wird – diese Verlängerung auf mehr als die deckungsunkritischen 9 Monate summiert, wäre alles darüber Hinausgehende nicht mehr gedeckt.

D.h. es würde die Situation entstehen, dass der Versicherer (für den Versicherungsnehmer) ohne diese Vereinbarung die Einrede der Verjährung und damit die Abwehr des Anspruches erzielen könnte, dieses Vorhaben aber aufgrund der vertraglichen Verpflichtung des Versicherungsnehmers scheitert.

In dem Fall würde der Versicherer keine Freistellung mehr gewähren, so dass der Versicherungsnehmer für einen Schaden selbst aufkommen müsste.

Sollte es daher bei einem Vertrag eine von den gesetzlichen Regelungen abweichende Vereinbarung geben, die über den Zeitraum von 5 Jahren und 9 Monaten hinausgehen würden oder dieses zumindest zu befürchten sein, sollte sich der Versicherungsnehmer im Vorfeld immer mit dem Versicherer in Verbindung setzen, um den Umfang der Deckung zu klären oder auch ggf. im Einzelfall zu erweitern.

Vorsätzlich herbeigeführte Schäden, bewusste Verstöße gegen Vorschriften

Wer vorsätzlich einen Schaden herbeiführt genießt keinen Versicherungsschutz. Dieser Grundsatz findet sich in allen Wordings wieder.

Vorsatz ist das Wissen und Wollen eines Schadenereignisses. Es geht hierbei also nicht (nur) um die objektive Herbeiführung eines Schadens, sondern um die persönliche Einstellung des Versicherten, diesen Schaden zu wollen.

Mit diesem Ausschluss soll sichergestellt werden, dass die Gefahrengemeinschaft, die sich aus den berufshaftpflichtversicherten Architekten/Ingenieuren zusammensetzt, nicht mit Schäden belastet werden kann, die in Kenntnis eines Verstoßes gegen Vorschriften und Gesetze verursacht werden.

Ansonsten wäre es z.B. für den Architekten/ Ingenieur ohne jedes Risiko, wenn er gemeinsam mit dem Bauherrn gegen eine Bauauflage verstieße in der Hoffnung, die Baubehörde merke es bei der Bauabnahme nicht, und merke sie es doch, trete für den Schaden der Haftpflichtversicherer ein.

Der jeweilige Versicherungsnehmer wäre gänzlich aus der Sorgfaltspflicht entlassen.

Ebenfalls keinen Versicherungsschutz haben diejenigen Versicherten, die einen Schaden durch ein bewusst gesetz-, vorschrifts- oder sonst pflichtwidriges Verhalten (Tun oder Unterlassen) herbeigeführt haben.

Auch hier ist die Voraussetzung, dass bewusst gegen eine Regelung verstoßen wurde, d.h. es muss dem Versicherten bekannt gewesen sein, dass er sich pflichtwidrig verhält und diese Pflichtwidrigkeit muss dann bewusst eingegangen worden sein.

Hat der Architekt also wissentlich gegen ihm bekannte Pflichten verstoßen, obwohl ihm der Umfang des alternativen pflichtgemäßen Verhaltens bekannt war, besteht kein Versicherungsschutz.

Beispiele:

- Baubeginn vor Erteilung der Baugenehmigung.
  [OLG Köln, Urteil v. 23.08.2005 – 9 U 204/04]

- Bewusstes Abweichen von bekannten DIN-Vorschriften bei Planung eines Dachs mit zu geringer Dachneigung.
  [OLG Hamm, Urteil v. 07.03.2007 – 20 U 132/06]

- Das Bauwerk wird ein Stockwerk höher erstellt, als nach dem Bebauungsplan erlaubt ist.

- Der Architekt gibt Abschlagsrechnungen frei, obwohl er sich bewusst nicht von Stand und Mangelfreiheit der Arbeitsleistungen des Bauunternehmens überzeugt hat.
  [OLG Köln BauR 1997, 343 = VersR 1997, 1345 = IBR 1998, 41]

Mittlerweile wird der Versicherungsnehmer in dem einen oder anderen Konzept in diesem Punkt „aufgefangen".

Im Gegensatz zum Vorsatz gibt es für den Versicherten dann nämlich mehrere Exkulpationsmöglichkeiten, d.h. Rechtfertigungsgründe, die das bewusst pflichtwidrige Verhalten betreffen.

Der Ausschluss greift zunächst einmal nicht, wenn „nach den besonderen Umständen des Falles hinreichend Grund zur Annahme bestand", dass der Verstoß entweder

- keine Nachteile für den Geschädigten zur Folge hat oder

- von dem Geschädigten oder sonst Berechtigten (Bauherr /Auftraggeber) genehmigt würde.

Allerdings hat der Versicherungsnehmer bzw. der Versicherte hier die Beweislast dafür, dass der Ausschluss nicht greifen würde. Dies kann manchmal einfach sein, aber oft auch – gerade in Bezug auf mögliche Personenschäden – schwierig.

Es handelt sich erst einmal um die Frage, ob der Geschädigte etwas nicht erleiden oder zustimmen würde, d.h. es muss immer geschaut werden, ob ein im Schadenfall Geschädigter den Umständen des Einzelfalles nach hier eine Zustimmung erteilt hätte.

Da die Exkulpationsmöglichkeiten nicht voraussetzen, dass tatsächlich eine Zustimmung/Genehmigung vorlag, sondern die Annahme des Versicherungsnehmers, dass eine solche erfolgen würde, ausreicht, dürfte der tatsächlich unter den Ausschluss fallende Bereich deutlich eingeschränkt sein.

Dies setzt aber immer die den Umständen nach gebotene Annahme voraus, d.h. immer eine **subjektive Komponente**, die auch leicht bestritten werden kann.

Es gibt aber auch immer Baubereiche, bei denen ein pflichtgemäßes Planen schlichtweg nicht möglich ist, z.B. wenn die allgemein anerkannten Regeln der Technik (aaRdT) aufgrund bausubstanzlicher Gegebenheiten (Altbau) nicht einzuhalten sind.

Hierauf gehen einige Konzepte mit folgenden, **objektiv nachvollziehbaren**, Möglichkeiten ein:

Sollte der Architekt/Ingenieur bei einem Planungsauftrag feststellen, dass die vorgenannten allgemein anerkannten Regeln der Technik (aaRdT) nicht einzuhalten sind oder auf Wunsch des Bauherrn/Auftraggebers nicht eingehalten werden sollen, muss der Versicherungsnehmer seinen Auftraggeber /Bauherrn nur auf die Abweichungen und etwaige Folgen schriftlich hinweisen, um den Ausschluss zu eliminieren.

Eine Zustimmung ist ausdrücklich nicht erforderlich, es reicht allein, dass der Bauherr /Auftraggeber Kenntnis hat und einen Weiterbau nicht aktiv verhindert!

Sollte ein solcher schriftlicher Hinweis vom Versicherungsnehmer vorliegen, ist der Ausschluss abschließend gegenstandslos.

Beispiele:

• Ein Bauherr möchte an seiner Dachterrasse bodentiefe Fensterelemente haben, die die vorgeschriebenen 10 cm Höhenabstand zum Terrassenboden nicht einhalten können.
Eine alternative Wasserableitung durch Drainagemaßnahmen möchte der Bauherr aus ästhetischen Gründen ebenfalls nicht.
Bei einem Starkregen kommt es zu einem Rückstau des Wassers auf der Terrasse von 5 cm Höhe und einen Eintritt in das Gebäude.
Hier hat der Bauherr dem Architekten vorgeschrieben, dass dieser die schützenden Vorschriften nicht einhält. Damit (sofern der Architekt dies nachweisen kann) liegt die 1. Exkulpationsmöglichkeit der Annahme der Genehmigung durch den Geschädigten (Wasserschaden des Bauherrn) vor.
Sofern der Architekt den Bauherrn auf diesen Umstand schriftlich hingewiesen hätte, würde zudem auch die 2. Exkulpationsmöglichkeit einschlägig sein.

• Bei einer Altbausanierung können aufgrund eines bestehenden Denkmalschutzes die vorgeschriebenen Anforderungen für eine energetische Ausführung nicht eingehalten werden.
Da es objektiv hier nicht möglich ist, alle rechtlichen Anforderungen gleichzeitig einzuhalten, kann davon ausgegangen werden, dass der Verstoß entsprechend genehmigt wird oder wurde.
Auch hier kann sich der Planer durch einen schriftlichen Hinweis zusätzlich sicher exkulpieren.

• Ein Architekt lässt in einem Mehrfamilienwohnhaus ein Treppengeländer anbringen, welches keinen Kletterschutz bietet, sondern durch Quersprossen geradezu zum Hochklettern einlädt.
Ein Kind eines Besuchers dieses Hauses klettert das Geländer hoch, stürzt in die Tiefe und verletzt sich.
Hier wird es eher keine Exkulpationsmöglichkeit: Der Architekt kann gerade nicht davon ausgehen, dass ein fehlender Kletterschutz bei einem Treppengeländer nicht zu einem Personenschaden führen könnte.
Ebenfalls wird er es schwer haben nachzuweisen, dass das geschädigte Kind (bzw. die Eltern) oder der Bauherr /Auftraggeber dem vorschriftswidrigen Geländer zugestimmt hätten.
Allerdings besteht hier die 2. Exkulpationsmöglichkeit für den Versicherungsnehmer, indem der dem Bauherrn/Auftraggeber die Abweichung schriftlich anzeigt – und es für den Erhalt des Deckungsschutzes egal ist, ob dieser darauf reagiert.

Beide Ausschlüsse haben aber – da personalisiert – die Besonderheit, dass nur der Versicherungsanspruch desjenigen, der vorsätzlich bzw. bewusst pflichtwidrig gehandelt hat, ausgeschlossen bleibt.

Die Vorschrift, nach der der Deckungsschutz immer entfällt, egal wer die Risikobegrenzung oder den Ausschluss verwirklicht hat, ist somit aufgehoben.

Damit ergibt sich die Situation, dass geprüft werden muss, wer den Ausschluss verwirklicht hat. Hat der Versicherungsnehmer selbst den Ausschluss zu verantworten, egal ob durch eigenes Handeln oder Unterlassen durch ein „Wegschauen" bei objektiv erkennbaren Fehlern, besteht kein Deckungsschutz.

Hat aber ein Mitversicherter, bzw. ein Angestellter des Versicherungsnehmers, den Ausschluss verwirklicht, ohne dass den Versicherungsnehmer selbst eine Mitverantwortung hierfür trifft (z.B. durch eine Überwachungsverpflichtung), so entfällt nur der Versicherungsanspruch des Angestellten, nicht jedoch derjenige des Versicherungsnehmers.

Dies würde bedeuten, dass der Anspruch des Geschädigten zunächst abwehrt oder befriedigt, sich danach aber im Regressweg die Aufwendungen vom Verantwortlichen zurückholen würde.

Sofern das entsprechende Wording auch einen sog. Abwehrschutz vorsieht, der selbst beim Vorwurf des Vorsatzes oder der wissentlichen Pflichtverletzung greift, bedeutet dies folgendes:

Oft steht ein Vorwurf im Raum, der Versicherungsnehmer aber selbst geht davon aus, dass dieser Vorwurf nicht zutrifft, sondern maximal eine fahrlässige Verfehlung vorliegt. Mit dem grundsätzlichen Vorwurf wäre aber schon der Ausschluss gegeben und der Versicherungsnehmer müsste seine „Unschuld" im Bereich Vorsatz /wissentliche Pflichtverletzung allein und ohne Hilfe der versuchen zu beweisen.

Um diese für den Versicherungsnehmer unschöne Situation abzumindern, gewährt der Versicherer bei Mitversicherung dieser Position trotz des Vorwurfes zunächst Abwehrrechtsschutz bis zur rechtskräftigen Feststellung, d.h. bis zu einem Gerichtsentscheid im Haftungsprozess, der sich auch mit dem gegen den Versicherungsnehmer erhobenem Vorwurf und dessen subjektiver Verwirklichung (Vorsatz oder Fahrlässigkeit) befasst.

Sollte sich dann allerdings herausstellen, dass die Voraussetzungen des Ausschlusses gegeben sind (aufgrund der mannigfaltigen Exkulpationsmöglichkeiten faktisch nur der Vorsatz), entfiele der Versicherungsschutz rückwirkend und der Versicherungsnehmer müsste sämtliche für die Abwehr aufgewendeten Kosten zu erstatten.

Kenntnis der Mangelhaftigkeit oder Schädlichkeit von Arbeiten und sonstigen Leistungen

Versicherungsansprüche sind ebenfalls dann ausgeschlossen, wenn ein Versicherter in Kenntnis der Mangelhaftigkeit oder Schädlichkeit entweder

- Erzeugnisse in den Verkehr gebracht oder
- Arbeiten erbracht

hat.

Während die erste Alternative bei Architekten/Ingenieuren eher selten unter den gedeckten Bereich fallen wird, ist die Kenntnis von einer mangelhaften Arbeit schon präsenter.

Wenn der Architekt einen Planungsfehler begeht, dieses noch vor Verwirklichung im Bauwerk erkennt aber nicht mehr korrigiert, greift der Ausschluss.

Aber auch hier handelt es sich um einen persönlichen Ausschluss.

Übertragung von Krankheiten

Wenn ein Versicherungsnehmer im Zuge seiner Berufsausübung mit anderen Personen in Kontakt kommt, aber weiß, dass er an einer ansteckenden Krankheit leidet, dann kann es nicht der Versichertengemeinschaft obliegen, etwaige sich aus einer Übertragung erfolgenden Ansprüche zu übernehmen.

Anders sieht es aus, wenn der Versicherungsnehmer seine Erkrankung nicht kannte und auch nicht grob fahrlässig kennen musste.

Sollte der Versicherungsnehmer dies nachweisen können, wären auch Ansprüche (wegen Personenschäden) aus der Übertragung von Krankheiten im Zuge der Berufsausübung, also gerade nicht im Zusammenhang mit anderen privaten Aktivitäten, mitversichert.

Da die Kenntnis des Versicherungsnehmers von der Krankheit wieder eine rein subjektive Voraussetzung darstellt, ist auch dieser Ausschluss als personalisierter Ausschluss ausgestaltet, so dass der Versicherungsschutz nur für den letztendlich „Kranken“ entfallen würde.

Der Ausschluss – diesmal aber nicht personalisiert, sondern allgemein – gilt auch entsprechend für Sachschäden aus der Übertragung von Krankheiten durch Tiere des Versicherungsnehmers.

Umgang mit brennbaren oder explosiven Stoffen

Der dritte personalisierte Ausschluss ist der bewusste vorschrifts- oder pflichtwidrige Umgang mit brennbaren/explosiven Stoffen. Auch hier handelt es sich um ein sanktioniertes persönliches Fehlverhalten, so dass nur für denjenigen der Versicherungsschutz entfällt, der den Ausschluss verwirklicht hat

Überschreitung von Bauzeiten, Baukosten, Terminen und Fristen

Dieser Punkt ist eine der „Kernregelungen" in der Berufs-Haftpflichtversicherung für Architekten und Ingenieure.

Obwohl als Ausschluss formuliert, beinhaltet die Regelung im Hinblick darauf, welche Umstände nicht benannt sind, faktisch eine Beschreibung des insoweit mitversicherten Risikos.

Fristen und Termine

Die Berufs-Haftpflichtversicherung für Architekten und Ingenieure gewährt Versicherungsschutz für gesetzliche Haftpflichtansprüche, denen der Versicherungsnehmer aufgrund von Verstößen ausgesetzt ist, die bei der Ausübung seiner beruflichen Tätigkeit begangen wurden.

Nicht versichert sind die Erfüllung von Verträgen sowie die an die Stelle der Erfüllungsleistung tretende Ersatzleistung.

Demnach sind auch Ansprüche wegen Schäden aus der Überschreitung von eigenen Fristen und Terminen vom Versicherungsschutz ausgeschlossen, denn es handelt sich hierbei um sog. Verzugsschäden, die aus einer mangelhaften Vertragserfüllung resultieren.

Bauzeit

Der Ausschluss der Bauzeit hingegen, d.h. ein fest zugesagter Termin zur Fertigstellung, ist vom Grunde her erst einmal rein vertraglicher Natur und damit nicht versichert.

Erläuterung der Begriffe

• Unter „Fristen" sind feste, in sich abgeschlossene Zeiträume zu verstehen. Hierbei muss es sich bezogen auf den Ausschluss um „eigene Fristen und Termine" handeln, d.h. solche, die der Versicherungsnehmer vertraglich übernommen hat.

Dabei kommt es ausschließlich darauf an, dass es sich um eine vom Versicherungsnehmer selbst übernommene Frist handelt. Eine solche bleibt auch eine eigene Frist, wenn der Versicherungsnehmer die Bearbeitung und damit die „Kontrolle" über die Frist weitervergeben würde.

• Der „Termin" ist ein Zeitpunkt, der sich am Ende einer Frist befindet.

• Die „Bauzeit" ist lediglich ein Unterfall der „Fristen" und „Termine". Es handelt sich hierbei um die vertraglich zugesagte Bauzeit.

Aus der zuvor ausgeführte Ausschlussformulierung ergibt sich, was nicht betroffen und damit versichert ist:

• Das Versäumen einer fremden Pflicht, z.B. die nicht rechtzeitige Beantragung von Fördermitteln durch den Architekten, obwohl dieser seine Mitwirkung im Fördermittelverfahren mit dem Bauherrn vereinbart hat.

• Zeitüberschreitungen als Folge von Bauwerksmängeln oder -schäden.
Dabei ist es unerheblich, ob diese Mängel oder Schäden durch einen Planungs-, Koordinations-, Überwachungs- oder sonstigen Fehler des Versicherten entstanden sind.

• Falsche Anweisungen des Architekten/Ingenieurs, die zu einem Verzögerungsschaden führen.

• Eine mangelhafte Planung oder Bauleitung, die Bauzeitverzögerungen zur Folge hat.
Bei der mangelhaften Planung ist jedoch zu unterscheiden:
– handelt es sich um eine unvollständige Planungsleistung, d.h. wird beispielsweise eine technisch erforderliche Detailplanung versehentlich vergessen, liegt zwar eine unvollständige aber eben auch fehlerhafte Planung vor, für deren Folgen (auch Verzögerungsfolgen) Versicherungsschutz besteht;
– handelt es sich um eine nicht gelieferte Planungsleistung, d.h. hat sich der Architekt /Ingenieur beispielsweise zur Erstellung einer technisch nicht zwingend erforderlichen Detailplanung vertraglich verpflichtet, diese dann aber nicht geliefert, so besteht für den hierdurch eingetretenen Verzugsschaden kein Versicherungsschutz.

Vom Versicherungsschutz ausgeschlossen sind dagegen beispielsweise:

• Verzugsschäden aufgrund eines vom Architekten nicht oder verspätet erstellten Plans.

• Ansprüche eines Dritten gegen den Architekten wegen Schäden, die aus der Nichteinhaltung der vertraglich zugesagten Bauzeit („Überschreitung der Bauzeit“) oder einer sonstigen vertraglich vereinbarten Frist resultieren.

Schäden aus der Überschreitung ermittelter Kosten

Auch wenn die sog. Kostenklausel als Ausschluss formuliert ist, es ist doch bedeutend, was von diesem nicht erfasst wird:
Durch den Ausschluss sind nur solche Ansprüche erfasst, bei denen es sich um sog. Sowiesokosten handelt.

Im Umkehrschluss bedeutet dies, dass Ansprüche wegen Schäden aus der Überschreitung von Kostenschätzungen, Kostenberechnungen und Kostenanschlägen (mit Ausnahme der Aufwendungen, die bei ordnungsgemäßer Planung und Erstellung des Objekts sowieso angefallen wären – „Sowiesokosten"), mitversichert sind!

Haftungsgrundsätze und Schadenberechnung bei Kostenüberschreitungen

Bevor darauf eingegangen wird, welche Schäden aufgrund der ggf. vereinbarten Kostenklausel deckungsrechtlich eingeschlossen sind, ist es wichtig, auf bestimmte Haftungsgrundsätze in Bezug auf die fehlerhafte Kostenermittlung durch den Architekten hinzuweisen.

Eine Haftung des Architekten bei Kostenüberschreitungen kommt nach §§ 634ff. BGB oder wegen einer Pflichtverletzung nach §§ 280ff. BGB in Betracht.

Voraussetzung für die Haftung ist folglich eine vom Architekten zu vertretende Kostenüberschreitung infolge derer dem Bauherrn ein Schaden entstanden ist.

Nicht jede Überschreitung der vom Architekten ursprünglich ermittelten Kosten wird als pflichtwidrig angesehen.

Die Rechtsprechung und juristische Literatur billigen dem Architekten bei der Ermittlung der voraussichtlichen Baukosten einen gewissen Spielraum zu, bevor eine objektive Pflichtverletzung des Architekten angenommen wird.

Es wird hierbei berücksichtigt, dass jedes Bauvorhaben mit vielen Unsicherheitsfaktoren und Unwägbarkeiten verbunden ist. Bereits eine längere Bauzeit – bedingt durch ungünstige Wetterverhältnisse, Streiks, nachbarrechtliche Streitigkeiten etc. –, unvorhergesehene Materialpreis- oder Lohnsteigerungen, Änderungen von Rechtsvorschriften oder DIN-Normen, die eine aufwendigere Bauweise notwendig machen, können erhebliche Mehrkosten verursachen.

Deshalb sollen Kostenermittlungen des Architekten bis zu einer angemessenen Grenze überschritten werden dürfen, ohne dass von einem vom Architekten zu vertretendem Fehler gesprochen werden kann.

Bei der Bestimmung der Toleranzgrenze wird auf den Verbindlichkeitsgrad der jeweiligen Kostenermittlung abgestellt.

Hierzu haben sich aus der Rechtsprechung und Literatur bestimmte Regeln herausgebildet. Die hierbei verwendeten Bezeichnungen Kostenschätzung, Kostenberechnung und Kostenanschlag sind technische Begriffe aus der DIN 276.

Nach der HOAI 2009 waren diese in den Leistungsphase 2, 3 und 7 nacheinander durchzuführen.

Auch mit der HOAI 2013 – und jetzt der HOAI 2021 – sind diese Verpflichtungen beibehalten worden, wobei in der Leistungsphase 7 nicht mehr konkret auf die DIN 276 verwiesen wird.
Der Regelungsinhalt wurde hierdurch aber nicht geändert.

• Bei einer überschlägigen, nicht in der DIN 276 geregelten, als vorläufig bezeichneten vorvertraglichen Kostenprognose (Kostenüberschlag), kommt eine objektive Pflichtverletzung des Architekten nur bei einer besonders groben Fehleinschätzung in Betracht, die deutlich über 30% liegen muss.

• Auch an die Genauigkeit der Kostenschätzung, die im Rahmen der Vorplanung erfolgt, dürfen keine zu hohen Anforderungen gestellt werden. Der Toleranzrahmen wird hier bei etwa 30% angesiedelt.

• Der Genauigkeitsgrad bei der Kostenberechnung, die im Rahmen der Entwurfsplanung erfolgt, soll dagegen wesentlich höher liegen. Hier geht man von einem Toleranzrahmen von 20–25% aus.

• Die höchste Präzision muss der im Rahmen der Leistungsphase7 zu erstellende Kostenanschlag aufweisen, da zu diesem Zeitpunkt dem Architekten nähere Kenntnisse über die Bauabwicklung zur Verfügung stehen.
Der dem Architekten zugebilligte zulässige Spielraum liegt hier bei 10–15%. Bei der Bestimmung der Höhe des auf die Kostenüberschreitung zurückzuführenden Schadens sind diese Prozentsätze zu berücksichtigen, jedoch nur dann, wenn nach den Umständen des Einzelfalles eine individuelle Festsetzung des Toleranzrahmens, die von den o.g. Prozentsätzen abweichen kann, nicht möglich ist.

Die Gewährung eines Toleranzrahmens bei der Bestimmung der vom Architekten/Ingenieur zu vertretenden Kostenüberschreitung hat zur Folge, dass nur die über diese Spielräume hinausgehenden Mehrkosten bzw. die durch diese Mehrkosten bedingten zusätzlichen Aufwendungen des Bauherrn als die im Rahmen der gesetzlichen Haftpflicht grundsätzlich erstattungsfähigen Schäden angesehen werden.

Aber selbst dann muss noch kein Schaden vorliegen: Zum einen besteht nach ständiger Rechtsprechung bereits keine Haftung für den Fall, dass es sich bei den Mehrkosten um Sowiesokosten handelt.

Sowiesokosten sind solche, die bei von vornherein ordnungsgemäßer Planung bzw. hier Kosteneinschätzung ohnehin angefallen wären. Zum anderen muss sich der Bauherr einen etwaigen Vorteilsausgleich anrechnen lassen. Dies bedeutet, dass er sich eine wirtschaftliche Höherwertigkeit des Bauvorhabens im Vergleich zum ursprünglichen Ansatz anrechnen lassen muss. Oder anders ausgedrückt: Der Bauherr hat nur dann einen Schaden, wenn sich die höheren Baukosten nicht auch in einer entsprechenden Wertsteigerung des Bauvorhabens widerspiegeln.

Problematisch wird dies für den Architekten/Ingenieur dann, wenn ein Bauherr durch anderweitige vertragliche Verpflichtungen Mehrkosten am Bau nicht weitergeben bzw. nicht in einen werthaltigen Vorteil umwandeln kann.

Dies ist z.B. der Fall, wenn ein Bauträger ein Haus bereits vor der Errichtung zu einem Festpreis veräußert, sich dann im Zuge der Bautätigkeit aber herausstellt, dass dieser Preis entgegen der ursprünglichen Schätzung die Kosten nicht decken kann.

Von einem Fehler bei der Kostenermittlung zu unterscheiden ist die Situation, dass es zu einer Kostenmehrung und ggf. Überschreitung der Baukosten kommt, da der Architekt einen Planungsfehler begangen hat, dessen Beseitigung zu einem höheren finanziellen Aufwand führt.

Sofern hierbei ein Verschulden des Architekten/Ingenieurs vorliegt, haftet dieser in Höhe der Mehrkosten gegenüber dem Bauherrn, für eine Toleranzregelung o.ä. ist hierbei kein Raum.

Schließlich ist zu berücksichtigen, dass ein Schadensersatzanspruch gegen den Architekten wegen einer pflichtwidrigen Kostenüberschreitung nur dann geltend gemacht werden kann, wenn dem Architekten zuvor eine Möglichkeit zur Nachbesserung seiner Leistung – soweit dies im Hinblick auf den Stand der Bauarbeiten noch möglich war – gesetzt wurde.

Dem Architekten muss – was oft übersehen wird – die Gelegenheit gegeben werden, die Planung zu ändern und den Kostenrahmen auf das vorgegebene Kostenlimit zu senken.

Es wird darauf hingewiesen, dass die oben dargestellten bei der Feststellung der Schadenhöhe zu beachtenden Grundsätze keine Besonderheit darstellen. Es handelt sich dabei vielmehr um allgemein gültige Schadenberechnungsregeln des deutschen Haftungsrechts, die bei der Feststellung der Höhe des erstattungsfähigen Schadens angewendet werden.

Regelungsgehalt der Kostenklausel als Ausschluss

Zunächst ist festzuhalten, dass der Ausschlusstatbestand nur dann gilt, wenn eine Kostenüberschreitung auf einem Kostenermittlungsfehler beruht, d.h. auf einem Analyse- oder Rechenfehler.

Planungsfehler, die zu einer Kostenüberschreitung führen, sind nicht vom Ausschluss erfasst.

Der Ausschluss greift dann aber bei jedem Anspruch, der sich auf die Überschreitung der tatsächlichen Baukosten in Bezug auf die vom Architekten/ Ingenieur ermittelten Kosten bezieht, sofern es sich um Sowiesokosten handelt.

Auf ein Verschulden des Architekten/Ingenieurs kommt es für die Frage des Versicherungsschutzes nicht an!

Die Kostenfestsetzung gem. DIN 276 (in der Leistungsphase 8 HOAI abverlangt) ist nicht vom Ausschluss betroffen.

Baukostenobergrenzen oder Baukostengarantie

Mit einer Baukostenobergrenze vereinbaren die Parteien, dass insgesamt ein bestimmter Betrag nicht überschritten werden darf. Dies kann ausdrücklich erfolgen, indem die Parteien einvernehmlich eine bestimmte Bausumme als Obergrenze festlegen, aber auch konkludent, wenn für den Architekten/Ingenieur in einem Gespräch erkennbar ist, dass die Bauherren maximal eine genannte Summe auszugeben bereit sind.

Der Versicherungsnehmer sollte hier besondere Aufmerksamkeit bzw. Vorsicht walten lassen, um nicht später ggf. unbeabsichtigt an eine Baukostenobergrenze gebunden zu sein. Die vertragliche Vereinbarung einer Baukostenobergrenze stellt zunächst eine Beschaffenheitsvereinbarung (im Sinne des § 633 BGB) des Architektenvertrages dar, d.h. dass bei jeder Überschreitung die Leistung des Architekten mangelbehaftet ist.

Dies hat zunächst nur Auswirkungen auf das Vertragsverhältnis mit dem Auftraggeber, d.h. konkret ggf. auf die Gegenleistung, das Honorar des Architekten/Ingenieurs.

Voraussetzung für einen Anspruch gegen den Architekten/ Ingenieur ist aber, dass diesen ein Verschulden an der Überschreitung trifft. Dies kann z.B. in einer fehlerhaften Berechnung der ursprünglichen Kostenansätze, die als Grundlage zur vereinbarten Obergrenze herhalten, liegen. Es können aber auch Planungsfehler vorkommen, die sich bei nachträglichen Änderungen oder Mangelbeseitigung in höheren Kosten niederschlagen und damit die Obergrenze überschritten wird.

Im Gegensatz zu einem sonstigen Überschreiten von ermittelten Kosten stehen dem Architekten/Ingenieur durch die Vereinbarung einer festen Kostengrenze keine Toleranzen zur Verfügung.

Ebenso kann sich dieser gegenüber seinem Auftraggeber für das vertragliche Verhältnis nicht auf Sowiesokosten berufen, sobald die Kostengrenze überschritten wurde – die Leistung bleibt weiterhin mangelbehaftet mit ggf. entsprechenden Folgen für das Honorar des Architekten/Ingenieurs.

Unabhängig von den vertraglichen Ansprüchen bestehen aber gesetzliche Ansprüche des Bauherrn auf Schadenersatz gegen den Architekten/ Ingenieur, wenn dieser eine mangelhafte Leistung abgeliefert hat. Der Auftraggeber muss zunächst einen Schaden nachweisen können, d.h. er muss wirtschaftlich schlechter gestellt sein als ohne den Fehler des Architekten/Ingenieurs.

Dies bedeutet, dass sich der Auftraggeber den Vorteilsausgleich anrechnen lassen muss. Gleiches gilt für Sowiesokosten, die grundsätzlich nicht als Schadenposition anerkannt werden.

Deckungsrechtlich kann die Vereinbarung einer Baukostenobergrenze ein Problem darstellen. Normalerweise besteht Deckungsschutz nur für Ansprüche aufgrund gesetzlicher Haftpflichtbestimmungen privatrechtlichen Inhaltes. Es kommt bei der Frage der Deckung insofern darauf an, ob es sich im konkreten Fall um einen (nicht versicherten) vertraglichen oder einen (versicherten) gesetzlichen Anspruch handelt.

Somit sind alle Ansprüche, die sich allein aus der Vereinbarung der Kostenobergrenze begründen, als vertragliche Ansprüche nicht gedeckt, d.h. sobald ein Bauherr seine Ansprüche einzig damit begründet, dass der Architekt /Ingenieur eine zugesagte Obergrenze nicht eingehalten hat, besteht kein Deckungsschutz.

Gedeckt bleiben aber nach wie vor Ansprüche, die gesetzlich begründet werden können, z.B. Schadenersatz. Wenn der Bauherr aufgrund einer nicht eingehaltenen Beschaffenheitsvereinbarung mit dem Architekten/Ingenieur einen solchen Anspruch hat, spielt es rechtlich keine Rolle, ob diese Beschaffenheit im Einzelfall eine Kostenobergrenze oder etwas anderes darstellt.

Bei der Baukostengarantie verpflichtet sich der Architekt /Ingenieur unabhängig der Umstände oder eines Verschuldens zur Einhaltung einer bestimmten Kostengrenze.

Ansprüche aus der Überschreitung einer Baukostengarantie stellen insoweit ebenfalls vertragliche Ansprüche und keine gesetzlichen Haftpflichtansprüche dar. Auf einer Baukostengarantie beruhende Ansprüche fallen damit nicht unter die Versicherungsfalldefinitionen und sind somit nicht Gegenstand des Versicherungsschutzes.

Baukostenobergrenze:

- Die Baukostenobergrenze ist die maximale Summe, die der Bauherr bereit ist, für ein Bauprojekt auszugeben.
- Sie wird oft im Rahmen der Vertragsverhandlungen zwischen dem Bauherrn und dem Auftragnehmer festgelegt.
- Die Baukostenobergrenze dient als Referenzpunkt, um sicherzustellen, dass das Bauprojekt innerhalb der finanziellen Grenzen des Bauherrn bleibt.
- Der Auftragnehmer ist verpflichtet, das Projekt innerhalb dieser Grenze zu realisieren, und muss alle Kosten im Zusammenhang mit dem Bau so steuern, dass sie die vereinbarte Obergrenze nicht überschreiten.

Baukostengarantie:

- Die Baukostengarantie ist ein Versprechen oder eine Verpflichtung seitens des Auftragnehmers, das Bauprojekt innerhalb einer bestimmten Kostenobergrenze zu realisieren.
- Der Auftragnehmer verpflichtet sich, das Bauprojekt zu den vereinbarten Kosten zu realisieren, unabhängig von etwaigen Kostensteigerungen oder unvorhergesehenen Umständen.
- Im Rahmen einer Baukostengarantie übernimmt der Auftragnehmer das Risiko für Kostenüberschreitungen und muss möglicherweise zusätzliche Kosten selbst tragen, falls das Bauprojekt teurer wird als erwartet.
- Die Baukostengarantie bietet dem Bauherrn zusätzliche Sicherheit und Gewissheit, dass das Projekt innerhalb der vereinbarten Kostenparameter abgeschlossen wird.

Sowiesokosten

Sowiesokosten im Sinne der Kostenklausel sind aus technischer Sicht zu bewerten. Für das Versicherungsverhältnis ist irrelevant, ob der Versicherungsnehmer seinem Geschäftspartner einen Vorteilsausgleich entgegenhalten kann oder nicht: Wenn – unabhängig von der tatsächlichen vertraglichen Gestaltung – es sich aus technischer Sicht um Aufwendungen handelt, die bei ordnungsgemäßer Planung und Erstellung des Objektes ohnehin angefallen wären, greift der Ausschluss.

Im erwähnten Beispielsfall, wenn der Bauherr das Gebäude bereits zu einem Festpreis weiter veräußert hat, Preissteigerungen also wirtschaftlich nicht mehr weitergegeben werden können, greift der Ausschluss ein. Dem Architekten/ Ingenieur wären zwar haftungsrechtlich die Argumente der Sowiesokosten und des Vorteilsausgleiches abgeschnitten – für die deckungsrechtliche Bewertung hat dies aber keine Auswirkungen.

Anders stellt sich die Situation bei verlorenen Zuschüssen oder Fördergeldern dar, sofern diese nicht nachgeholt werden können: Wenn ein Bauherr einen Förderantrag auf Basis einer (fehlerhaft zu niedrigen) Kostenanalyse/ -berechnung einreicht und bewilligt bekommt, sich nachher aber herausstellt, dass er bei einer von vornherein korrekten Kostenermittlung einen höheren Betrag hätte beantragen können und auch bewilligt bekommen hätte, hat der Bauherr in Höhe der verloren gegangenen Fördergelder einen Schaden. Solche Schadenpositionen – ebenso wie ein möglicher Nachfinanzierungsschaden – sind nicht von der Kostenklausel betroffen.

Im Gegensatz zu der o.g. Situation handelt es sich hierbei nicht um die tatsächlichen Sowiesokosten, sondern um Finanzierungskosten und damit Folgekosten der eigentlichen Bausummensteigerung.

Die höheren Baukosten selbst sind weiterhin nicht gedeckt, reine höhere Finanzierungskosten, z.B. eine negative Zinsdifferenz, als Folgekosten aber schon. Gleiches gilt für eine Förderung, die im Nachhinein nicht mehr zu den ursprünglichen Konditionen realisiert werden kann. Damit sind solche verlorenen Zuschüsse auch unter einer entsprechenden Klausel vom Versicherungsschutz umfasst

Due Diligence

"Due Diligence" ist ein Begriff, der in verschiedenen Bereichen verwendet wird, um eine sorgfältige Prüfung, Überprüfung oder Untersuchung einer bestimmten Angelegenheit durchzuführen. Der Zweck der Due Diligence besteht darin, alle relevanten Fakten, Informationen und Risiken im Zusammenhang mit einer Transaktion, Investition oder Entscheidung zu identifizieren, zu verstehen und zu bewerten.

ESG-Due Diligence

ESG-Due Diligence bezieht sich auf die Überprüfung und Bewertung von Umwelt-, Sozial- und Governance-Faktoren im Rahmen von Investitionen, Finanzierungen oder Geschäftsentscheidungen. ESG steht für Umwelt (Environment), Soziales (Social) und Governance (Governance) und bezieht sich auf Kriterien, die verwendet werden, um die Nachhaltigkeits- und Verantwortlichkeitspraktiken eines Unternehmens oder einer Organisation zu bewerten.

Bei der ESG-Due Diligence werden die ESG-Faktoren eines Unternehmens oder einer Organisation analysiert und bewertet, um potenzielle Risiken, Chancen und Auswirkungen auf finanzielle Performance, Reputation und langfristige Nachhaltigkeit zu verstehen. Dieser Prozess kann verschiedene Aspekte umfassen:

1. Umweltaspekte (E): Dies bezieht sich auf die Auswirkungen einer Organisation auf die Umwelt, einschließlich ihrer Klimabilanz, Ressourcennutzung, Umweltverschmutzung, Energieeffizienz, Abfallmanagement und Biodiversität.

2. Soziale Aspekte (S): Hierbei werden die Auswirkungen einer Organisation auf ihre Mitarbeiter, Lieferanten, Kunden, Gemeinden und andere Stakeholder bewertet. Dazu gehören Arbeitspraktiken, Arbeitsbedingungen, Vielfalt und Inklusion, Menschenrechte, Sicherheit und Gesundheit am Arbeitsplatz sowie die Beziehung zu lokalen Gemeinschaften.

3. Governance-Aspekte (G): Dies umfasst die Struktur, Prozesse und Richtlinien der Unternehmensführung und -kontrolle. Dazu gehören Fragen der Unternehmensführung, Vorstandsstruktur, Unternehmensethik, Transparenz, Risikomanagement, Compliance und Integrität.

Die ESG-Due Diligence zielt darauf ab, potenzielle ESG-Risiken und -Chancen zu identifizieren, die bei einer Investition oder einer Geschäftsentscheidung relevant sein könnten. Sie unterstützt Investoren, Finanzinstitute, Unternehmen und andere Stakeholder dabei, fundierte Entscheidungen zu treffen, die sowohl finanzielle als auch nicht-finanzielle Faktoren berücksichtigen und langfristige Nachhaltigkeit fördern.

Technical Due Diligence (TDD)

Die technische Due Diligence ist eine Bewertung und Analyse der technischen Aspekte eines Vermögenswerts oder eines Unternehmens im Rahmen einer Transaktion, eines Investments oder eines Projekts. Sie wird typischerweise durchgeführt, um potenzielle Risiken, Chancen und Werttreiber im Zusammenhang mit der technischen Infrastruktur, den Anlagen oder den Betriebsprozessen zu identifizieren und zu bewerten.

Hier sind einige Schlüsselaspekte der technischen Due Diligence:

1. Physische Anlagen und Infrastruktur: Eine Überprüfung der physischen Anlagen und der technischen Infrastruktur des Ziels, einschließlich Gebäude, Anlagen, Maschinen, Ausrüstungen, IT-Systeme, Produktionsstätten, Stromversorgung, Wasserversorgung, Abwassersysteme usw.

2. Betriebs- und Wartungspraktiken: Eine Analyse der Betriebs- und Wartungspraktiken, um sicherzustellen, dass sie den Branchenstandards entsprechen und effizient und effektiv sind. Dies umfasst auch eine Bewertung der Wartungsprotokolle, Sicherheitsmaßnahmen und Notfallpläne.

3. Technologische Bewertung: Eine Bewertung der verwendeten Technologien und Systeme, einschließlich ihrer Funktionalität, Leistungsfähigkeit, Zuverlässigkeit, Skalierbarkeit und Zukunftsfähigkeit. Dies kann auch eine Überprüfung von Softwarelizenzen, IP-Rechten und Patenten umfassen.

4. Compliance und Zulassungen: Eine Prüfung, ob die Anlagen und Betriebsprozesse den geltenden Gesetzen, Vorschriften, Standards und Zulassungen entsprechen, einschließlich Umweltvorschriften, Baurecht, Gesundheits- und Sicherheitsbestimmungen, Produktionsstandards usw.

5. Risikoanalyse: Eine Identifizierung und Bewertung potenzieller technischer Risiken und Herausforderungen, wie z.B. veraltete Technologie, Anlagenverschleiß, Produktionsausfälle, Sicherheitsrisiken, Umweltauswirkungen, IT-Sicherheitsrisiken usw.

Die Ergebnisse der technischen Due Diligence helfen den beteiligten Parteien, informierte Entscheidungen zu treffen, indem sie potenzielle Risiken und Chancen im Zusammenhang mit den technischen Aspekten des Geschäfts oder Vermögenswerts aufzeigen. Diese Art der Due Diligence ist besonders wichtig bei Transaktionen, die technische Komponenten oder Vermögenswerte betreffen, wie z.B. Immobilienkäufe, Infrastrukturprojekte, Fusionen und Übernahmen von technologieorientierten Unternehmen.

Bei der "Due Diligence / Technical Due Diligence" handelt es sich um die technische Gebäudeanalyse zur Bestimmung des Instandhaltungsrückstaus.

Die Aufgabe der Technical Due Diligence besteht also darin, für den Kunden Entscheidungsgrundlagen zur Kostenrechnung für den Erwerb oder für Investitionen im Immobilienbereich zu liefern.

Weiterhin dient diese Methodik dazu, mittel- und langfristige Instandhaltungsszenarien zu erschaffen und die Wertschöpfung nach dem Erwerb oder der Investition zu unterstützen.

Auf Basis dieser Ergebnisse können in einem weiteren Schritt entsprechende mittelfristige Instandhaltungspläne entwickelt werden.

Sofern ein Architekt / Ingenieur diese Tätigkeit ebenfalls seinen Kunden anbietet, sollte dies im Vorfeld mit dem jeweiligen Versicherer besprochen werden!

Grundsätzlich ist diese Ist-Analyse eines Objektes (analog eines Sachverständigen) versicherbar, allerdings sind Immobilien oder technischen Einrichtungen, die Teil eines Fondvermögens sind oder werden sollen, nicht versichert!

Dies ist unbedingt klarzustellen.

Im Detail

Due Diligence (**DD**) bezeichnet eine mit „gebotener Sorgfalt“ durchgeführte Risikoprüfung, die i. d. R. durch einen Käufer beim Kauf von Unternehmensbeteiligungen, Immobilien sowie bei einem Börsengang erfolgt.

Hinweis: Die Tatsache, dass nun einige DD-Formen aufgeführt werden, bedeutet nicht, dass diese auch über eine Architektendeckung versicherbar sind!
Lediglich das Technical DD inkl. dem Immobilien DD sowie ggf. nach Rücksprache mit dem Versicherer einige Leistungen aus dem Bereich des Environmental Due Diligence sind absicherbar.

Due-Diligence-Prüfungen (sinngemäß übersetzt: „im Verkehr erforderliche Sorgfalt“) analysieren Stärken und Schwächen des Objektes und spielen daher eine wichtige Rolle bei der Wertfindung des Objektes.

Die „Due Diligence“ stellt hier eine fundierte und systematische Prüfung aller wesentlichen Chance und Risiken des Transaktionsobjektes dar und findet vor den eigentlichen Vertragsverhandlungen statt, weil ihre Ergebnisse i. d. R. wertrelevant sind und die Verhandlungsposition erheblich stärken.

Käufer und Verkäufer vereinbaren Zeitraum und Umfang für die Due-Diligence-Prüfung, dabei kann ggf. die Zahlung einer Gebühr vereinbart werden, falls ein Kauf nicht zustande kommt.
Unterstützt wird der Käufer bei den Due-Diligence-Prüfungen von Anwälten, Wirtschaftsprüfern und Fachleuten mit spezifischen Kenntnissen (Architekten, Ingenieure).
Spezialisiert ausgedrückt gibt es die „Technical Due Diligence (TDD)“ (im Vorfeld von Unternehmensankäufen) und die „Immobilien Due Diligence (IDD)“.

Die Technical Due Diligence beinhaltet die Bestandsaufnahme von Produktionsstätten und Anlagen inkl. Maschinen.

Immobilien Due Diligence – Alter Wein in neuen Schläuchen?

Ein Unterpunkt der TDD ist die Immobilien Due Diligence oder auch Real Estate Due Diligence. Vor dem Kauf oder der Entwicklung von Immobilien führen Käufer, Entwickler und Finanzinstitute Due Diligence durch, um den Zustand des Grundstücks, potenzielle Umweltprobleme, Baurecht, Infrastruktur und andere relevante Aspekte zu bewerten. In jedem dieser Kontexte zielt Due Diligence darauf ab, informierte Entscheidungen zu ermöglichen, indem potenzielle Risiken und Chancen sorgfältig bewertet werden. Die Ergebnisse der Due Diligence können dazu beitragen, Risiken zu minimieren, rechtliche Probleme zu vermeiden und den Erfolg einer Transaktion, Investition oder Entscheidung zu maximieren. Immobilien Due Diligence (IDD) ist die systematische Immobilienprüfung durch Fachleute mit anerkannten Analysemethoden, wobei die Ergebnisse in einem Immobilien Due Diligence Report (IDDR) festgehalten werden.

Prüffelder sind:

- Immobilienmarkt (Market Due Diligence)
- Recht (Legal Due Diligence)
- Steuern (Tax Due Diligence)
- (Bau-)Technik (Technical Due Diligence)
- Altlasten / belasteter Standort (Environmental Due Diligence)
- Finanzen (Financial Due Diligence)

Geprüft wurde beim Immobilienerwerb schon immer. IDD ist aber systematische Immobilienprüfung, denn IDD ist Projektmanagement und berücksichtigt als Adressaten Käufer, Verkäufer und die übrigen Transaktionspartner wie Banken und Finanzinvestoren als Kapitalgeber. IDD macht somit auch größere Immobilienprojekte für alle Beteiligten transparenter.

Während bei den Maschinenbau-, Elektrotechnik- oder Verfahrenstechnikingenieuren auch größere, über mehrere Monate dauernde Aufträge zu verzeichnen sind, macht es für den baufachlichen Sachverständigen bei der Immobilien Due Diligence häufig die Stückzahl aus.

Reliance Letter

Bei einem „Reliance Letter" handelt es sich um einen Vertrag mit Schutzwirkung Dritter und ist meistens eine vertragliche Haftungserweiterung der Gewährleistung für den Inhalt eines Immobilienbewertungsgutachtens gegenüber einer finanzierenden Bank für den Kauf.

Der Ablauf ist der, dass ein Investor einen Gutachter mit der Überprüfung eines Gebäudes beauftragt, um sicherzustellen, dass sich das Investment lohnt. Wenn dieser Investor sich dann Geld für die Investition leihen muss/will, dann möchte die Bank auch wissen, ob der Kredit vernünftig abgesichert ist.

Hierfür könnte die Bank einen eigenen Gutachter beauftragen, was aber Zeit und Kosten verursacht, so dass sich der sog. Reliance Letter entwickelt hat. Mit diesem erklärt der Gutachter, dass die Bank sein Gutachten auch für sich nutzen kann/darf und ihm gegenüber für Fehler in dem Gutachten dieselben Ansprüche hat, wie sein eigentlicher Auftraggeber.

Deckungsseitig widerspricht diese rein vertragliche Haftungserweiterung auf einen weiteren Anspruchsteller den Vorgaben der gesetzlichen Haftpflicht, so dass grundsätzlich kein Versicherungsschutz besteht.

Es gibt Wordings, in denen eine entsprechende Mitversicherung formuliert ist.

Dieser Passus beinhaltet i.d.R. eine Begrenzung des versicherten Personenkreises. Deshalb dürfen die Ansprüche aus dem Reliance Letter nur vom Dritten unmittelbar geltend gemacht werden und nicht von weiteren Personen, die sich ggf. in einer Finanzierung einkaufen o.ä.. Damit wird verhindert, dass eine Bank die Finanzierung (mit einem dieser zugrundeliegenden Reliance Letter) z.B. verbrieft und weiterverkauft.

Zuletzt muss noch sichergestellt werden, dass die Ansprüche aus dem Reliance Letter ausschließlich auf deutschem Recht basieren. Der Versicherungsnehmer hat die Einhaltung dieser Voraussetzungen zu beweisen.

Weitere Arten von „Due Diligence"

„Buy Side Due Diligence"

Der Käufer eines Unternehmens veranlasst die „Due Diligence". Er wählt die entsprechenden Fachleute aus, die für ihn die zu erwerbende Firma untersuchen. Das Untersuchungsergebnis fließt in den Kaufpreisvorschlag des Käufers bzw. in die von ihm geforderten Gewährleistungen ein.

„Vendors Due Diligence"

Der Verkäufer selbst bereitet durch eine „Due Diligence" sein Unternehmen oder ein Teil desselben für einen Verkauf vor. Er ist nach der „Due Diligence" in der Lage, evtl. Schwachstellen des Unternehmens zu erkennen und zu beseitigen. Auf diese Weise ist er vor negativen Überraschungen nach einer „Buyers Due Diligence" relativ sicher.
Außerdem ist eine „Vendors Due Diligence" dann sinnvoll, wenn das Unternehmen mehreren Käufern angeboten werden soll, da hierdurch der Aufwand auf der Käuferseite reduziert wird.
Aufgrund der zu antizipierenden unterschiedlichen Interessen der möglichen Käufer (Stratege vs. Finanzinvestor) ist die „Vendor Due Diligence" i. d. R. umfangreicher als die „Buy Side Due Diligence".

„Due Diligence" (DD) vor einem Börsengang

Bei einem öffentlichen Angebot von Wertpapieren muss in Deutschland ein Wertpapierprospekt erstellt werden, der der Information der Anleger dient.
Für durch falsche oder unvollständige Prospekte entstandene Schäden haften der Emittent, die Emissionsbegleiter (Bank, Bankenkonsortium) und bestimmte weitere Personen.
Aufgabe der „DD" beim Börsengang ist, die Vollständigkeit und Richtigkeit des Prospektes zu gewährleisten. Ferner bezweckt insbesondere der Emissionsbegleiter, sich im Streitfall mit dem Hinweis auf die „DD" vom Vorwurf grob fahrlässigen Handelns zu befreien (**Due Diligence Defense**).

„Strategic Due Diligence"

Beinhaltet die strategische Sicht industrieller, finanzieller und spekulativer Investoren, strategische Planung, Ermittlung von Synergiepotentialen.

„Financial Due Diligence"

Prüfung und Prognose von Vermögen, Ertrag, Liquidität, Eigenkapital- und Fremdkapitalaufbringung, Finanzierungsstruktur usw.

„Commercial Due Diligence"

Die „Commercial Due Diligence" analysiert den Markt und insbesondere die Wertschöpfungskette des Geschäftsmodells. Markt, Wettbewerbsanalyse, Bench-Marketing, Produkt. Die „Commercial Due Diligence" beantwortet die Frage nach der Nachhaltigkeit des Geschäftsmodells.

„Tax Due Diligence"

Steuerliche Perspektive des Targets, maßgebende steuerliche Einflussfaktoren, umwandlungs- und konzernsteuerliche Analyse, Risikoanalyse, Strukturierung des Erwerbs (Abschreibung des Kaufpreises, steuerschonende Finanzierung, Organschaft, Verlustvorträge, Verkehrssteuern).

„Legal Due Diligence"

Rechtliche Risiken und anhängige Rechtsstreitigkeiten, urheberrechtliche, arbeitsrechtliche und kartellrechtliche Prüfung, Fusionskontrolle, Prüfung bestehender Miet- und Pachtverhältnisse.

„Market Due Diligence"
Marktlage, interne Unternehmensanalyse, externe Unternehmensanalyse, Plausibilisierung der Planung, Datenquellen und Erfolgsfaktoren.

„Human Resources (HR) and Organisational Due Diligence"
Analyse des strukturellen Humankapitals, Analyse des individuellen Humankapitals sowie der Organisationsstruktur der Firma.

„Cultural Due Diligence"
Gesellschaftliche Normen, Sitten und Bräuche, die aus dem Menschenbild und dem Selbstverständnis der Mitarbeiter heraus organisch gewachsen sind. Sie können branchenabhängig sehr verschieden sein. Die Komplikationen, die hier auftreten können, sind in einer Analogie möglicherweise mit europäischen Hilfsprojekten z. B. in Afrika vergleichbar: Wer nicht bereit ist, sich um ein echtes Verständnis der Mentalitäten zu bemühen, wird den Menschen vor Ort nicht helfen können. Die Aneignung dieses Verständnisses ist zeitaufwendig.

„Environmental Due Diligence" (EDD)
Umweltqualität des Standortes seiner Anlagen und Gebäude. Hierbei werden neben Altlasten (rüstungs-/kriegsbedingte Altlasten, Untergrundkontaminationen aus industrieller oder technischer Vornutzung) Bodenbelastungen aus der rezenten Nutzung untersucht.
Die Lage der Örtlichkeit im Hinblick auf einen zukünftigen Schutzstatus (Schutzgebietsstatus, wie z. B. Vogelschutzgebiet) wird beurteilt.
Schließlich werden Gebäudeschadstoffe (Nutzung von Asbestprodukten in der Bausubstanz, Vorhandensein von anderen Schadstoffen) erhoben, die bei Abbruch- oder Umbauarbeiten zusätzliche Kosten verursachen könne.
In letzter Zeit wird die Energieeffizienz wichtiger Teil der EDD. Dieser Bereich wird in Verbindung mit der Technical Due Diligence bearbeitet.

„IT Due Diligence"
IT-Qualität und -Sicherheit eines Unternehmens. Dabei wird zunehmend auch die Zukunftssicherheit sowie Kostenbewusstsein zu berücksichtigen sein.

„IP Due Diligence"
Untersuchung des „Intellectual Property (IP)" des Unternehmens. Über welche Patente, Marken, Designs und Lizenzen verfügt das Unternehmen, in welchen Ländern, etc. Sind diese Schutzrechte in Kraft, rechtsbeständig und durchsetzbar oder unterliegen sie Rechtsmängeln.

„Merger Integration Due Diligence"
Untersucht die Integrationspläne einer Fusion und hilft, den Integrationserfolg sicherzustellen.

Umwelthaftpflicht-Basisversicherung

Gegenstand der Versicherung

Versichert ist im Rahmen und Umfang des Vertrages die gesetzliche Haftpflicht privatrechtlichen Inhalts des Versicherungsnehmers wegen Personen- und Sachschäden durch Umwelteinwirkung, wenn diese Umwelteinwirkung von Anlagen oder Tätigkeiten im Rahmen der sog. Kleingebinderegelung ausgeht.

Voraussetzung für einen UHV-Schaden ist u.a. einer der Übertragungswege

- Boden
- Luft
- oder Wasser.

Bei der sog. Kleingebinderegelung handelt es sich i.d.R. um die pauschale Mitversicherung von folgenden Mengenbegrenzungen als Inhaber von Anlagen zur Lagerung und Verwendung von z.B.:

- gewässerschädlichen Stoffen, soweit es sich um Stoffe in Einzelgebinden (ohne Heizöltanks) mit einem maximalen Fassungsvermögen von 250 kg/l und einer Gesamtmenge der Einzelgebinde von maximal 1.000 kg/l handelt (Kleingebinde)
- eines Heizöltanks auf dem Betriebsgrundstück mit einem maximalen Fassungsvermögen von 10.000 l.

Bei Überschreitung einer dieser Mengengrenzen entfällt die Mitversicherung dieser Behälter.

Versicherungsfall

Der Versicherungsfall ist eingetreten, wenn die nachprüfbare erste Feststellung des Personenschadens, Sachschadens oder eines mitversicherten Vermögensschadens durch den Geschädigten, einen sonstigen Dritten oder den Versicherungsnehmer festgestellt wurde.

Der Versicherungsfall muss während der Wirksamkeit der Versicherung eingetreten sein.

Hierbei kommt es nicht darauf an, ob zu diesem Zeitpunkt bereits Ursache oder Umfang des Schadens oder die Möglichkeit zur Erhebung von Haftpflichtansprüchen erkennbar war.

Man spricht hier auch von der sogenannten Manifestationstheorie.

Aufwendungen vor Eintritt des Versicherungsfalles

Der Versicherer ersetzt vor Eintritt eines Versicherungsfalles

- nach einer Störung des Betriebes
- oder aufgrund behördlicher Anordnung Aufwendungen des Versicherungsnehmers
- für Maßnahmen zur Abwendung oder Minderung eines sonst unvermeidbar eintretenden Personen-, Sach- oder mitversicherten Vermögensschadens.

Die Feststellung der Störung des Betriebes oder die behördliche Anordnung müssen in die Wirksamkeit der Versicherung fallen, wobei maßgeblich der frühere Zeitpunkt ist.

Aufwendungen aufgrund behördlicher Anordnungen werden unter den dort genannten Voraussetzungen unbeschadet der Tatsache übernommen, dass die Maßnahmen durch den Versicherungsnehmer oder im Wege der Ersatzvornahme durch die Behörde ausgeführt werden.

Kommt es trotz Durchführung der Maßnahmen zu einem Schaden, so werden die vom Versicherer ersetzten Aufwendungen auf die für den Versicherungsfall maßgebende Deckungssumme angerechnet, es sei denn, dass der Ersatz dieser Aufwendungen im Rahmen der Jahreshöchstersatzleistung eines früheren Versicherungsjahres die Ersatzleistung für Versicherungsfälle tatsächlich gemindert hat.

Nicht ersatzfähig sind in jedem Falle Aufwendungen zur Erhaltung, Reparatur, Erneuerung, Nachrüstung, Sicherung oder Sanierung von Betriebseinrichtungen, Grundstücken oder Sachen (auch gemietete, gepachtete, geleaste u. dgl.) des Versicherungsnehmers.

Dies gilt auch für solche, die früher im Eigentum oder Besitz des Versicherungsnehmers gestanden haben.

Versicherungsfälle im Ausland

Aufgrund der verschiedenen Übertragungswege (insbesondere Luft und Wasser) gelten auch im Ausland eintretende Versicherungsfälle als mitversichert, sofern sie auf den Betrieb einer im Inland gelegenen Anlage oder eine Tätigkeit im Inland zurückzuführen sind.

Nicht versicherte Ansprüche

Nicht versichert sind

- Abtropfschäden
  Ansprüche wegen Schäden, die dadurch entstehen oder entstanden sind, dass beim Umgang mit wassergefährdenden Stoffen diese Stoffe verschüttet werden, abtropfen, ablaufen, verdampfen, verdunsten oder durch ähnliche Vorgänge in den Boden oder ein Gewässer gelangen. Das gilt nicht, soweit solche Vorgänge auf einer Störung des Betriebes beruhen.

- Normalbetriebs- und Öffnungsklausel
  Ansprüche wegen Schäden, die durch betriebsbedingt unvermeidbare, notwendige oder in Kauf genommene Umwelteinwirkungen entstehen. Das gilt nicht, wenn der Versicherungsnehmer den Nachweis erbringt, dass er nach dem Stand der Technik zum Zeitpunkt der schadenursächlichen Umwelteinwirkungen unter den Gegebenheiten des Einzelfalles die Möglichkeiten derartiger Schäden nicht erkennen musste.

- Schäden vor Vertragsbeginn
  Ansprüche wegen Schäden,
    - die vor Beginn des Versicherungsvertrages eingetreten sind.
    - für die nach Maßgabe früherer Versicherungsverträge Versicherungsschutz besteht oder hätte beantragt werden können.
    - die sich daraus ergeben, dass der Versicherungsnehmer nach Beginn des Versicherungsverhältnisses Grundstücke erwirbt oder in Besitz nimmt, die zu diesem Zeitpunkt bereits von einer Umwelteinwirkung betroffen waren.
- Abfälle
  Ansprüche wegen Schäden

    - aus Eigentum, Besitz oder Betrieb von Anlagen oder Einrichtungen zur Endablagerung von Abfällen.

    - die durch vom Versicherungsnehmer hergestellte oder gelieferte Abfälle nach Auslieferung entstehen.

      Hinweis: Derartige Risiken sind über eine Umwelthaftpflicht-Modell-Deckung abzusichern! Eine Mitversicherung würde die Leistungsfähigkeit einer normalen UHV-Basisversicherung „sprengen".

    - aus der Nichtbeachtung von Auflagen oder Hinweisen des Inhabers der Abfallentsorgungsanlage.

    - aufgrund fehlerhafter oder unzureichender Deklaration von Abfällen, die zwischen- oder endgelagert oder anderweitig entsorgt werden. Bei Beauftragung fremder Unternehmer gilt dieser Ausschluss nicht, wenn der Versicherungsnehmer nachweislich diese fremden Unternehmer sorgfältig ausgesucht und überwacht hat.

- Produkthaftpflicht
  Ansprüche wegen Schäden, die durch vom Versicherungsnehmer hergestellte oder gelieferte Erzeugnisse, durch Arbeiten oder sonstige Leistungen entstehen.

- Bewusstes Abweichen von Vorschriften
  Ansprüche gegen die Personen (Versicherungsnehmer oder jeden Mitversicherten), die den Schaden dadurch verursachen, dass sie bewusst von Gesetzen, Verordnungen oder an den Versicherungsnehmer gerichtete behördliche Anordnungen oder Verfügungen, die dem Umweltschutz dienen, abweichen.

- Wissentliches Nichtbeachten von Anweisungen
  Ansprüche gegen die Personen (Versicherungsnehmer oder jeden Mitversicherten), die den Schaden dadurch verursachen, dass sie es bewusst unterlassen, die vom Hersteller gegebenen oder nach dem Stand der Technik einzuhaltenden Richtlinien oder Gebrauchsanweisungen für Anwendung, regelmäßige Kontrollen, Inspektionen oder Wartungen zu befolgen oder notwendige Reparaturen bewusst nicht ausführen.

- Grundwasserverhältnisse
  Ansprüche wegen Schäden infolge der Veränderung der Lagerstätte des Grundwassers oder seines Fließverhaltens.

- Halogenierte Kohlenwasserstoffe
  Ansprüche wegen Schäden im Zusammenhang mit Chlorkohlenwasserstoffen (CKW) und Fluorchlorkohlenwasserstoffen (FCKW) sowie anderen halogenierten Kohlenwasserstoffen.

- Serienschäden
  Für den Umfang der Leistung des Versicherers bildet die angegebene Deckungssumme die Höchstgrenze bei jedem Versicherungsfall. Dies gilt auch dann, wenn sich der Versicherungsschutz auf mehrere entschädigungspflichtigen Personen erstreckt.
  Mehrere während der Wirksamkeit der Versicherung eintretende Versicherungsfälle durch

  - dieselbe Umwelteinwirkung,
  - mehrere unmittelbar auf derselben Ursache beruhenden Umwelteinwirkungen,
  - mehrere unmittelbar auf den gleichen Ursachen beruhenden Umwelteinwirkungen, wenn zwischen gleichen Ursachen ein innerer, insbesondere sachlicher und zeitlicher Zusammenhang besteht,

  gelten unabhängig von ihrem tatsächlichen Eintritt als ein Versicherungsfall, der im Zeitpunkt des ersten dieser Versicherungsfälle als eingetreten gilt.

Umweltschadensversicherung

Gute Deckungskonzepte beinhalten neben der BHV und UHV auch direkt die USV. Idealer Weise sogar schon mit dem sogenannten Zusatzbaustein 1.

Der Versicherungsschutz erstreckt sich auf folgende Risiken und Tätigkeiten:

- Anlagen, Betriebseinrichtungen, Tätigkeiten auf eigenen oder fremden Grundstücken, sofern sie nicht zu den nicht versicherbaren Risiken zählen.
- Planung, Herstellung, Lieferung, Montage, Demontage, Instandhaltung und Wartung von Anlagen (oder Teilen, die ersichtlich für derartige Anlagen bestimmt sind), wenn der Versicherungsnehmer nicht selbst Inhaber der Anlagen ist.
- Versicherungsschutz im Rahmen dieser Ziffer besteht auch, wenn der Versicherungsnehmer vorübergehend bis zum Abschluss der Arbeiten oder bis zur Ausführung der Leistung noch haftungsrechtlich als Inhaber dieser Anlagen angesehen wird.
- Anlagen zur Lagerung und Verwendung von betriebsüblichen Hilfs- und Betriebsstoffen, sofern die Gesamtlagermenge 1.000 kg/l nicht übersteigt und das Fassungsvermögen des einzelnen Behältnisses nicht mehr als 250 kg/l beträgt
- einen Heizöltank auf dem Betriebsgrundstück mit einem maximalen Fassungsvermögen von 10.000 l.
- Abwasseranlagen für häusliche Abwässer, die im Gebäude selbst anfallen (also keine industriellen oder gewerblichen Abwässer)
- einen betrieblichen Öl-, Fett-, Benzin-, Leichtflüssigkeits- oder Amalgamabscheider
- die Einleitung von Abwässern aus diesen Anlagen in ein Gewässer, auch wenn die Kanalisation zwischengeschaltet ist.

Der Versicherungsschutz bezieht sich ausschließlich auf die im Versicherungsschein benannten Grundstücke.

Gegenstand der Versicherung

Eine USV besteht aus einer **USV-Grunddeckung**

sowie aus den **Zusatzbausteinen 1 und 2**

Grunddeckung	**Zusatzbaustein 1**	**Zusatzbaustein 2**
2.1.1. WHG-Anlagen 2.1.2. Umwelt-HG-Anlagen 2.1.3. Sonstige deklarierungs-pflichtige Anlagen 2.1.4. Abwasseranlagen / Einwirkungsrisiken 2.1.5. Umwelt-HG-Anlagen / Pflichtverletzungen 2.1.6. Umweltschaden-Regressrisiken 2.1.7. (nicht qualifizierte) Umwelt-Produktrisiken 2.1.8. Umwelt-Basisrisiken: - Sonstige Anlagen / Betriebseinrichtungen - Tätigkeiten auf eigenen oder fremden Grundstücken - landwirtschaftliches Ausbringungsrisiko	Mitversicherung der Biodiversitätsschäden Schäden auf VN-Grundstück nach USchadG, sofern die menschliche Gesundheit bedroht ist. Mitversicherung von Oberflächengewässern.	Schäden auf VN-Grundstück über das USchadG hinaus. auf VN-Grundstück.

Grunddeckung mit Zusatzbaustein 1

Versichert ist die gesetzliche Pflicht öffentlich-rechtlichen Inhalts des Versicherungsnehmers gemäß Umweltschadensgesetz zur Sanierung von Umweltschäden.

Versicherungsschutz besteht auch dann, wenn der Versicherungsnehmer von einer Behörde oder einem sonstigen Dritten auf Erstattung der Kosten für Sanierungsmaßnahmen/Pflichten der oben genannten Art in Anspruch genommen wird. Dabei kommt es nicht darauf an, ob der Versicherungsnehmer auf öffentlich-rechtlicher oder privatrechtlicher Grundlage in Anspruch genommen wird.

Hinweis: Dies ist der einzige Deckungsbaustein, in dem öffentlich-rechtliche Ansprüche versichert sind. Ansonsten hat der Versicherungsnehmer nur bei privatrechtlichen Ansprüchen Versicherungsschutz.

Umweltschaden ist eine

- Schädigung von geschützten Arten und natürlichen Lebensräumen,
- Schädigung der Gewässer
- Schädigung des Bodens.

Der Versicherungsschutz gilt auch für Pflichten oder Ansprüche wegen Umweltschäden gemäß Umweltschadensgesetz

- an geschützten Arten oder natürlichen Lebensräumen, die sich auf Grundstücken einschließlich Gewässern befinden, die im Eigentum des Versicherungsnehmers stehen, standen oder von ihm gemietet, geleast, gepachtet oder geliehen sind oder waren
- an Boden, der im Eigentum des Versicherungsnehmers steht, stand oder von ihm gemietet, geleast, gepachtet oder geliehen ist oder war, soweit von diesem Boden Gefahren für die menschliche Gesundheit ausgehen.

Ausgenommen vom Versicherungsschutz bleiben jedoch solche gegen den Versicherungsnehmer gerichteten Ansprüche, die auch ohne das Bestehen des Umweltschadensgesetzes oder anderer auf der EU-Umwelthaftungsrichtlinie basierender nationaler Umsetzungsgesetze bereits aufgrund gesetzlicher Haftpflichtbestimmungen privatrechtlichen Inhalts gegen den Versicherungsnehmer geltend gemacht werden könnten.

Versicherungsschutz für derartige Ansprüche besteht ausschließlich im Rahmen und Umfang der anderen Vertragsteile. Für darüber hinausgehende Pflichten oder Ansprüche für Schäden an diesen Böden kann der Versicherungsnehmer den Zusatzbaustein 2 vereinbaren.

„Darüber hinaus" würden Schäden

- an Gewässern, die im Eigentum des Versicherungsnehmers stehen, standen oder von ihm gemietet, geleast, gepachtet oder geliehen sind oder waren,
- sowie am Grundwasser

versichert sein.

USV-Zusatzbaustein 2

Der Zusatzbaustein 2 kann zu der Grunddeckung, die i.d.R. mit dem Baustein 1 angeboten wird, ergänzend abgeschlossen werden.

Gegenstand der Versicherung

Versicherungsschutz besteht für weitergehende Pflichten oder Ansprüche zur Sanierung des Bodens wegen schädlicher Bodenveränderungen gemäß Bundesbodenschutzgesetz (BBodSchG), soweit der Versicherungsnehmer Eigentümer, Mieter, Leasingnehmer, Pächter oder Entleiher des Bodens und Verursacher des Schadens ist und diese Pflichten und Ansprüche über den Umfang des Umweltschadensgesetzes hinausgehen und eine Gefahr für die menschliche Gesundheit vom Boden nicht ausgeht.

Versicherungsschutz besteht ausschließlich für solche schädlichen Bodenveränderungen, die unmittelbare Folge einer plötzlichen und unfallartigen, während der Wirksamkeit des Versicherungsvertrages eingetretenen Störung des bestimmungsgemäßen Betriebes des Versicherungsnehmers sind (Betriebsstörung).

Nicht versicherte Ansprüche

Nicht versichert sind

- Kosten aus der Dekontamination von Erdreich
  Sind aufgrund eines eingetretenen FLEXA-Schadens (also Fire, Lightning, Explosion, Aircraft) Untersuchungen oder sogar der Austausch / Transport / Deponierung von Erdreich nötig, sind diese Kosten über eine entsprechende Feuerversicherung abzusichern.

- Unterirdischen Abwasseranlagen

- Anlagen zur Herstellung, Verarbeitung, Lagerung oder Beförderung von gewässerschädlichen Stoffen (sogenannte WHG-Anlagen).

- Anlagen mit einer Genehmigungs- oder Anzeigepflicht

- Prototypen (sogenanntes Entwicklungsrisiko)

Leistungen der Versicherung

Der Versicherungsschutz umfasst die Freistellung des Versicherungsnehmers von berechtigten Sanierungsverpflichtungen gegenüber der Behörde oder einem sonstigen Dritten.

Versicherte Kosten

- Gutachter / Sachverständige
- Anwalts-, Zeugen-, Verwaltungsverfahrens- und Gerichtskosten
- Kosten für die Sanierung von Schäden an geschützten Arten, natürlichen Lebensräumen oder Gewässern einschließlich Grundwasser
- Kosten für die „primäre Sanierung", d. h. für Sanierungsmaßnahmen, die die geschädigten natürlichen Ressourcen und / oder beeinträchtigten Funktionen ganz oder annähernd in den Ausgangszustand zurückversetzen.
- Kosten für die „ergänzende Sanierung", d. h. für Sanierungsmaßnahmen in Bezug auf die natürlichen Ressourcen und/oder Funktionen, mit denen der Umstand ausgeglichen werden soll, dass die primäre Sanierung nicht zu einer vollständigen Wiederherstellung der geschädigten natürlichen Ressourcen und/oder Funktionen führt.
- Kosten für die „Ausgleichssanierung", d. h. für die Tätigkeiten zum Ausgleich zwischenzeitlicher Verluste natürlicher Ressourcen und/oder Funktionen, die vom Zeitpunkt des Eintretens des Schadens bis zu dem Zeitpunkt entstehen, in dem die primäre Sanierung ihre Wirkung vollständig entfaltet hat.
- „Zwischenzeitliche Verluste" sind Verluste, die darauf zurückzuführen sind, dass die geschädigten natürlichen Ressourcen und/oder Funktionen ihre ökologischen Aufgaben oder ihre Funktionen für andere natürliche Ressourcen nicht erfüllen können, solange die Maßnahmen der primären bzw. der ergänzenden Sanierung ihre Wirkung nicht entfaltet haben.
- Kosten für die Sanierung von Schädigungen des Bodens (Schadstoffe beseitigen, kontrollieren, eindämmen oder vermindern).

Rechtsschutzrisiken

Straf-Rechtsschutz

Im Rahmen eines Schadenfalles, in dem es beispielsweise auch zu einem Personenschaden gekommen ist, kann sich durchaus ein Strafverfahren wegen fahrlässiger Körperverletzung oder gar fahrlässiger Tötung anschließen. Der Architekt /Ingenieur benötigt in diesem Fall einen (Straf-)Verteidiger. Zur Absicherung dieses Risikos bieten einige Konzepte Rechtsschutz für Ordnungswidrigkeiten- und Strafverfahren an.

Mitversichert sind die Verteidigungskosten aus dem Ordnungswidrigkeiten- oder Strafverfahren, welches aus der beruflichen Tätigkeit des Architekten resultiert, die einen unter den Versicherungsschutz fallenden Haftpflichtanspruch zur Folge haben könnten.

Vom Versicherungsschutz sind dann umfasst

• die angemessenen Kosten für die Verteidigung (die Angemessenheit bestimmt sich normalerweise – nicht notwendigerweise – nach der gesetzlichen Regelung, z.B. dem Rechtsanwaltsvergütungsgesetz) sowie

• die Gerichtskosten und

• ortsüblichen Kosten für notwendige Sachverständigengutachten.

Vorsatztaten sind, mit Ausnahme von Verbrechen (= Straftaten mit einer Mindestfreiheitsstrafe von 1 Jahr), versichert, allerdings entfällt bei Straftaten rückwirkend der Versicherungsschutz, wenn der Versicherte rechtskräftig wegen Vorsatzes verurteilt wird.

Der Versicherungsnehmer ist dann verpflichtet, die Kosten zu erstatten, die für die Verteidigung wegen des Vorwurfes eines vorsätzlichen Verhaltens aufgewendet wurden.

Als Versicherungsfall gilt die Einleitung eines Ermittlungsverfahrens aufgrund einer beruflichen Tätigkeit gegen den Inhaber oder Mitarbeiter des versicherten Architektur- oder Ingenieurbüros während der Wirksamkeit des Berufs-Haftpflichtversicherungsvertrages.

Häufig ist der Strafrechtsschutz nicht auf Deutschland beschränkt, sondern gilt i.d.R. europaweit einschließlich der Kanarischen Inseln, den Azoren und Madeira. Europa ist hierbei im geografischen Sinn zu verstehen.

Kommt es im Straf- oder Ordnungswidrigkeitenverfahren zu einer Geldstrafe/-buße, unterfällt diese naturgemäß nicht dem Versicherungsschutz.

Aktive Honorarklage

Behält der Auftraggeber wegen eines (behaupteten) Schadensersatzanspruchs einen Teil oder gar das ganze Honorar des Architekten oder Ingenieurs ein, so ist dieser ggf. dazu gezwungen, dieses einzuklagen. Dieses Prozesskostenrisiko federt die entsprechende Mitversicherung ab, indem der Versicherungsnehmer Versicherungsschutz für diese sogenannte »aktive Honorarklage« zugesichert wird.

Dies gilt jedoch nur für den Fall, dass der Auftraggeber das Honorar wegen eines vermeintlichen Schadenersatzes einbehält. Ist der Bauherr aus anderen Gründen zahlungsunwillig oder gar zahlungsunfähig, besteht kein Versicherungsschutz für eine Honorarklage.

Voraussetzungen der Finanzierungen eines solchen Verfahrens sind:

- dass der Auftraggeber des Versicherungsnehmers aufgrund eines behaupteten Haftpflichtanspruchs, der unter den Versicherungsschutz des Berufs-Haftpflichtversicherungsvertrages fallen würde (also kein reiner Erfüllungsanspruch), die Aufrechnung eigener Schadensersatzansprüche gegen die Honorarforderung erklärt hat bzw. ein Zurückbehaltungsrecht geltend macht und

- die Honorarforderung in voller Höhe berechtigt, d.h. unstreitig und fällig ist. Der Nachweis obliegt in diesem Fall dem Versicherungsnehmer. Die trägt alsdann die Kosten des Verfahrens im Verhältnis des Schadensersatzanspruchs zur geltend gemachten Honorarforderung. Wird rechtsverbindlich festgestellt, dass die eingeklagte Honorarforderung ganz oder teilweise unbegründet ist, weil sich beispielsweise im Verlauf des Verfahrens herausstellt, dass ein anderer Grund als der versicherte behauptete Haftpflichtanspruch dazu geführt hat, entfällt rückwirkend der Versicherungsschutz für die Kosten der Honorarklage.

Kapitel 3
Einzelne Berufsbilder

Kooperationsformen

Arbeitsgemeinschaften (ARGE)

Wenn sich Architekten oder Ingenieure mit Berufskollegen oder Sonderfachleuten zur gemeinsamen Durchführung von Architekten-/ Ingenieurleistungen für ein bestimmtes Bauvorhaben vorübergehend zusammenschließen, so geschieht dies überwiegend im Rahmen einer Arbeitsgemeinschaft (Arge) in der Rechtsform der BGB-Gesellschaft (GbR).

Die Haftungssituation ist in einem solchen Fall – grob skizziert – folgende:

- im Außenverhältnis: Jeder Gesellschafter der Arge haftet dem Bauherrn/Auftraggeber gegenüber als Gesamtschuldner. Das heißt, er ist für einen eventuell eintretenden Schaden, obgleich er ihn selbst nicht verursacht hat, dem Bauherrn gegenüber voll verantwortlich.

- im Innenverhältnis: Die Haftung der einzelnen Gesellschafter für Schäden des Bauherrn hängt von den getroffenen Gesellschaftervereinbarungen ab.

Insgesamt ermöglicht eine ARGE im Baubereich eine effektive Nutzung der Ressourcen und Fachkenntnisse verschiedener Unternehmen, um komplexe Bauprojekte erfolgreich durchzuführen. Sie ist eine verbreitete Organisationsform in der Bauindustrie, insbesondere bei größeren und anspruchsvollen Projekten.

Bei größeren Projekten werden im Baubereich häufig Arbeitsgemeinschaften (ARGE) gebildet, die sich wiederum in folgende Gruppen unterteilen lassen:

- Los-ARGE
- Quoten-ARGE
- Planungsringe
- Joint-Venture

Bei einer Los-ARGE erfolgt die Aufgabenverteilung im Innenverhältnis nach Fachgebieten oder Bauabschnitten (horizontal) oder nach Teilleistungen (vertikal).

Aufgrund der genauen Zuordnung lassen sich mögliche Fehler genau zuordnen bzw. haben die anderen ARGE-Partner die Möglichkeit, den Fehler konkret von sich zu weisen.

Im rechtlichen Sinn bildet die Los-ARGE eine Einheit, im wirtschaftlichen Bereich jedoch nicht.

Im Gegensatz dazu fehlt bei einer Quoten-ARGE diese Struktur.

Die ARGE-Partner erbringen „untrennbar“ voneinander die Leistung gemeinsam.

Die Quoten-ARGE ist sowohl rechtlich als auch wirtschaftlich eine Einheit!

In der Praxis nur noch sehr selten anzutreffen sind Planungsringe (siehe dort).
Hierbei handelt es sich um kooperierende Planungsbüros mit unterschiedlichen Rechtsformen und Schwerpunkten, um gemeinsam ein großes Bauprojekt zu verwirklichen.

Die jeweiligen Büros behalten ihre Selbstständigkeit und treten nach außen nur hin und wieder als Planungsring auf. Eher wird die jeweilige Firma repräsentiert und lediglich die Mitgliedschaft in diesem Planungsring erwähnt.

Eine Besonderheit bei internationalen Projekten sind sog. Joint-Ventures.

Hier kann die Kooperation sehr weitgehend sein und sogar Lieferanten, Ausführungs- und Montagefirmen beinhalten.

Ein entsprechender Versicherungsschutz dürfte sich hier nur schwierig (wenn überhaupt) darstellen lassen.

Fazit:

- Los-ARGE — rechtlich eine Einheit / wirtschaftlich nicht
- Quoten-ARGE — rechtlich + wirtschaftlich eine Einheit
- Planungsringe — weder rechtlich oder wirtschaftlich eine Einheit
- Joint-Venture — rechtlich + wirtschaftlich eine Einheit, aber schwierig zu versichern

Mehr Details über die beiden wichtigsten Fallgruppen

Die beiden wichtigsten Fallgruppen lassen sich mit der Los-Arge und der Quoten-Arge schlagwortartig bezeichnen.

Von der Los-Arge spricht man, wenn die Aufgaben im Innenverhältnis nach Fachgebieten (z.B. Planung/Tragwerksplanung – Objektüberwachung) oder nach Teilleistungen (z.B. Übernahme von Teilbereichen der HOAI-Leistung) oder nach Bauabschnitten (z.B. Bearbeitung des Bauteils A eines aus mehreren Bauteilen bestehenden Gesamtprojektes) aufgeteilt werden.

In einem solchen Fall haftet grundsätzlich jeder Gesellschafter im Innenverhältnis gegenüber den anderen Arge-Mitgliedern für die aus seiner Aufgabensphäre resultierenden Schäden allein.

Kennzeichnend für die Quoten-Arge ist – negativ definiert –, dass es an einer Aufteilung der Aufgaben im Innenverhältnis fehlt. Die Mitglieder der Arbeitsgemeinschaft erbringen ihre Aufgaben untrennbar gemeinsam. Für einen Schaden des Bauherrn haftet jeder Partner mit dem Anteil, der seiner prozentualen Beteiligungsquote an der Arbeitsgemeinschaft entspricht.

Ist eine prozentuale Beteiligungsquote nicht vereinbart, so erfolgt die Schadenaufteilung entsprechend der Anzahl der beteiligten Gesellschafter. Im Schadenfall hält erfahrungsgemäß der Geschädigte oftmals nicht an den eigentlichen Schadenverursacher, sondern aufgrund der Gesamtschuld – wenn sich z.B. der Verursacher in Zahlungsschwierigkeiten befindet – an den solventesten Arge-Partner. Der so als Gesamtschuldner in Anspruch genommene Arge-Partner muss in einem solchen Fall in voller Höhe leisten, kann dann aber bei dem für den Schaden verantwortlichen Partner (Los-Arge) oder nach der quotenmäßigen Aufteilung bei den anderen Partnern (Quoten-Arge) Regress nehmen.

Günstigstenfalls sind die regresspflichtigen Arge-Partner solvent und auch ausreichend haftpflichtversichert. Ist dies nicht der Fall, müsste der vorleistende Arge-Partner den entstandenen Schaden ganz oder teilweise selbst tragen.

Mit der Formulierung „Versichert sind Haftpflichtansprüche des Versicherungsnehmers aus der Teilnahme an Arbeitsgemeinschaften" ist i.d.R. ein lückenloser Einschluss der mit der Beteiligung des Versicherungsnehmers an einer Arge verbundenen Haftpflichtrisiken gewährleistet.
Dies gilt sowohl hinsichtlich der eigenen beruflichen Betätigung des Versicherungsnehmers im Rahmen der Arge als auch in Bezug auf die mit der Teilnahme an einer Arge verbundene gesamtschuldnerische Haftung.

Tipp 1:
Das Ausfallrisiko eines Arge-Partners, egal ob aufgrund von Insolvenz oder mangelnder Haftpflichtdeckung, und etwaige Haftpflichtansprüche aus der eigenen beruflichen Tätigkeit des Versicherungsnehmers sollten im Rahmen der vereinbarten Deckungssummen mitversichert sein.

Tipp 2:
Der Versicherungsschutz sollte im Falle einer ARGE auch Berufsbilder einschließen, die der eigentliche Hauptvertrag nicht vorsieht.
Beispiel: Ein Tragwerksplaner möchte mit einem Architekten zusammen ein Gebäude über eine Arge planen. Der Tragwerksplaner hat allerdings vom Grundsatz her keine Deckung für die Architektenleistungen. Hier sollte auch dann Deckung über die Arge-Klausel bestehen.

Wichtig:
I.d.R. sind Ansprüche der Partner der ARGE untereinander sowie Ansprüche der Arbeitsgemeinschaft gegen die Partner oder umgekehrt wegen solcher Schäden, die ein Partner oder die Arbeitsgemeinschaft unmittelbar erlitten hat (z.B. Beschädigung einer Zeichenmaschine durch einen Partner), vom Versicherungsschutz ausdrücklich ausgeschlossen.
Dieser Ausschluss gilt nicht für Personenschäden und Regressansprüchen aus der gesamtschuldnerischen Haftung.

Planungsringe

Ein Planungsring stellt unabhängig von der Gesellschaftsform einen Zusammenschluss dar, der auf längere Zeit bemessen und somit nicht auf ein einzelnes Projekt ausgerichtet ist. Im Planungsring schließen sich mehrere Büros zusammen. Der Ring selbst wird in der Regel von einem Geschäftsführer geführt. Er wird in den meisten Fällen kein eigenes Personal haben. Der Planungsring übernimmt den Auftrag im Außenverhältnis voll verantwortlich. Im Innenverhältnis setzt er seine Mitglieder wahlweise ein, so wie es die Aufgabenstellung und der Arbeitsumfang erfordern. Daneben betreiben die einzelnen Büros ihr eigenes Geschäft weiter. Sie übernehmen also auch Aufträge in eigener Regie und wickeln diese in üblicher Weise ab. Die versicherungstechnische Regelung entspricht die der Arge.

Generalplaner

Insbesondere bei größeren Bauvorhaben, die in verhältnismäßig kurzer Zeit erstellt werden sollen, sieht sich ein Architekt häufig durch den Bauherrenwunsch »Begrenzung der Anzahl der Vertragspartner, Planung „aus einer Hand“« oder zur Steigerung der eigenen Wettbewerbsfähigkeit veranlasst, im Rahmen eines Generalplanervertrages umfassend die Planungs- und Überwachungsleistungen für die Baumaßnahme selbst vertraglich zu übernehmen.
Die Übernahme eines Auftrages als Generalplaner ist somit die Alternative zur Arge in Bezug auf komplexe Bauvorhaben, bei denen der einzelne Architekt /Ingenieur auf weitergehende Expertise oder Arbeitskapazitäten angewiesen ist.

Ein Teil der vom Versicherungsnehmer als Generalplaner übernommenen Leistungen wird häufig an andere Architekten-/ Ingenieurbüros als Subunternehmer weitervergeben.
Die Weiterbeauftragung erfolgt im Rahmen von eigenen Architekten-/ Ingenieurverträgen. Im Verhältnis zum Bauherrn ist der Subunternehmer als Erfüllungsgehilfe des Generalplaners zu betrachten, d.h. der Generalplaner hat dem Bauherrn gegenüber für ein Verschulden des Unterbeauftragten bzw. dessen Mitarbeiter einzustehen.

Dieses Haftpflichtrisiko des Versicherungsnehmers als Generalplaner ist in guten Konzepten mitversichert – vorausgesetzt, die Tätigkeit des Versicherungsnehmers ist nicht versicherungsvertraglich beschränkt (z.B. auf Sachverständigenleistungen).

Nicht vom Versicherungsschutz umfasst ist die persönliche Haftpflicht der jeweiligen Subplaner, welche sich selbstständig versichern müssen. Im Falle eines Schadens, den ein Subplaner zu verantworten hätte, würde also der Versicherer für den Versicherungsnehmer zunächst in die Regulierung eintreten, sich dann aber die Ausgaben bei dem verantwortlichen Subplaner bzw. dessen Versicherer im Wege des Regresses wiederholen.

Gesellschaftliche Zusammenschlüsse

Für viele Architekten/Ingenieure stellt sich angesichts der komplexer werdenden Anforderungen im Baubereich die Frage, ob es sinnvoller wäre, sich von vornherein gemeinsam den Herausforderungen zu stellen.

Dies kann – wie beschrieben – im Rahmen von Argen oder Planungsringen erfolgen, aber auch als Gemeinschaft, z.B. als Gesellschaft oder Partnerschaft. Hierbei sind einige Besonderheiten zu beachten, da (noch) nicht alle Gesellschaftsformen den Architekten oder Ingenieuren als Mitglieder der „freien Berufe" uneingeschränkt zur Verfügung stehen.

Dies ist z.B. bei allen Handelsgesellschaften (Kommanditgesellschaft, Offene Handelsgesellschaft usw.) der Fall. Der Bundesgerichtshof hat für den Fall der GmbH & Co. KG mit Beschluss vom 15.07.2014 (Az: II ZB 2/13) nochmals mit der herrschenden Meinung in Rechtsprechung und Literatur deutlich gemacht, dass für eine Handelsgesellschaft ein Handelsgewerbe zu Grunde liegen muss.

Dies wird bei Architekten/Ingenieuren aber gerade im Hinblick auf die „freien Berufe" im konkreten Kontext der Tätigkeiten in der Regel nicht der Fall sein. Schlimmstenfalls kann dies dazu führen, dass im Schadenfall etwaige Haftungsprivilegien mangels gültiger Handelsgesellschaft nicht greifen, was ggf. zu einer persönlichen Haftung des Architekten/Ingenieurs führt.

Unkritisch in dieser Hinsicht sind z.B. Zusammenschlüsse in Form von Partnerschaften, GmbHs, Unternehmergesellschaften oder auch anderer europäischer Rechtsformen, die aufgrund der Dienstleistungsfreiheit innerhalb der EU agieren können/dürfen.

Der Hauptunterschied zwischen den einzelnen Gesellschaftsformen ist die Haftungssituation für den Versicherungsnehmer. Hierbei geht es um die Frage, ob der Versicherungsnehmer ggf. im Anschluss an die Deckung aus dem Versicherungsvertrag noch persönlich mit zur Verantwortung gezogen werden kann.

Es gibt für bestimmte Gesellschaftsformen unterschiedliche gesetzliche oder kammerrechtliche Mindestanforderungen. Im Rahmen dieser Erläuterungen sollen daher nur die grundlegenden Besonderheiten der einzelnen Gesellschaftsformen erörtert werden. Eine Handlungsempfehlung o.ä. ist damit nicht verbunden.

Hinweis:

Am 01.01.2024 wird das Personengesellschaftsrechtsmodernisierungsgesetz (MoPeG) in Kraft treten. Eine der enthaltenen Änderungen ist die Neugestaltung des § 107 HGB.
Nach § 107 Abs. 1 Satz 2 HGB n. F. (ab dem 01.01.2024) gelten die Regelungen über die OHG (Offene Handelsgesellschaft) auch für eine ‚Gesellschaft, deren Zweck die gemeinsame Ausübung Freier Berufe durch ihre Gesellschafter ist, soweit das anwendbare Berufsrecht die Eintragung zulässt.

Damit wird es ab dem 01.01.2024 auch den Angehörigen freier Berufe und damit auch den Architekten / Ingenieuren grundsätzlich möglich sein, Handelsgesellschaften zu gründen – nicht nur beschränkt auf die OHG, sondern auch Kommanditgesellschaften (KG) oder eine GmbH & Co. KG. Voraussetzung ist aber, dass das jeweilige Berufsrecht die Eintragung in das Handelsregister zulässt.

D.h. aber, dass jedes Bundesland bzw. jede Kammer (je nach Zuständigkeit), diese Möglichkeit erst einmal umsetzen muss, bevor auch Architekten/Ingenieure von der Öffnung der Gesellschaftsformen für die freien Berufe profitieren können.

Hier ist im Einzelfall die jeweilige Umsetzung je Bundesland zu prüfen.

Gesellschaft bürgerlichen Rechts (GbR)

Die in §§ 705ff. BGB geregelte Gesellschaft bürgerlichen Rechts ist die „Grundform“ des Zusammenschlusses mehrerer Personen. Eine GbR entsteht immer dann, wenn sich mindesten 2 Personen für einen gemeinsamen Zweck zusammenschließen. Dies kann auf Dauer oder auch nur für ein zeitlich begrenztes Projekt geschehen.

Im Tätigkeitsfeld von Architekten/Ingenieuren ist hier der Zusammenschluss als Arbeitsgemeinschaft (ARGE) zu nennen. Grundprinzip der Haftung einer GbR ist die Gesamtschuld aller Gesellschafter, d. h. jeder Gesellschafter haftet für all jenes, was unter dem Namen der Gesellschaft verursacht wurde.

Die Haftung ist persönlich, d.h. jeder Gesellschafter haftet für alle Ansprüche mit seinem gesamten (Privat-)Vermögen. Es kommt nicht darauf an, welcher Gesellschafter die Ursache für die Haftung gesetzt hat.

Zwar kann auch die GbR teilrechtsfähig sein, d.h. in gewissem Umfang eigene Vermögenswerte besitzen, für die Haftung der Gesellschaft ändert dies allerdings nichts, nur für einen Anspruchsteller, da neben dem Vermögen der Gesellschafter auch auf das Vermögen der GbR selbst zugegriffen werden könnte.

Versicherungstechnisch ist eine GbR wie ein Einzelbüro zu behandeln, d. h. es bestehen keine Besonderheiten hinsichtlich der Mindestversicherungssummen o.ä., sofern die Vorgaben der jeweiligen Kammern für die einzelnen Gesellschafter eingehalten werden.

Partnerschaftsgesellschaft (PartG)

Das Partnerschaftsgesellschaftsgesetz (PartGG) vom 01.07.1995 führte für die Angehörigen der freien Berufe eine neue Rechtsform des Zusammenschlusses, die Partnerschaftsgesellschaft, ein. Grundsätzlich haften die Partner auch in der PartG neben dem Vermögen der Partnerschaft selbst als Gesamtschuldner, d.h. sie könnten auch persönlich in Anspruch genommen werden.

§ 8 Abs. 2 PartGG sieht hier aber eine Einschränkung für Fehler im Zuge der Berufsausübung vor: Danach haftet nur derjenige Partner (neben der Partnerschaft) persönlich, der mit der Bearbeitung eines Auftrages befasst war. Bearbeitungsbeiträge von untergeordneter Bedeutung fallen nicht hierunter.

Neben dieser Haftungsbeschränkung gibt es noch weitere Möglichkeiten: § 8 Abs. 3 PartGG sieht vor, dass durch Gesetz eine Beschränkung der Haftung für Ansprüche aus Schäden wegen fehlerhafter Berufsausübung auf einen bestimmten Höchstbetrag zugelassen werden kann, wenn zugleich eine Pflicht zum Abschluss einer Berufshaftpflichtversicherung der Partner oder der Partnerschaft begründet wird. Für andere Ansprüche gilt diese Privilegierung nicht.

Für Architekten und Ingenieure besteht die berufsrechtliche Gesetzgebungshoheit bei den Bundesländern, d.h. jedes Bundesland kann durch entsprechende Ausgestaltung der Berufsrechte eine Haftungsbeschränkung einführen. Z.B. sieht § 4b Abs. 4 Satz 2 des Architektengesetzes Niedersachsen (NArchtG) vor, dass die Haftung durch schriftliche Vereinbarung oder AGB für Sach- und Vermögensschäden auf 1 Mio. EUR je Schadenfall beschränkt werden kann.

Voraussetzung hierfür ist eine Berufshaftpflichtversicherung in Höhe von 1,5 Mio. EUR für Personen- und 200.000 EUR für Sach- und Vermögensschäden.

Die Jahresmaximierung muss der Anzahl der Partner entsprechen.

Andere Architekten- und Ingenieurgesetze sehen ähnliche Regelungen vor, wobei es teilweise deutliche Unterschiede gibt, bezogen auf die möglichen Beschränkungen und deren Vereinbarkeit. Hier muss sich der Versicherungsnehmer im jeweils für ihn einschlägigen Landesrecht informieren. Versicherungstechnisch bieten sich bei der Gründung einer Partnerschaftsgesellschaft zwei Lösungsmöglichkeiten an:

• Auf den Namen der Partnerschaftsgesellschaft wird eine Berufs-Haftpflichtversicherung eingerichtet, die auch das Haftpflichtrisiko der einzelnen Partner umfasst. Diese Regelung drängt sich auf, wenn die Partner noch keine Berufshaftpflicht haben und ihre berufliche Tätigkeit ausschließlich im Rahmen der Partnerschaft erbringen wollen. Bei dieser Lösung sind die Partnerschaft und die einzelnen Partner als Versicherungsnehmer zu betrachten. Im Rahmen der Berufs-Haftpflichtversicherung sind somit Schadensersatzansprüche aus der beruflichen Tätigkeit mitversichert, und zwar unabhängig davon, ob sie gegen das Vermögen der Partnerschaft oder das Privatvermögen der einzelnen Partner gerichtet sind. Soweit im Rahmen der Berufs-Haftpflichtversicherung auch private Nebenrisiken, wie z.B. das Privat-Haftpflichtrisiko, mitversichert sind, besteht für die einzelnen Partner auch insoweit Versicherungsschutz.

• Im Rahmen der Berufs-Haftpflichtversicherungen der einzelnen Partner wird in analoger Anwendung der Arge-Klausel auch das Haftpflichtrisiko aus der Beteiligung an einer Partnerschaft mitversichert. Dieser Lösungsweg ist dann sinnvoll, wenn die Partner zum Zeitpunkt der Gründung der Partnerschaftsgesellschaft bereits berufshaftpflichtversichert sind. Für diese Regelung würde auch sprechen, wenn die Architekten über die Partnerschaft nur größere Objekte abwickeln und bei kleineren Objekten jeweils weiterhin allein unter ihrem Namen als Vertragspartner auftreten wollen.

Selbstverständlich besteht auch die Möglichkeit, im Einvernehmen mit den betreffenden Berufs-Haftpflichtversicherern die bereits für die einzelnen Partner bestehenden Berufs-Haftpflichtversicherungen aufzuheben und das gesamte Risiko einschließlich der Haftung aus der eigenwirtschaftlichen Tätigkeit der einzelnen Partner über eine neu für die Partnerschaft einzurichtende Berufs-Haftpflichtversicherung abzudecken.

Partnerschaftsgesellschaft mit beschränkter Berufshaftung (PartGmbB)

Der Gesetzgeber hat das PartGG im Juli 2013 ergänzt und neben der PartG auch eine Partnerschaft mit beschränkter Berufshaftung (PartGmbB) eingeführt. § 8 Abs. 4 PartGG regelt, dass für Verbindlichkeiten der Partnerschaft aus Schäden wegen fehlerhafter Berufsausübung den Gläubigern gegenüber nur das Gesellschaftsvermögen haftet, wenn die Partnerschaft eine zu diesem Zweck durch Gesetz vorgegebene Berufshaftpflichtversicherung unterhält.

Diese Versicherung ist eine Pflichtversicherung. Das bedeutet, dass eine persönliche Haftung der Partner für Fehler bei der Berufsausübung nicht mehr besteht – es haftet nur noch die Gesellschaft mit dem Gesellschaftsvermögen.

Für alle anderen Ansprüche, also z.B. Mietschulden, Arbeitslöhne oder Steuern und Sozialabgaben, besteht diese Haftungsbeschränkung nicht. Hier verbleibt es bei der gesamtschuldnerischen Haftung der Partner neben dem Gesellschaftsvermögen.

In allen Landesarchitekten- bzw. -ingenieurgesetzen sind entsprechende Regelungen für den gesetzlich notwendigen Versicherungsschutz aufgenommen worden. Allerdings sind diese von den einzelnen Anforderungen teilweise sehr unterschiedlich ausgestaltet, so dass es auch dem Versicherungsnehmer obliegt, sich über den Umfang der benötigten Absicherung zu informieren.

Versicherungstechnisch ist die PartGmbB ein wenig anders zu behandeln als die PartG:

Aufgrund der Pflichtversicherung ist für die PartGmbB in jedem Fall sicher zu stellen, dass die vorgeschriebenen Mindestversicherungssummen vorgehalten werden. Dies ist nur zu ermöglichen, wenn die PartGmbB selbst Versicherungsnehmer wird.

Sollen daneben auch noch die Partner selbst versichert bleiben (z.B. um offene Projekte noch beenden zu können) empfiehlt es sich, getrennte Versicherungsverträge abzuschließen.

Wichtig ist bei den Partnerschaftsgesellschaften der Unterschied zur PartGmbB, da für Partnergesellschaft keine Pflichtversicherung besteht. Für eine PartGmbH hingegen schon.

Gesellschaft mit Beschränkter Haftung (GmbH)

Angesichts der hohen Anforderungen an den Pflichtenkreis des Architekten und damit an seine Haftung, kann es für den freischaffenden Architekten oder auch Ingenieure attraktiv sein, eine Gesellschaft mit beschränkter Haftung (GmbH) zu gründen.

Die GmbH ist eine Kapitalgesellschaft, bei der die Gesellschaft selbst unbeschränkt haftet, während die Gesellschafter nur für die Einzahlung ihrer Einlagen und allenfalls für Nachschüsse haften, und zwar nur der Gesellschaft gegenüber.

Durch Gründung einer GmbH, die auch als Ein-Mann-GmbH zulässig ist, kann der Architekt /Ingenieur sich dagegen schützen, über die Versicherungssumme hinaus mit seinem Privatvermögen in Anspruch genommen zu werden.

Die Haftungsfreistellung ist insofern umfassend, d.h. auch im Gegensatz zur PartGmbB nicht nur auf berufliche Tätigkeiten beschränkt. Allerdings gibt es auch zu beachten, dass eine GmbH komplizierter in der Gründung und Unterhaltung ist als eine Partnerschaft.

Die GmbH ist zwar keine Handelsgesellschaft, d.h. sie steht auch den freien Berufen offen, wird aber wie eine solche behandelt.

Dies bezieht sich auf die Vorschriften zur Bilanzierung genauso wie auf das Steuerrecht. Zudem braucht eine GmbH Stammkapital, um gegründet zu werden. Die Höhe des Stammkapitals beträgt hierbei 25.000 EUR.

Versicherungstechnisch ist für die GmbH eine Berufs-Haftpflichtversicherung abzuschließen. Die GmbH wäre dann Versicherungsnehmer.

Unternehmergesellschaft (UG)

Seit 2008 ist es in Deutschland möglich, eine Art Vor-GmbH, die Unternehmergesellschaft, zu gründen. Die UG wird rechtlich wie eine GmbH behandelt, d.h. es besteht auch bei der UG u.a. eine Haftungsbeschränkung auf das Gesellschaftsvermögen.

Die UG muss im Namen aber den Zusatz „haftungsbeschränkt" führen. Im Gegensatz zur GmbH bedarf es bei der UG aber nur einem Gründungsstammkapital von einem Euro. Zu diesem Stammkapital muss die UG – grob gesprochen – jedes Jahr 25% ihrer Gewinne hinzufügen, bis die Summe von 25.000 EUR erreicht ist.

Dann allerdings wandelt sich die UG direkt in eine GmbH mit allen Privilegien um. Versicherungstechnisch ist auch für die UG eine Berufs-Haftpflichtversicherung abzuschließen; diese wäre entsprechend Versicherungsnehmer

Projektsteuerer

Der Projektsteuerung kommt, insbesondere bei größeren Bauvorhaben, eine erhebliche Bedeutung zu. Allerdings gibt es kein gesetzlich geregeltes Leistungsbild, was in welchem Umfang ein Projektsteuerer zur Aufgabe hat.

In guten Wordings werden hier zunächst Beratungs-, Koordinations-, Dokumentations-, Informations- und Kontrollleistungen genannt. Diese Leistungen müssen allerdings individuell konkretisiert werden, ohne dass diese auf Bereiche ausgedehnt werden, die dem Berufsbild nicht mehr entsprechen.

Freie Mitarbeiter

Die sog. Freelancer arbeiten selbstständig, d.h. auf eigene Rechnung und Gefahr, aufgrund eines Dienst- oder Werkvertrages, ohne dabei ein Arbeitsverhältnis mit dem Versicherungsnehmer zu begründen und welche die geschuldeten Leistungen persönlich, also ohne Einsatz von eigenen Mitarbeitern, erbringen.

I.d.R. werden Freelancer den angestellten Mitarbeitern gleichgestellt. Das bedeutet, dass die persönliche gesetzliche Haftpflicht der freien Mitarbeiter, soweit sie sich aus Tätigkeiten für den Versicherungsnehmer herleitet, mitversichert ist.

Entsprechend hat sowohl der Versicherungsnehmer Deckungsschutz für Fehler aus Tätigkeiten von freien Mitarbeitern für ihn als auch der freie Mitarbeiter persönlich, sollte eine solche persönliche Haftung (z.B. aus deliktischer Haftung) in Betracht kommen.

Die Versicherungsschutzgewährung für freie Mitarbeiter setzt dann aber voraus, dass die von den freien Mitarbeitern erzielten Honorare zur jährlichen Summenmeldung für die Beitrags-/ Prämienberechnung aufgegeben werden.

Beauftragung selbstständiger Büros als Subunternehmer

Von der versicherungstechnischen Regelung des Einsatzes freier Mitarbeiter ist die Beauftragung selbstständiger Architekturbüros zu unterscheiden, an die Teile der vom Architekten übernommenen Vertragsleistungen im Rahmen eines Werkvertrages weitervergeben werden (z.B. Subplaner).

Diese Büros gehören, von besonders vereinbarten Ausnahmeregelungen abgesehen, nicht zum Kreis der Mitversicherten; sie müssten deshalb eine eigene Berufs-Haftpflichtversicherung abschließen.

Der Unterschied zu freien Mitarbeitern liegt in der Erbringungssituation der Leistung:
Während ein freier Mitarbeiter die vereinbarte Leistung persönlich zu erbringen hat und dafür ggf. auch im Team mit eigenen Angestellten des Versicherungsnehmers agieren muss/kann, ist ein Subunternehmer von der Arbeitsorganisation des Versicherungsnehmers frei.

Der Subunternehmer kann z.B. selbst Subunternehmer mit bestimmten übernommenen Aufgaben beauftragen und hat gegenüber dem Versicherungsnehmer nur die ordnungsgemäße Leistung zu erbringen.

Die Arbeitsleistung des Subunternehmers ist damit im Gegensatz zu der eines freien (ggf. persönlich im Büro des Versicherungsnehmers integrierten) Mitarbeiters klar abgrenzbar.

Im Verhältnis zum Bauherrn ist der Subunternehmer als Erfüllungsgehilfe des Versicherungsnehmers zu betrachten, d.h. der Versicherungsnehmer hat dem Bauherrn gegenüber für ein Verschulden des

Subunternehmers bzw. dessen Mitarbeiter aus dem Architekten-/Ingenieurvertrag heraus einzustehen.

Durch die Mitversicherung dieser Haftung des Versicherungsnehmers wird der Versicherer im Falle eines Schadens, den ein Subplaner zu verantworten hat, zunächst in die Regulierung eintreten, sich dann aber die Ausgaben bei dem verantwortlichen Subplaner bzw. dessen Versicherer im Wege des Regresses wiederholen.

Es handelt sich um die Abwicklung einer sog. „Durchgriffshaftung" des Versicherungsnehmers, dessen Risiko (insbesondere das eines fruchtlosen Regresses) durch den Versicherungsschutz gedeckt ist. Voraussetzung des Versicherungsschutzes ist, dass an den Versicherer ein Beitrag aus der Honorarsumme, welche an das unterbeauftragte selbstständige Büro gezahlt wurde, entrichtet wird.

Hinweis:
Im Sinne des Versicherungsnehmers sollte darauf geachtet werden, dass auch andere Tätigkeiten von dem Subunternehmer ausgeübt werden dürfen, als der Versicherungsnehmer versichert hat.

Damit ist jede Subunternehmerbeauftragung mitversichert, solange diese generell zum Berufsbild des Architekten/Ingenieurs gehört.

Beispiel:
Ein Garten- und Landschaftsarchitekt, der nur diesen Bereich versichert ist, bekommt einen Auftrag, einen großen Park mit vielen Wasserläufen zu planen. Bei der Planung muss der Gala-Architekt mehrere Brücken einbauen, die als Ingenieurbauwerke zu bewerten sind.
Für diese Brückenplanungen hat der Gala-Architekt selbst keine Deckung, so dass er einen Ingenieur mit der Konstruktionsplanung als Subunternehmer beauftragt. Durch den o.g. Hinweis wären dann auch diese Subbeauftragung für den Fall mitversichert, dass der Gala-Architekt für einen Fehler an den Brücken unmittelbar durch seinen Vertragspartner in Anspruch genommen wird.

Einzige Voraussetzung für diesen erweiterten Schutz ist, dass der Subplaner eine für das entsprechende Bauvorhaben ausreichende eigene Berufs-Haftpflichtversicherung vorweisen kann, damit der Regress später sichergestellt ist

Facility Management

Das Facility Management, die Liegenschaftsverwaltung, bezieht sich auf die Verwaltung und Bewirtschaftung eines bestehenden Gebäudes. Das betrifft sowohl die betriebswirtschaftliche als auch die technische Seite. Letztgenanntes ist die Instand- und Aufrechterhaltung der technischen Anlagen eines Gebäudes.

Das Facility Management ist in Deutschland durch die DIN EN 15221-1 genormt worden – inkl. des Anglizismus.

Versichert ist i.d.R. ausschließlich das technische Facility Management, soweit es sich hierbei um Architekten- oder (Bau-)Ingenieurleistungen handelt. Das bedeutet im Umkehrschluss, dass weder das betriebswirtschaftliche noch das „nicht bautechnische" Facility Management gedeckt sind.

Ausgeschlossen vom Versicherungsschutz bleiben zudem Ansprüchen aus der Nichterreichung von wirtschaftlichen Erfolgen, z.B. wenn ein in der Wirtschaftlichkeitsberechnung erwarteter Mietertag nicht erreicht werden kann

Mediation

Im Baubereich hat sich in den letzten Jahren – gerade bei Großprojekten – immer wieder gezeigt, dass eine gerichtliche Auseinandersetzung sehr langwierig und kostenintensiv sein kann. Eine Alternative zu einer gerichtlichen Klärung ist die Mediation. Hier wird vor – oder ggf. während – einer gerichtlichen Klärung der Versuch unternommen, die Parteien unter Leitung eines Mediators, der gleichzeitig Schiedsrichter und neutraler Beobachter ist, zu einer einvernehmlichen Lösung zu führen.

Sollte dies nicht gelingen, verbleibt weiterhin der Rechtsweg.

Hier ist zu prüfen, ob sowohl

- die Teilnahme an der Mediation selbst sowie
- die Regelungen, sollte der Versicherungsnehmer als Mediator tätig werden,

versichert gilt.

Die Mediation ist kein „irgendwie geartetes" Schlichtungsverfahren, „wo man mal miteinander redet", sondern vielmehr ein streng strukturiertes Verfahren zur eigenverantwortlichen Konfliktlösung, das mit Unterstützung eines neutralen Dritten durchgeführt wird. Der neutrale Dritte, der Mediator, soll die Konfliktparteien hin zu einer sachorientierten Kommunikation und Eigenbewältigung miteinander führen.

Das vorrangige Ziel der Mediation ist hierbei weniger die Aufklärung eines in der Vergangenheit liegenden Sachverhaltes, sondern die Lösung der Konfliktsituation mit Blick auf die Zukunft der Beteiligten. Architekten und Ingenieure werden oft von Ihren Auftraggebern durch vorgegebene Verträge mehr oder weniger gezwungen, sich im Streitfall generell einer Mediation zu unterwerfen.

Diese soll zwar vom Prinzip her Unstimmigkeiten zwischen den Beteiligten lösen und keine Verantwortungszuordnung vornehmen, wird aber meist für alles vorgesehen, d.h. inkl. möglicher geltend gemachter Schadenersatzansprüche für die ggf. Deckungsschutz aus der Berufs-Haftpflichtversicherung besteht.

Gutachter, Sachverständige

Die ebenfalls erbrachte (!) Tätigkeit eines Versicherungsnehmers als Gutachter /Sachverständiger (also ein Architekt erstellt auch mal ein Gutachten) ist grundsätzlich vom Deckungsumfang mit umfasst, sofern sie im Fachgebiet des versicherten Berufsbildes liegt.

Wichtig:
Für den Fall, dass ausschließlich Gutachter- und Sachverständigenleistungen tariflich vereinbart wurden, ist dies auch als versichertes Berufsbild zu berücksichtigen.

Versichert sind u.a.:

- die gutachterliche Beurteilung bestehender Verhältnisse als Privatgutachter (z.B. Bewertungen, Beschaffenheits- und Eigenschaftsuntersuchungen, Schadenermittlungen, gutachterliche Stellungnahmen zu behaupteten Mängeln und Fehlern);

- die Tätigkeit als Gerichts- und Schiedsgutachter, Schiedsrichter oder Sachverständiger eines Schiedsgerichts;

- die Tätigkeit als beratender Sachverständiger für Empfehlungen, Anregungen, Beratungen, Vorschläge sowie sonstige Folgerungen aus den erstatteten Gutachten;

- Sanierungs- und Projektierungsgutachten;

- Ansprüche wegen Vermögensschäden aus fehlerhaften Wertermittlungen.

Zur Klarstellung sollten Wordings den Hinweis beinhalten, dass auch die Haftung nach § 839a BGB (die Haftung des gerichtlich bestellten Sachverständigen) umfasst ist, sofern dem Versicherungsnehmer kein Vorsatz vorgeworfen wird.
Diese Passage ist nötig, da in der juristischen Fachwelt teilweise die Auffassung herrscht, dass ein Anspruch nach § 839a BGB öffentlich-rechtlicher Natur sei und somit nicht unter die Versicherungsfalldefinition fallen würde.

Immer wieder müssen Sachverständige/Gutachter Bauteilöffnungen vornehmen, um die betreffenden Stellen überhaupt in Augenschein nehmen zu können.

Dies kann sowohl bei einem Privatgutachten als auch bei einem gerichtlich bestellten Gutachten der Fall sein. Unabhängig von der Frage, ob ein vom Gericht bestellter Sachverständiger für die Erstellung seines Gutachtens zur Vornahme notwendiger Bauteilöffnungen (entweder durch den Versicherungsnehmer oder durch eine Fachfirma) überhaupt verpflichtet ist, sollte für den insoweit tätigen Versicherungsnehmer sichergestellt sein, dass er für den Fall der Fälle Deckungsschutz hat.

Beispiel:
Ein Versicherungsnehmer soll als Gutachter eine Fensterabdichtung überprüfen. Hierzu muss er einen Teil der Abdichtung öffnen. Dabei kommt es aus Unachtsamkeit zu einem Schaden am Fensterglas, weil dem Versicherungsnehmer das Werkzeug abgerutscht ist. Der Schaden wäre entsprechend versichert.

Wichtig:
Hier ist aber trotzdem Vorsicht zu walten, weil zwar das Öffnen eines Bauteils mitversichert ist, nicht aber das ordnungsgemäße Wiederverschließen.

Sicherheits- und Gesundheitskoordinator

Die Tätigkeit als Sicherheits- und Gesundheitsschutzkoordinator, kurz SiGe-Koordinator oder schlicht nur SiGeKo, gemäß Baustellenverordnung ist i.d.R. ein mitgedecktes Risiko.

Der SiGeKo hat den Bauherrn und die sonstigen am Bau Beteiligten bei ihrer Zusammenarbeit hinsichtlich der Einbindung von Sicherheit und Gesundheitsschutz sowohl während der Planung der Ausführung als auch während der Ausführung des Bauvorhabens zu unterstützen.

Seine Tätigkeit dient dem ungestörten Bauablauf.

Die Haftung des SiGeKo richtet sich nach:

• dem Inhalt seines (Koordinations-)Vertrages sowie

• den §§ 823 ff. BGB, ohne dadurch die anderen Baubeteiligten von ihrer Haftung im Bereich der Unfallverhütungsvorschriften oder Verkehrssicherungspflichten zu befreien.

Der SiGeKo ist aber weder nach dem ArbSchG noch nach der BaustellenV weisungsbefugt.
Er kann sich jedoch vertraglich mit einer Weisungsbefugnis ausstatten lassen.

Seine Koordinierungsmaßnahmen beschränken sich auf Hinweise an die Baubeteiligten bei Abweichungen zum Sicherheits- und Gesundheitsschutzplan (den er mit aufstellen muss), es sei denn, dass eine konkrete Gefährdung besteht – in diesem Fall ist ein Eingreifen des SiGeKo unerlässlich.

Der Vertrag zwischen dem SiGeKo und seinem Auftraggeber hat drittschützende Wirkung und bezieht somit z.B. die Mitarbeiter des Auftraggebers in den Schutzbereich mit ein.

Hinweis:
Wegen der strafrechtlichen Risiken, die mit der Tätigkeit als SiGeKo verbunden sind, ist es zur Komplettierung des Versicherungsschutzes wichtig, dass auch ein Straf-Rechtsschutz enthalten ist.

Beispiel:
Im Rahmen von Brückenbauarbeiten besichtigt eine Mitarbeiterin des Auftraggebers nach einer Baubesprechung den Baufortschritt. Hierbei stürzt sie von einer Leiter, die mit einem Hanfseil angebunden war. Das Seil war aufgrund von Witterungseinflüssen und dem häufigen Gebrauch verschlissen und gerissen. Sowohl der Auftragnehmer als auch der SiGeko haften für den eingetretenen Schaden.
Der Auftragnehmer hat insoweit die vertragliche Nebenpflicht, seinen Auftraggeber vor Schaden zu bewahren. Bedient er sich eines Nachunternehmers (SiGeKo) zur Erfüllung dieser Pflicht, haftet er auch für dessen Verschulden. Dem SiGeKo hätte (genau wie dem Auftragnehmer) der gefährliche Zustand des Seils auffallen müssen. Da sein Vertrag mit dem Auftragnehmer ein Vertrag mit Schutzwirkung zugunsten Dritter ist, haftet er der Geschädigten unmittelbar.
[OLG Celle, Urteil v. 03.03.2004, 9 U 208/03 – BGH, Beschluss v. 21.07.2005, VII ZR 67/04]

Hier kommen sowohl zivilrechtliche Ansprüche der Geschädigten als auch strafrechtliche Aspekte (fahrlässige Körperverletzung) zum Tragen, für die der SiGeKo in der Verantwortung stehen kann.

Für erstgenanntes besteht grundsätzlich Deckungsschutz, für letztgenanntes dann hoffentlich Strafrechtsschutz.

Fachkräfte für Arbeitssicherheit / Sicherheitsingenieure

Das sind die verantwortlichen Personen für die Einhaltung aller betrieblichen Sicherheitsvorschriften im Bereich Arbeitssicherheit und Arbeitsschutz.

Hierzu gehört vor allem die Überwachung der gesetzlichen Anforderungen im Betrieb aber auch Gefährdungsbeurteilungen oder die Schulung und Instruktion von Mitarbeitern zu richtigem Verhalten bei der Gefahrenabwehr, zur Arbeitssicherheit und zum Gesundheitsschutz.

Diese Aufgaben werden für gewöhnlich von Mitarbeitern aus dem Betrieb selbst übernommen.

Allerdings gibt es auch die Möglichkeit, dass ein Betrieb durch die Beauftragung eines externen Sicherheitsingenieurs die Anforderungen erfüllt.

Energieberatung

Die Frage, was unter den versicherten Bereich „Energieberatung" fällt, muss zunächst anhand der damit verbundenen möglichen Aufgabenstellungen im Zusammenhang mit dem versicherten Tätigkeitsfeld differenziert werden.

In der Regel gilt die reine Energieberatung versichert.

Eine solche reine Energieberatung (die von der Qualifikation nicht unbedingt ein Architektur- bzw. Ingenieurstudium benötigt) ist deckungsseitig enumerativ aufgeführt.

Versicherbar sind i.d.R.

- berechtigter Energieberater und Aussteller von Energieausweisen gemäß Gebäudeenergiegesetz (GEG);

- staatlich anerkannter bzw. zugelassener Energieberater (z.B. HWK, IHK, BAFA);

- zugelassener oder zertifizierter Aussteller von Energieausweisen sowie

- dazu nötige Beratungsleistungen zur Steigerung der Energieeffizienz

Es sind ausschließlich Vermögensschäden aus der Durchführung von Energiesparberatungen, der Erstellung von Energieausweisen oder der Abgabe von Empfehlungen für die Verbesserung der Energieeffizienz (Modernisierungsempfehlungen), d.h. reine Beratungstätigkeiten.

Hinweis:
Auch wenn das GEG in § 79 Abs. 1 klarstellt, dass der Energieausweis lediglich der Information dient, kann ein mangelhaft erstellter Energieausweis, der auf einer fehlerhaften Begutachtung und Bewertung des Gebäudes basiert, Schadensersatzansprüche des Auftraggebers wegen etwaiger Vermögensschäden nach sich ziehen.

Nicht unter die Deckung fallen hingegen alle Planungs- oder Bauüberwachungsleistungen im Zusammenhang mit den Empfehlungen oder Beratungen, z.B. die Erstellung von wärmeschutzbezogenen Planungen und Nachweisen unter Berücksichtigung der gesetzlichen Vorgaben.

Gleiches gilt für die Einbindung von Wärmetausch- oder Photothermieanlagen. Diese sind den Architektur- bzw. Ingenieurleistungen zuzuordnen.

Fördermittelberatung und -beantragung

Nicht nur im Bereich der Energieeffizienz/-Steigerung, sondern generell im Bereich der Modernisierung oder Nachhaltigkeitsentwicklung gibt es mannigfaltige Fördermittel von meist staatlicher Seite.

Aber nicht nur in diesen Bereichen, sondern auch in der Strukturentwicklung gibt es Fördertöpfe, die von potenziellen Bauherren zur Finanzierung herangezogen werden können. Die Beratung über solche Fördermittelmöglichkeiten gehört generell zum Berufsbild des Architekten/Ingenieurs und ist damit auch grundsätzlich mit vom Versicherungsschutz abgesichert.

In der HOAI ist bei den Besonderen Leistungen bzw. auch die Mitwirkung von Kredit- und Fördermittelbeschaffung aufgeführt. Allerdings besteht Deckung nur so weit auch die Planungsleistung, auf deren Resultat sich die Förderung bezieht, vom vereinbarten Deckungsumfang umfasst ist. Während dies bei einer uneingeschränkten Versicherung als Architekt /Ingenieur meist unproblematisch ist, gilt für den Fall der nur eingeschränkten Deckung hier besondere Vorsicht.

> Wenn z.B. tariflich Deckung nur für Innenarchitekturleistungen vereinbart ist, dann gilt der Bereich der Beratung für Fördermittel auch nur dann als mitgedeckt, wenn sich diese Förderung auf die Innenarchitekturleistungen beschränkt.

Noch kritischer wird es, sofern z.B. nur Gutachter-/Sachverständigenleistungen oder die Energieberatung vereinbart sind. Da sich diese Tätigkeiten rein auf Beratungen und nicht auf Planungen beschränken, kann auch die Fördermittelbeantragung nicht auf einer Planung basieren und ist damit nur dann grundsätzlich mitversichert, wenn sich aus der Aufgabenstellung eine unmittelbare Nebenpflicht zur Beratung von Fördermitteln ergeben kann.

Dies wird bei reinen Gutachtern/Sachverständigen selten der Fall sein, bei Energieberatern sind Förderungen aber generell mit im Fokus und der Energieberater hat seinen Auftraggeber auch auf mögliche in dem Zusammenhang bestehende Fördermöglichkeiten hinzuweisen.

Fördermittelbeantragung

Strittiger bzgl. der Deckung ist, ob neben der Beratung auch die Beantragung von Fördermitteln selbst für den Auftraggeber vom Berufsbild und damit von der Deckung umfasst ist. Die HOAI spricht in dem Zusammenhang nur von Mitwirkung, was erst einmal dazu führt, dass die Beantragung selbst nicht mit umfasst ist, sondern nur die Zuarbeit zu dieser.

Allerdings würde eine solche sehr enge Auslegung der Realität nicht entsprechen, weil gerade auf Bundesebene Förderprogramme existieren, bei denen ein registrierter und berechtigter Planer alle Angaben für den Auftraggeber über entsprechende Portale vorzunehmen und zu bestätigen hat.

Green Building – Nachhaltiges Bauen und Umweltbaubegleitung

Nachhaltigkeit

Der entsprechende Auditor begleitet ein Bauvorhaben und bestätigt nachher innerhalb der Vorgaben eines bestimmten Verfahrens, welche „Güteklasse" das Bauvorhaben in Bezug auf Nachhaltigkeit /Energieeffizienz hat.

Hierfür haben sich national und vor allem international verschiedene Standards entwickelt, von denen nach den gängigen Wordings vier als von vornherein mit abgesichert gelten:

- DGNB (Deutsche Gesellschaft für Nachhaltiges Bauen e.V.),
- LEED (Leadership in Energy and Environmental Design),
- BREEAM (Building Research Establishment Environmental Assessment Methodology),
- HQE (Haute Qualité Environnementale).

Die DGNB – als deutscher Standard – vergibt nach einem standardisierten Bewertungsprozess für Gebäude eine Klasseneinstufung in den Medaillenfarben Gold, Silber und Bronze, je nachdem, wie nachhaltig das Gebäude dasteht. Allerdings wird auch in Deutschland gerade im Hinblick auf Investorenmodelle häufig das amerikanische LEED-System gefordert; das britische BREEAM oder das französische HQE kommen hingegen eher selten zum Zuge.

Wichtig zu beachten ist, dass andere Auditorentätigkeiten erst einmal nicht automatisch vom Deckungsschutz umfasst sind.

Eine allgemeine Erweiterung des Deckungsumfanges auf alle (weltweiten) Auditorentätigkeiten ohne Rücksicht auf die dahinterstehenden Systeme konnte aus Risikogesichtspunkten nicht in die Wordings per se aufgenommen werden.

Umweltbaubegleitung

Relativ jung ist die Tätigkeit der Umweltbaubegleitung.

Grundsätzlich ist die Umweltbaubegleitung dann gefragt, wenn der Bauablauf selbst nicht nur zu vernachlässigende Einwirkungen auf die Umwelt hat, sei es durch den Baugrund, die Logistik, die Flächennutzung, die Wasserhaltung oder sonst Relevantes.

Hier ist vornehmlich mit Garten- und Landschaftsarchitekten als Zielgruppe zu rechnen, da die Umweltbaubegleitung gemeinhin als Erweiterung eben dieser architektonischen Zielrichtungen angesehen wird.

BIM-Manager

Innerhalb des versicherten Berufsbildes kann auch die Funktion des sog. BIM-Managers mitversichert sein, so dass nach wie vor ureigene Bauherrenaufgaben oder sonstige über das Berufsbild hinausgehende Tätigkeiten deckungskritisch zu sehen sind. Diese Deckung gilt zudem nur, sofern die berufliche Tätigkeit nicht deckungsseitig eingeschränkt ist, z.B. wenn nur die Sachverständigentätigkeit zum entsprechenden Tarif vereinbart ist.

Ein BIM-Manager ist eine Fachkraft, die für die Implementierung, Koordination und Verwaltung von Building Information Modeling (BIM) in Bauprojekten oder Bauunternehmen verantwortlich ist.

BIM ist eine fortschrittliche Methode des digitalen Planens, Bauens und Verwalten von Gebäuden und Infrastrukturen, die auf einem digitalen Modell basiert, das umfassende Informationen über ein Bauprojekt enthält.

Die Aufgaben eines BIM-Managers können je nach den Anforderungen des Projekts und der Organisation variieren, aber sie umfassen in der Regel folgende Bereiche:

1. Implementierung von BIM: Der BIM-Manager ist dafür verantwortlich, BIM in das Unternehmen oder das Bauprojekt zu implementieren. Dies umfasst die Festlegung von Strategien, Richtlinien und Standards für die Verwendung von BIM sowie die Auswahl und Einführung von BIM-Software und -Werkzeugen.

2. Koordination und Zusammenarbeit: Der BIM-Manager koordiniert die Zusammenarbeit zwischen den verschiedenen Projektbeteiligten, einschließlich Architekten, Ingenieuren, Bauunternehmern und anderen Fachleuten. Er stellt sicher, dass alle Projektinformationen in das BIM-Modell integriert werden und dass die Kommunikation und Koordination reibungslos verläuft.

3. Qualitätssicherung: Der BIM-Manager überwacht die Qualität der BIM-Modelle und -Daten, um sicherzustellen, dass sie genau, konsistent und aktuell sind. Er entwickelt und implementiert Qualitätskontrollverfahren und überprüft die Einhaltung der vereinbarten Standards und Richtlinien.

4. Schulung und Unterstützung: Der BIM-Manager bietet Schulungen und Unterstützung für Mitarbeiter und Projektbeteiligte an, um sicherzustellen, dass sie die BIM-Software und -Prozesse effektiv nutzen können. Er fungiert als Ansprechpartner für Fragen und Probleme im Zusammenhang mit BIM und bietet Unterstützung bei technischen Herausforderungen.

5. Fortentwicklung und Innovation: Der BIM-Manager hält sich über die neuesten Entwicklungen und Trends im Bereich BIM auf dem Laufenden und fördert die kontinuierliche Weiterentwicklung und Innovation in der Anwendung von BIM im Unternehmen oder im Bauprojekt.

Insgesamt spielt der BIM-Manager eine entscheidende Rolle bei der erfolgreichen Implementierung und Nutzung von BIM in Bauprojekten und -unternehmen, indem er für eine effiziente Nutzung der Technologie sorgt und die Zusammenarbeit und Kommunikation zwischen den Projektbeteiligten verbessert.

Zusammengefasst kann man sagen, dass Building Information Modeling (BIM) der Oberbegriff für eine Computer-CAD basierte Zusammenführung von Planungen, Vorgaben, zukünftige Betriebsabläufen u.ä. in ein einheitliches 3D-Modell ist, auf das dann alle Baubeteiligten zurückgreifen können. Das heißt, dass BIM keine reine Software-Lösung ist, sondern eine Anwendungsmethode, die sich einer auf Integration basierenden EDV-Lösung bedient.

Generell gilt, dass die Berufs-Haftpflichtversicherung für Architekten und Ingenieure methodenneutral ist, d.h. es ist grundsätzlich egal, auf welche Art und Weise die übertragene Aufgabe erledigt wird.

Für die Berufs-Haftpflichtversicherung ist es daher irrelevant, ob ein Versicherungsnehmer seine Planungen per Hand, in 2D oder eben in bis zu 5D mit der BIM-Methode ausführt. Insofern ergeben sich deckungsrechtlich für einen Versicherungsnehmer, der mit BIM arbeitet, keine Besonderheiten: Das Ergebnis der Planung ist und bleibt versichert.

BIM soll im Idealfall ein Bauwerk den gesamten Lebenszyklus begleiten, d.h. dass die eigentliche Planung und Umsetzung der Planung in einem Bauwerk nur einen geringen Teil der „Lebensdauer“ des BIM-Modells ausmacht, da dieses zum einen bereits im Planungsstadium die Bewirtschaftungs- und Instandhaltungskosten berücksichtigen kann, zum anderen aber nach Abschluss der Bauarbeiten vom Facility Management genutzt werden sollte.

Durch eine bereits im Planungsstadium erfolgende Berücksichtigung der Bewirtschaftungskosten können im Idealfall so von vornherein erhebliche Einsparpotentiale auf den gesamten Lebenszyklus eines Gebäudes realisiert werden. Um dieses 3D-Modell zu erstellen, braucht es Koordinationsstellen, die alle Planungen rechtzeitig zusammenführen und sicherstellen, dass auf der BIM-Plattform nicht nur die benötigten Daten der Beteiligten liegen, sondern es den Beteiligten EDV-mäßig auch möglich ist, darauf zurückzugreifen.

Diese Koordinationsstellen werden durch die BIM-Koordinatoren und das BIM-Management ausgefüllt. Da allerdings nicht abschließend definiert ist, was unter diese Begriffe jeweils an Pflichten zu fassen ist, kann aus Sicht des Versicherungsschutzes nicht pauschal von einer Deckung dieser „Berufs“-Begriffe ausgegangen werden.

Stattdessen müssen im Einzelnen die übernommenen Leistungen angeschaut werden. Generell sind alle Leistungen, die zum Berufsbild des Architekten oder Ingenieurs gehören, immer auch vom Deckungsschutz umfasst – unabhängig davon, ob diese im Rahmen eines BIM-Projektes ausgeführt werden oder nicht.

Unter diesem Aspekt können dann auch die Tätigkeiten des BIM-Koordinators und des BIM-Managers unter den Deckungsschutz eingeordnet werden – oder im Falle einer Überschreitung des Berufsbildes auch nicht. Dabei ist zu beachten, dass es – gerade im Bereich des BIM-Managements – auch vorkommen kann, dass eben nur Teilbereiche unter das Berufsbild und damit in die originäre Deckung aus der Berufs-Haftpflichtversicherung fallen.

Neben dem BIM-Manager gibt es auch noch den BIM-Koordinator.

Die Unterscheidung ist in der Praxis nicht leicht, da diese Tätigkeiten nicht abschließend definiert sind. Hier kommt es auf den jeweilig dahinterstehenden Leistungsauftrag, der individuell verabredet und definiert wird, an.
Ein guter Anhaltspunkt hierfür ist das AHO-Heft Nr. 11 „Leistungen Building Information Modeling – Die BIM-Methode im Planungsprozess der HOAI. Der BIM-Koordinator ist danach für die tatsächliche Umsetzung der festgesetzten BIM-Ziele verantwortlich. Er ist derjenige, der die einzelnen Teilmodelle der Fachplaner koordiniert und in ein Gesamtmodell zusammenführt. Insoweit zählen die Modellierung, Dokumentation, Qualitätsprüfungen und Datenkoordination zu seinen Aufgabenbereichen.
Wichtig ist, dass dabei eine eigene Planungsleistung erbracht wird: Die reine technische Zusammenführung verschiedener Teilmodelle zum Gesamtmodell würde allein eine ausschließliche Software-Anwendung darstellen, jedoch ist die Zusammenführungsverantwortung des BIM-Koordinators mehr, da sie nicht nur das IT-technische, sondern auch die Überprüfung gerade im Hinblick auf Kollisionen zwischen den Teilmodellen beinhaltet.

Diese Bewertung und Differenzierung kann nur mit entsprechender planungstechnischer Kompetenz vorgenommen werden und damit insbesondere nicht allein von IT-Anwendern.

Weiterhin stellt die o. g. Erschaffung des Gesamtmodells ein neu geschaffenes Werk dar, für das der BIM-Koordinator die Verantwortung trägt. Daher haftet er, im Gegensatz zu den Teilplanern, gegenüber dem Auftraggeber für die Integrität und Verwendbarkeit des BIM-Modells und der zugrunde liegenden Daten insgesamt.

Die Tätigkeit als BIM-Manager enthält im Wesentlichen dieselben Aufgabenbereiche wie bei der Tätigkeit als Projektsteuerer, d.h. er trägt die Verantwortung für den Projekterfolg und ist damit zuständig für die Festlegung der BIM-Ziele sowie für deren Einhaltung und Kontrolle.

Das bedeutet aber auch, dass der BIM-Manager nicht auf der Planungsseite, sondern auf der Seite des Bauherrn steht: Er ist zentraler Ansprechpartner für den Auftraggeber (Bauherr) sowie für sämtliche Projektbeteiligte. Hierzu sollte der BIM-Manager umfassende Kenntnisse über die Methode haben, um den Auftraggeber (Bauherr) in der Projektvorbereitungsphase umfassend über den Planungsprozess sowie über mögliche Änderungen und den damit verbundenen zeitlichen Aspekten und Kosten zu beraten.

Da das Leistungsbild des BIM-Managers sehr vielfältig sein kann, kommt es auf die konkrete Anforderung an, ob die Leistungen unter das Berufsbild des Architekten oder Ingenieurs zu fassen sind. Eine beratende Tätigkeit für den Bauherrn, welche Anforderungen an die Planer und Bauunternehmen im Zuge der Arbeit mit BIM gestellt werden müssen, ist auf fachlicher Ebene unter das Berufsbild zu subsumieren.

Ebenso verhält es sich bei der Frage der Tätigkeit hinsichtlich einer Zusammenführung einzelner Module: Übernimmt der BIM-Manager vertraglich eine Haftung eines anderen Beteiligten, würde es sich ggf. um einen vertraglichen und nicht gesetzlichen Haftungstatbestand handeln, der nicht unter den Versicherungsschutz fällt. Wenn der Architekt /Ingenieur als BIM-Manager aber im Rahmen seiner Beauftragung unter Zuhilfenahme einer Software einzelne Leistungsbestandteile zusammenführt und koordiniert und es dabei rein auf seine fachliche Expertise ankommt und nicht auf eine IT-Professionalität, wird dies i.d.R. vom Deckungsschutz umfasst.

Wer kann alles eine „Planungsdeckung" erhalten?

- Architekten
- Architekten für Orts-, Regional- und Stadtplanung

- Bachelor of Engineering (B. Eng.)
- Bauingenieure
- Bausachverständige, baufachliche Gutachter
- Bausachverständige, baufachliche Gutachter mit Übernahme von Planungsleistungen zur Baumängelbeseitigung oder im Zusammenhang mit Modernisierungs- und Sanierungsmaßnahmen

- Energieberater

- Garten- und Landschaftsarchitekten
- Generalplaner
- Geologen

- Ingenieur-/Gutachterleistungen im Umweltbereich
- Ingenieure der allgemeinen Elektrotechnik
- Ingenieure für Bergbau/Geologie
- Ingenieure für technische Gebäudeausrüstung
- Ingenieure im Anlagenbau
- Ingenieure im Erd- und Grundbau
- Ingenieure im Fachbereich Bauphysik, -chemie und -biologie
- Ingenieure im Fachbereich Schallschutz und Raumakustik
- Ingenieure im Maschinenbau
- Ingenieure im Vermessungswesen
- Ingenieure mit überwiegend wissenschaftlicher Arbeit
- Innenarchitekten

- Master of Engineering

- Nachweisberechtigte für bautechnische Nachweise (Standsicherheit, vorbeugenden Brandschutz, Schall- und Wärmeschutz)

– Projektsteuerer/Projektcontroller
– Prüfingenieur
– Prüfsachverständige für die Prüfung technischer Anlagen und Einrichtungen
– Prüfsachverständige für Erd- und Grundbau

– Sachverständige/Gutachter für EDV-Technik und Elektronik
– Sachverständige/Gutachter für Energiewirtschaft
– Sachverständige/Gutachter für Garten- und Landschaftsbau
– Sachverständige/Gutachter für Gewässer- und Immissionsschutz
– Sachverständige/Gutachter für Haus- und Gebäudetechnik
– Sachverständige/Gutachter für Haus- und Grundstücksbewertungen
– Sachverständige/Gutachter für Maschinen-, Anlagen-, Fahrzeugbau
– Sachverständige/Gutachter für Umweltanlagen
– Sachverständige/Gutachter für Werkstofftechnik
– Sachverständige/Gutachter im Sachgebiet Boden- und Baugrunduntersuchung
– Sicherheitsingenieure und Fachkräfte/Sicherheitsingenieure für Arbeitssicherheit
– staatlich anerkannte Gebäudeenergieberater
– staatlich anerkannte Sachverständige für die Prüfung bautechnischer Nachweise (Standsicherheit, Brand-, Schall- und Wärmeschutz)
– Statiker/Tragwerksplaner
– staatlich anerkannte Sachverständige für Erd- und Grundbau
– staatlich geprüfte Bautechniker im Schwerpunktbereich Baustatik
– staatlich geprüfte Bautechniker im Schwerpunktbereich Haustechnik
– staatlich geprüfte Bautechniker im Schwerpunktbereich Hochbau / Tiefbau / Stahlbetonbau
– staatlich geprüfte Maschinenbautechniker

Berufsbilder detailliert betrachtet

Beratender Ingenieur

Der versicherbare „Beratende Ingenieur“ ist immer freiberuflich tätig.

Er gehört als Pflichtmitglied der Ingenieurkammer des Bundeslandes an, in dem er tätig ist.
Er führt den gesetzlich geschützten Titel „Beratender Ingenieur“ in Verbindung mit seinem Namen.

Beratende Ingenieure sind bauvorlageberechtigte Entwurfsverfasser auf der gesetzlichen Grundlage der jeweiligen Landesbauordnung (LBO).

Leistungen I

- Hilfe bei der Grundstücksbeschaffung und -bewertung
- Vermessung des Grundstücks
- Baugrunduntersuchung und -gutachten
- Konzeptionen für die Lösung der Bauaufgabe
- Finanzierungs- und Steuerhinweise
- Erarbeitung der Vorplanung
- Erarbeitung der Entwurfsplanung
- Erarbeitung der Genehmigungsplanung

Leistungen II

- Erstellung der Tragwerksplanung
- Prüfung von Sicherheit und bauordnungsrechtlich geforderten Nachweisen
- Erstellung der Ausführungsplanung
- Planung der technischen Gebäudeausrüstung
- Vergabe von Bauleistungen
- Bauüberwachung, Objektbetreuung, Dokumentation und Abnahme
- Erstellen von Gutachten
- Fachgerechte Sanierung und Modernisierung

Innenarchitekten

Diese stets im „Inneren" tätigen Architekten...

- setzen Anforderungen durch kreative Planung und Gestaltung von Lebensraum um,
- verfügen über Bauvorlageberechtigung für Baugenehmigungsverfahren,
- müssen ein abgeschlossenes Hochschulstudium und Praxiserfahrung haben und in der Architektenliste eingetragen sein.

Die Honorierung erfolgt in der Regel nach HOAI.

Tätigkeitsfelder:

- Privater Wohnungsbau
- Verwaltungsbau oder Möbeldesign
- Neu- und Umbauten
- Restaurierung
- Planung und Gestaltung von Räumen

Neben allgemeinen planerischen und überwachenden Tätigkeiten ergänzen Innenarchitekten häufig ihr Leistungsangebot mit ähnlichen und angrenzenden Berufen und Branchen:

- Beratende Tätigkeiten (Wohnberatung, ökologische und baubiologische Beratung)
- Denkmalpflege
- Fachplanungen (z.B. Lichtplanung)
- Facility-Management
- Sicherheits- und Gesundheitskoordinator
- Sachverständigentätigkeit

Für diese Tätigkeiten besteht zunächst kein Versicherungsschutz (ggf. Erweiterung).

Abgrenzung Architekt und Innenarchitekt

Innenarchitekten und Architekten haben zwar einige Überlappungen in ihren Aufgabenbereichen, aber es gibt auch wichtige Unterschiede in ihren Zuständigkeiten und Schwerpunkten:

1. Aufgabenbereich:
   - Architekten: Architekten sind hauptsächlich für das Design und die Planung von Gebäuden und anderen Strukturen im Freien verantwortlich. Dies umfasst die Gestaltung von Grundrissen, Fassaden, Struktur, Gebäudehülle, und die Berücksichtigung von Bauregulierungen und Konstruktionsstandards.
   - Innenarchitekten: Innenarchitekten konzentrieren sich auf die Gestaltung und Planung von Innenräumen. Sie sind spezialisiert auf die Raumgestaltung, Möblierung, Beleuchtung, Farben und Materialien, um eine angenehme und funktionale Umgebung zu schaffen.

2. Ausbildung und Lizenzierung:
   - Architekten: Architekten haben in der Regel einen Abschluss in Architektur und müssen in vielen Ländern eine Lizenz erwerben, um als Architekt arbeiten zu können. Die Lizenzierung erfordert oft umfangreiche Berufserfahrung und das Bestehen einer Prüfung.
   - Innenarchitekten: Innenarchitekten haben typischerweise einen Abschluss in Innenarchitektur oder einem verwandten Fachgebiet. In einigen Regionen können sie ebenfalls eine Lizenz oder Zertifizierung benötigen, um als Innenarchitekt tätig zu sein, obwohl die Anforderungen je nach Land oder Region variieren können.

3. Fokus und Perspektive:
   - Architekten: Architekten betrachten ein Gebäude als Ganzes und berücksichtigen sowohl die äußere Erscheinung als auch die funktionalen Anforderungen des Gebäudes. Sie arbeiten oft eng mit Bauingenieuren und anderen Fachleuten zusammen, um sicherzustellen, dass das Gebäude sicher und effizient ist.
   - Innenarchitekten: Innenarchitekten konzentrieren sich auf die spezifischen Anforderungen und Bedürfnisse der Innenräume und deren Nutzung. Sie arbeiten mit individuellen Kunden oder Unternehmen zusammen, um Innenräume zu gestalten, die den ästhetischen und funktionalen Anforderungen entsprechen.

Obwohl Architekten und Innenarchitekten unterschiedliche Schwerpunkte haben, können sie in vielen Fällen zusammenarbeiten, insbesondere bei der Gestaltung von Gebäuden, bei denen sowohl die äußere Gestaltung als auch das Innenraumdesign wichtig sind.

In solchen Fällen kann eine enge Zusammenarbeit zwischen Architekten und Innenarchitekten dazu beitragen, ein integriertes und ansprechendes Gesamtkonzept zu entwickeln.

Der Innenraum eines Gebäudes bezeichnet den Bereich innerhalb der Gebäudehülle, der für die Nutzung und den Aufenthalt von Menschen bestimmt ist. Er umfasst alle Innenräume, die für verschiedene Zwecke genutzt werden, einschließlich Wohn-, Arbeits-, Freizeit-, Handels- und öffentliche Räume.

Der Innenraum eines Gebäudes kann je nach Gebäudetyp und -funktion unterschiedliche Merkmale aufweisen, aber im Allgemeinen umfasst er Folgendes:

1. Wohnräume: Dies umfasst Schlafzimmer, Wohnzimmer, Küchen, Badezimmer, Essbereiche und andere Räume, die für das Wohnen und Leben von Personen vorgesehen sind.

2. Arbeitsräume: Dazu gehören Büros, Besprechungsräume, Arbeitsbereiche und andere Räume, die für berufliche Tätigkeiten genutzt werden.

3. Öffentliche Räume: Dies sind Räume, die für die Nutzung durch die Öffentlichkeit vorgesehen sind, wie Eingangshallen, Empfangsbereiche, Warteräume, Flure und Gemeinschaftsbereiche in Wohngebäuden.

4. Handelsräume: Dies sind Räume, die für kommerzielle Zwecke genutzt werden, wie Geschäfte, Restaurants, Cafés, Hotels, Fitnessstudios und andere Einrichtungen.

5. Freizeiträume: Dazu gehören Räume für Freizeitaktivitäten und Unterhaltung, wie Kinos, Spielhallen, Sporteinrichtungen, Bars und Clubs.

Der Innenraum eines Gebäudes umfasst nicht nur die physische Struktur und Ausstattung der Räume, sondern auch die Gestaltungselemente wie Möbel, Beleuchtung, Farben, Materialien und Dekorationen, die den Raum funktional und ästhetisch ansprechend machen.

Innenarchitekten können auch Fenster planen, obwohl ihre Hauptaufgabe normalerweise in der Gestaltung und Planung der Innenräume liegt. Fenster spielen jedoch eine wichtige Rolle bei der Gestaltung von Innenräumen, da sie Licht hereinlassen, die Belüftung ermöglichen und einen Einfluss auf die ästhetische Gestaltung haben. Bei der Planung von Fenstern berücksichtigen Innenarchitekten verschiedene Faktoren, um sicherzustellen, dass die Fenster die Bedürfnisse und Anforderungen der Nutzer erfüllen und gleichzeitig die ästhetische Vision des Innenraums unterstützen.

Dazu gehören:

1. Licht und Sicht: Innenarchitekten berücksichtigen die Positionierung der Fenster, um maximales Tageslicht in den Raum zu lassen und gleichzeitig die Sicht nach draußen zu optimieren. Sie können auch die Größe und Form der Fenster entsprechend der Ausrichtung des Gebäudes und der angrenzenden Umgebung anpassen.

2. Belüftung und Luftzirkulation: Fenster dienen auch der Belüftung und Luftzirkulation in Innenräumen. Innenarchitekten können die Platzierung und Anzahl der Fenster so planen, dass eine gute Luftzirkulation gewährleistet ist und gleichzeitig die Privatsphäre und Sicherheit der Bewohner berücksichtigt werden.

3. Stil und Ästhetik: Fenster tragen wesentlich zum ästhetischen Erscheinungsbild eines Raumes bei. Innenarchitekten können Fenster so gestalten, dass sie zum Gesamtstil und zur Atmosphäre des Raumes passen. Dies umfasst die Auswahl von Fensterrahmen, Verglasungstypen, Beschlägen und anderen gestalterischen Details.

4. Funktionale Anforderungen: Innenarchitekten müssen auch die funktionalen Anforderungen der Fenster berücksichtigen, wie z.B. Schallschutz, Wärmedämmung und Sicherheit. Sie können entsprechende Fensterlösungen auswählen, die den spezifischen Anforderungen des Projekts entsprechen.

Garten- und Landschaftsarchitekten

Ein GaLa-Architekt ist verantwortlich für Konzepte und Planungen zur:

1. Erhaltung und Entwicklung von Natur und Landschaft

- Umweltverträglichkeitsstudien zur Standortfindung
- Biotopenentwicklungskonzepte
- Kartierungen in Natur und Landschaft
- Planungen für Landschaftsschutzgebiete

2. Raumordnung und Siedlungsentwicklung

- Landschaftsrahmenpläne
- Umweltleitpläne
- Planung von Landschaftssanierungen
- Konzepte für Gewässersysteme
- Naturschutzmanagement

3. Dorf- und Stadterneuerung

- Städtebauliche Entwürfe für Stadtentwicklung
- Bebauungspläne
- Grünkonzepte für Wohngebiete
- Planungen für Kleingarten- und Ferienhausgebiete
- Sportstätten, Freizeitanlagen
- Fußgängerzonen, Parkanlagen

4. Gestaltung des Umfeldes von Wohn- und Arbeitsstätten

- Trassenführung für Radwanderwege, Wintersport
- Spielanlagen (Kletterwände, Skating-Parcours)
- Campingplätze, Friedhöfe
- Dach- und Terrassengärten, Begrünung
- Konzepte für Regenwassersysteme

Ein GaLa-Architekt darf also „nur" das Umfeld von den o.g. Objekten planen, nicht die Objekte (Häuser, Kletterwände usw.) selber!

Prüfingenieur für Baustatik

- Prüfingenieur für Baustatik übt hoheitliche Prüftätigkeit aus.
- Prüfstatik ist erforderlich für genehmigungspflichtige Bauvorhaben (z.B. Mehrfamilienhäuser, Fabrikhallen).
- Hoheitliche Tätigkeit = Handeln in Ausübung öffentlicher Gewalt.
- Haftung des Prüfingenieurs richtet sich nach § 839 BGB i.V.m. Art. 34 GG.
- Haftung infolge Vorsatzes oder grober Fahrlässigkeit nur gegenüber der Bauaufsichtsbehörde.
- Bestellung zum Prüfingenieur durch die Bauaufsichtsbehörde (Bauamt der Länder).

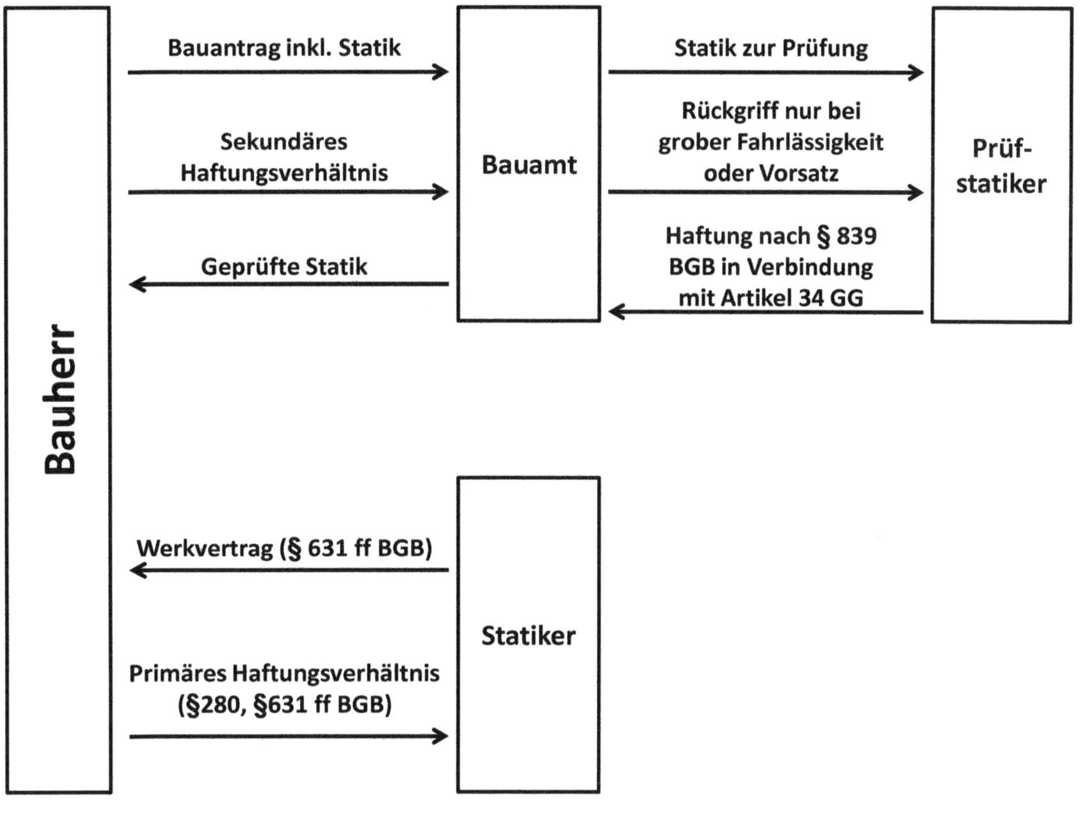

Sachverständige und Gutachter

Arten von Sachverständigen (SV) und Gutachtern:

Öffentlich bestellter und vereidigter Sachverständiger:

- Bestellung erfolgt i.d.R. durch die jeweilige Industrie- und Handelskammer der Bundesländer.
- Der Öffentlichkeit und den Behörden soll durch die Bestellung die Auswahl eines geeigneten SV erleichtern.
- Der SV bietet eine gewisse Gewähr für Zuverlässigkeit und Sachkunde.
- Der SV soll bevorzugt von Gerichten herangezogen werden.

Amtlich anerkannter Sachverständiger

- Die amtliche Anerkennung wird von staatlichen Stellen ausgesprochen.
- Aufgabe des SV ist insbesondere die technische Überwachung.
- Der SV ist zuständig für die Gewährleistung der technischen Sicherheit bei bestimmten gefährlichen und dauernd fortlaufend durchzuführenden Kontrollen technischer Systeme (z.B.: Kraftwerke; Anlagen der Wasser-, Gas-, Elektroversorgung u.v.m.).

Freier Sachverständiger

- Die Bezeichnung wurde von den Sachverständigen und den verschiedensten Verbänden geprägt.
- Diese SV haben keine behördliche Anerkennung vorzuweisen.
- Dieser SV darf nicht den Anschein einer öffentlichen Bestellung oder amtlichen Anerkennung erwecken (z.B. durch Benutzung eines Rundstempels).

Universitätsprofessoren

- Sachverständige im eigentlichen Sinne.
- Hohe fachliche Qualifikation und Sachkenntnis.
- In Folge Ihrer Neutralität, Objektivität und Offenheit für neue Erkenntnisse dem Status öffentlich bestellter und vereidigter SV gleichzustellen.

Behördenangestellte

- Angestellte SV
  z.B. Schriftsachverstände bei den Landeskriminalämtern um Fälschungen von Urkunden oder Kunstwerken aufzuspüren

Behörden als Sachverständige

- Bundesanstalt für Materialprüfung
- Bundesgesundheitsamt
- Physikalisch-technische Bundesanstalt
- Deutsches Patentamt

Achtung: Nicht alle hier aufgeführten Berufsbilder sind auch über eine Planungsdeckung versicherbar!

I.d.R. lassen sich nur die freien Sachverständigen absichern.

Ämter, Behörden oder angestellte Sachverständige sind normalerweise nicht versicherbar.

Hinweis: Gute Deckungskonzepte berücksichtigen bei der Absicherung von Kfz-Sachverständigen das Bewegungsrisiko von Kraftfahrzeugen seiner Kunden!

Da der Sachverständige ein berechtigter Fahrer ist, greift vorrangig im Falle eines Verkehrsunfalls die entsprechende Kfz.-Versicherung.

I.d.R. sind dann die entsprechenden Mehrkosten wie z.B. Höherstufung im Vertrag des Autohalters versichert.

Inwieweit der Vertrag einen 100%igen Kaskoschaden absichert, wenn das Auto nicht über eine Kaskoversicherung verfügt (somit also die Kfz.-Versicherung nicht in Vorleistung geht), sollte entsprechend im Vorfeld abgeklärt werden.

Ingenieurbüros für Umwelttechnik

Die wesentlichen Arbeitsgebiete:

1. **Altlastenerkundung**

- Gutachterliche Feststellung des Ist-Zustandes für Boden, Luft und Wasser durch die Entnahme von Bodenproben / Wasserproben / sonstigen Proben.

- Schadstoffermittlungen
  - auch gutachterliche Feststellung eines Ist-Zustandes bei Gebäuden hinsichtlich einer vorhandenen Schadstoffbelastung
  - Erkundung von Altlastenflächen
  - Langzeituntersuchungen (Messstellen etc.)
  - Labormäßige Untersuchung (Analytik)
  - Erstellung eines Gutachtens

  - ggf. durch Auftragserweiterung:
    Vorschläge hinsichtlich Sanierungsmaßnahmen; bei Gebäuden hinsichtlich einer vorhandenen Schadstoffbelastung.

2. **Sanierungsplanung**

- Erstellen eines Sanierungskonzeptes auf der Basis eines vorhandenen Gutachtens durch die Planung der konkreten Sanierungsmaßnahmen / Sicherheitsmaßnahmen (auch die ordnungsgemäße Entsorgung von Abfällen / Schadstoffen).

- Beratung bei der Durchführung von Sanierungsmaßnahmen / Sicherheitsmaßnahmen.

3. **Beratung / Planung bei der Erstellung umweltgefährlicher Anlagen**

- inkl. aller erforderlichen behördlichen Genehmigungsverfahren

- Deponietechnik (Sickerwasser / Deponiegas etc.)

4. **Durchführung von Störfallanalysen**

- vor Eintritt des Störfalles

- nach Eintritt des Störfalles

5. Umweltschaden-Begutachtung

- Gefährdungsabschätzungen

- Standort-Analysen
  - Suche nach geeigneten Standorten, Umweltverträglichkeitsprüfungen (UVP) etc.
  - Immissions-/Emissions-Berechnungen einschließlich dazu erforderlichen Messungen

- Baubiologie / Bauökologie
  - Materialprüfung (z.B. Schadstoffe in Spanplatten)
  - Werkstoffuntersuchungen
  - Spezielle Prüfungen von Materialien, die im Umweltbereich eingesetzt werden
  - Überprüfung auf Verwitterungserscheinungen

- Lagerstätten-Untersuchungen
  - Rohstoffe / Marktscheidewesen

Die nachfolgend aufgeführten Fachrichtungen des Ingenieurwesens bergen hinsichtlich des Umweltschadenpotentials ein besonderes Risiko!

- Büros für labortechnologische Untersuchungen (Analyse / Bewertung)
- Chemiker/Biologen/Mineralogen/Physiker
- Hydrogeologen/Geologen
- Bodengutachter/Baugrundgutachter
- Bergbau-Ingenieure
- Ingenieure für Wasserbau sowie sonstige Ingenieur-Bauwerke (z.B. Kläranlagen/Deponien etc.)

Für diese Gruppe weisen einige Versicherer ebenfalls spezielle Deckungskonzepte aus.

Geologen, Ingenieure im Erd- und Grundbau

Abweichend von den normalen Ingenieurrisiken (z.B. Maschinenbau, Architekt, Bausachverständige) ergeben sich hier weitere Haftungsgrundlagen aus der Beprobung, Bohrungen sowie Entlastungsbaugruben.

Sollten höhere Risiken hinzukommen, z. B. Begutachtung kontaminierter Böden oder die Erstellung und Überwachung von Sanierungskonzepten für kontaminierte Standorte, so sollte der entsprechende Berufshaftpflichtvertrag schnellstens angepasst werden.

Zumeist sind hier folgende Risiken abzusichern:

- Baugrunduntersuchung, Gründungsgutachten
- Erd-, Grund-, Bergbau
- Altlastenerkennung
- Sanierungsplanung
- Störfallanalysen
- Gutachten für Umweltschäden
- Umweltverträglichkeitsprüfungen
- Standortanalysen / -erkundungen
- Geodäsie (mathematische- / physikalische- / angewendete-)
- Stoff- und Materialprüfungen
- Abfall- / Reststoffanalysen und Bewertungen
- Entsorgungsberatung

Hinweis:	Gerade bei dieser Berufsgruppe sollte auf den Geltungsbereich geachtet werden! Für Tätigkeiten auf z.B. ehemaligen Geländen der US-Armee, die noch nicht wieder zurück übertragen wurden, würde der Versicherungsnehmer eine weltweite Deckung benötigen.

Ingenieure im Maschinen- und Anlagenbau

Hier handelt es sich i.d.R. um Ingenieurleistungen für Produktionsanlagen.

Hinweis:	Ein adäquater Versicherungsschutz stellt hier Schäden an den geplanten Maschinen, Anlagen und technischen Einrichtungen einem Bauwerksschaden gleich!

Schadensfälle aus der Praxis aus dem Bereich Maschinen- und Anlagenbau

Der Versicherungsnehmer war mit der Planung...

1) für die maschinentechnische Ausstattung eines Verwaltungsgebäudes beauftragt. Ihm wird vorgeworfen, durch eine Vielzahl von Zeichnungsfehlern umfangreiche Änderungsarbeiten an vorgefertigten Stahlbauteilen verursacht zu haben.
   Höhe der Ersatzleistungen: 100.000 €

2) einer Befeuerungsanlage für einen Kessel in einer Raffinerie beauftragt. Aufgrund der asymmetrischen Anordnung der Zuführdüsen für Erdgas sowie für das Verbrennungssteuerungsgas (Gemisch aus Stickstoff und Sauerstoff) kam es nach kurzer Betriebsdauer zu Schäden an der Schamottierung der Verbrennungsanlage. Diese konnten erst bemerkt werden, als durch die hohen Temperaturen die Außenkesselhaut bereits zum Teil oxidiert war.
   Höhe der Ersatzforderung: 650.000 €

3) von zwei Umschaltklappen für die Gasturbinen in einem Kraftwerk beauftragt. Kurz nach Inbetriebnahme der Gasturbine fiel der Umschaltmechanismus aus. Die Antriebssysteme hatten sich so stark verzogen, dass sie komplett erneuert werden mussten. Die Untersuchungen zur Schadenursache ergaben, dass der Versicherungsnehmer die Ausdehnungskoeffizienten der eingesetzten Werkstoffe falsch berechnet hatte.
   Höhe der Ersatzforderungen: 150.000 €

Unterscheidung Maschinenbau ./. Anlagenbau

Die Unterscheidung ist hier recht einfach und für den Versicherungsschutz enorm wichtig.

Nicht jeder Haftpflichtversicherer zeichnet Ingenieure aus dem Bereich Anlagenbau.

Als **Anlage** wird in der Technik eine planvolle Zusammenstellung von in räumlichem Zusammenhang stehenden Maschinen oder Geräten bezeichnet. Die Maschinen bzw. Geräte können funktional, steuerungstechnisch oder sicherheitstechnisch miteinander verknüpft sein.

Als „Anlage" wären somit z.B. zu bezeichnen:

- Druckluftanlagen
- verfahrenstechnische Anlagen wie z.B. Chemieanlagen, Recyclinganlagen, Erdölraffinerie, Kläranlagen, Mahlwerke
- Anlagen der Automatisierungstechnik.

Der **Maschinenbau** ist eine klassische Ingenieurdisziplin und beinhaltet die Entwicklung sowie die Konstruktion von (einzelnen) Maschinen.

Als Industriezweig entstand der Maschinenbau aus dem Handwerk der Metallbearbeitung durch Schmiede und Schlosser, als Ingenieurdisziplin nach modernem Verständnis durch systematischen wissenschaftlichen Bezug auf die klassische Physik, insbesondere auf die klassische Mechanik.

Der **Anlagenbau** ist ein technisches Geschäftsfeld, dessen Ziel es ist, technische Anlagen zu realisieren. Der Anlagenbau umfasst verschiedene technische Disziplinen, je nachdem, um welche Art der Anlage es sich handelt.

Typische Fachbereiche sind Verfahrenstechnik, Energietechnik, Versorgungstechnik, Produktionstechnik sowie den Maschinenbau.

Beim Anlagenbau werden also technische Komponenten zu einem Gesamtsystem mit genau definierten Aufgaben kombiniert.

Exkurs: Ingenieurleistungen bei Biogasanlagen

Biogasanlagen galten eine Zeit lang als interessante Wachstumsmärkte und somit wächst auch zwangsläufig das Aufgabenfeld von Ingenieuren, da irgendeiner diese Anlagen planen muss.

Die Auftraggeber sind i.d.R. landwirtschaftliche Betriebe oder ein kommunaler Betreiber (z.B. das örtliche Schwimmbad).

Die Aufgabenstellung lautet i.d.R.: Planung einer Biogasanlage sowie Transport der produzierten Wärme zu den Abnehmern.

Das erforderliche Knowhow ist deutlich höher als bei der Planung eines Einfamilienhauses.

Kritisch wird es in der Praxis dann, wenn der Ingenieur ein zu breites Leistungsspektrum anbietet und dadurch seinen Versicherungsschutz gefährdet.

Dies kann z.B. dann der Fall sein, wenn neben der Planung auch noch die Inbetriebnahme von der Anlage erledigt wird oder er sogar Anteile an diesem Projekt hält.

Eine Vielzahl von Anspruchstellern

Die Menge an Anspruchssteller ist in diesen Fällen wirklich beachtenswert.

Es ergeben sich Ansprüche an den Planer aus den Bereichen Finanzierung, Betrieb und Planung:

Finanzierung:	**Betrieb:**	**Planung:**
Bank / Finanzierung	Wartungsvertrag/-firma	Behörde
KfW / Fördermittel	Netzbetreiber	Hersteller
Eigenmittel VN	Rohstofflieferant Abnehmer	Bauunternehmen Fachplaner

Der „handelsübliche" Versicherungsschutz einer Berufshaftpflichtversicherung für Ingenieure ist **nicht** auf die

- Vielzahl von Erfüllungsansprüche
- Verflechtung des versicherten Personenkreises mit den potenziellen Anspruchsstellern
- mangelhafte Rohstoffqualität

eingestellt.

Dies gilt insbesondere dann, wenn der Ingenieur für mehrere Interessenlager innerhalb eines Projektes gleichzeitig aktiv ist.

Master of Engineering

Der Master of Engineering kann in der Regel als konsekutives Masterstudium (also ein Studiengang in einer richtigen Aufeinanderfolge) in 2 Jahren an einen entsprechenden Bachelor of Engineering angeschlossen werden.

Dabei werden die bereits erworbenen Kenntnisse vertieft. Vor allem ermöglicht der Master of Engineering eine fachliche Spezialisierung. Eine mögliche Promotion oder eine spätere wissenschaftliche Karriere wären denkbar.

Die Studienfächer, die hier belegt werden können, werden dabei in der Regel dem Bereich der Ingenieurwissenschaften oder dem technischen Bereich zugeordnet.

Zulassungsvoraussetzungen beim Master of Engineering

Um ein solches Studium beginnen zu können, verlangen die meisten Hochschulen einen Bachelorabschluss aus dem naturwissenschaftlichen Bereich.

Studieninhalte des Master of Engineering

Analog des Bachelor-Studienganges variieren die Inhalte eines Studiums mit dem Ziel Master of Engineering sehr stark zwischen den Hochschulen und den einzelnen Fächern – immerhin gibt es allein in den Bereichen Elektrotechnik und Maschinenbau jeweils mehr als 20 untergeordnete Studienfächer.

Die fachlichen und methodischen Grundkenntnisse werden hier vertieft und die Studierenden spezialisieren sich in einem bestimmten Fach.

Bachelor of Engineering

Der Abschluss Bachelor of Engineering (B. Eng.) bezeichnet Fächer im Bereich der Ingenieurwissenschaften und technische Studienfächer, wie zum Beispiel Elektro- und Informationstechnik oder Maschinenbau.

Damit ersetzt der Bachelor of Engineering in Deutschland die Diplomabschlüsse, welche eine lange Tradition haben und einen besonders guten Ruf genießen. Ihre Abschaffung und die Einführung der neuen Abschlüsse im Rahmen des Bologna-Prozesses waren deshalb in Deutschland lange umstritten.

Der Bachelor of Engineering und der Bachelor of Science

Noch fehlt es dem Bachelor of Engineering etwas an Profil, da die Abgrenzung von seinem „Bruder", dem Bachelor of Science (B.Sc.), bisher noch nicht eindeutig geregelt ist.

Vorteilhaft für die Absolventen einer Fachhochschule ist jedoch vor allem, dass in Zukunft im Titel nicht mehr die Hochschulart mitgeführt wird. Ein Diplomabschluss an einer Fachhochschule wurde in der Vergangenheit als Dipl.-Ing. (FH) geführt.

Nun können sich sowohl Absolventen der Universität als auch der Fachhochschule als „B. Eng." (Bachelor of Engineering) bezeichnen.

Studieninhalte und Studienanforderungen

Der Bachelor of Engineering wird für die Fächergruppe Ingenieurwissenschaften vergeben.

Die klassischen ingenieurwissenschaftlichen Fächer sind:

- Maschinenbau
- Elektrotechnik
- Bauingenieurwesen

Aktuell kommen jedoch immer mehr Studiengänge wie Energie- und Sicherheitstechnik, Haus- und Gebäudetechnik, Verfahrens- und Umwelttechnik oder auch das Chemieingenieurwesen hinzu.

Zudem kann man sich in jedem Fach in bestimmte Fachrichtungen spezialisieren.

Im Bereich Bauingenieurwesen sind das zum Beispiel Fachrichtungen wie Hoch- und Tiefbau, Wasserbau, Baubetrieb, Geotechnik oder auch Holztechnik.

Projektmanager, Projektsteuerer, Projektcontroller

Alle Bezeichnungen stehen für eine Tätigkeit, nämlich: **Projektsteuerung!**

- Projektsteueraufträge insbesondere bei Großbauvorhaben.
- Ein gesetzlich definiertes Tätigkeitsbild für PS gibt es nicht. Erwähnt wird der Projektsteuerer in § 31 HOAI.
- Projektsteuerer ist verantwortlich für die Einhaltung von Qualität, Kosten und Terminen.

Der Projektsteuerer übt allgemeine Kontroll- und Steuerungsfunktionen aus.

Es gilt der Grundsatz: **Wer plant, steuert nicht!**

Dies bedeutet, dass der Projektsteuerer **grundsätzlich keine eigenen Planungsleistungen** und Bauleitungstätigkeiten wahrnimmt.

Dieses Berufsbild hat ein weitgehendes Tätigkeitsfeld. Denn Immobilien werden immer mehr zu einem Wertschöpfungsobjekt.

Immer mehr Bauherren geben daher die Planung, Realisierung, Nutzung und Vermarktung in die Hände von Spezialisten.

Projektmanagement / Projektsteuerung ist somit sehr komplex geworden. Durch die Koordination, Steuerung und Überwachung des Bauprojektes mittels eines Projektmanagers sollen die technischen-, zeitlichen-, wirtschaftlichen- und rechtlichen Rahmenbedingungen genau eingehalten werden.

Aber auch wenn sich diese Berufsbilder inzwischen etabliert haben, gibt es noch immer keine allgemein verbindliche Definition!

Nach der DIN 69901 (sie beschreibt Grundlagen, Prozesse, Prozessmodell, Methoden, Daten, Datenmodell und Begriffe im Projektmanagement) ist Projektmanagement

- die Gesamtheit von Führungsaufgaben, -organisation, -techniken und -mitteln
- für die Initiierung, Definition, Planung, Steuerung und den Abschluss von Projekten.

Der Begriff Projektsteuerung wurde 1977 in der (HOAI) erstmals verwendet und grenzt sie begrifflich und inhaltlich klar von anderen Projektmanagementleistungen ab. Das Leistungsbild der Projektsteuerung war in § 31 der HOAI definiert.

§ 31 Projektsteuerung

(1) Leistungen der Projektsteuerung werden von Auftragnehmern erbracht, wenn sie Funktionen des Auftraggebers bei der Steuerung von Projekten mit mehreren Fachbereichen übernehmen. Hierzu gehören insbesondere:

1. Klärung der Aufgabenstellung, Erstellung und Koordinierung des Programms für das Gesamtprojekt,
2. Klärung der Voraussetzungen für den Einsatz von Planern und anderen an der Planung fachlich Beteiligten (Projektbeteiligte),
3. Aufstellung und Überwachung von Organisations-, Termin- und Zahlungsplänen, bezogen auf Projekt und Projektbeteiligte,
4. Koordinierung und Kontrolle der Projektbeteiligten, mit Ausnahme der ausführenden Firmen,
5. Vorbereitung und Betreuung der Beteiligung von Planungsbetroffenen,
6. Fortschreibung der Planungsziele und Klärung von Zielkonflikten,
7. laufende Information des Auftraggebers über die Projektabwicklung und rechtzeitiges Herbeiführen von Entscheidungen des Auftraggebers,
8. Koordinierung und Kontrolle der Bearbeitung von Finanzierungs-, Förderungs- und Genehmigungsverfahren.

(2) Honorare für Leistungen bei der Projektsteuerung dürfen nur berechnet werden, wenn sie bei Auftragserteilung schriftlich vereinbart worden sind; sie können frei vereinbart werden.

Nach der HOAI-Novelle zum 11. August 2009 war das Leistungsbild nicht mehr enthalten.

In den HOAI 2013 regelt der §31 nun die „Honorare für Grundleistungen bei Landschaftspflegerischen Begleitplänen"

Projektsteuerung im Sinne der HOAI war die Übernahme von delegierbaren Auftraggeber-Funktionen, wie z. B.:

- Erstellen und Koordinieren des Programms für das Gesamtprojekt.
- Aufstellen und Überwachen von Organisation-, Termin- und Zahlungsplänen bezogen auf Projekt und Projektbeteiligte.
- Laufendes Informieren des Auftraggebers über die Projektabwicklung und rechtzeitiges Herbeiführen von Entscheidungen des Auftraggebers.

Das Honorar für Projektsteuerungsleistungen konnte laut HOAI frei vereinbart werden.

Die unklare Abgrenzung zu Leistungen, die der Architekt zu erbringen hat, führte 20 Jahre lang zu heftigen Diskussionen und sehr unterschiedlichen Auslegungen über die Honorarvorstellungen.

Projektsteuerung AHO

Seitens des AHO (Ausschuss der Verbände und Kammern der Ingenieure und Architekten für die Honorarordnung) wurde das Leistungsbild der Projektsteuerung seit 1996 weiterentwickelt, um ein klarer abgegrenztes Leistungsbild für Projektsteuerungsleistungen zu schaffen.

Das Leistungsbild der Projektsteuerung umfasst demnach die Leistungen von Auftragnehmern, die Funktionen des Auftraggebers bei der Steuerung von Projekten mit mehreren Fachbereichen in Stabsfunktion übernehmen.

Die Leistungen sind in fünf Handlungsbereiche und fünf Projektstufen gegliedert.

Handlungsbereiche

- Organisation, Information, Koordination und Dokumentation
- Qualitäten und Quantitäten
- Kosten und Finanzierung
- Termine, Kapazitäten und Logistik
- Verträge und Versicherungen

Projektstufen

- Projektvorbereitung
- Planung
- Ausführungsvorbereitung
- Ausführung
- Projektabschluss

Abgrenzung und rechtliche Qualifikation

Die Leistungen eines Projektsteuerers können nicht klar und sauber von den Leistungen eines (ebenfalls) „steuernden“ bzw. „koordinierenden“ Objektplaners abgegrenzt werden.

Anhaltspunkte können sich aber aus dem Sinn und Zweck des Vertrags sowie den enthaltenen Leistungen und ihrer Zielsetzung ergeben. Diese Kriterien sind nach Ansicht des Bundesgerichtshofs auch im Rahmen der Vertragsauslegung für die rechtliche Qualifikation des Projektsteuerungsvertrags zu berücksichtigen.

Die eigentliche Planung des Bauvorhabens obliegt traditionell den Architekten und Ingenieuren. Ihre Leistungen sind zum Teil in der HOAI abgebildet, auch wenn die HOAI kein Vertragsrecht, sondern reines Preisrecht beinhaltet.

Techniker

In Deutschland sind Techniker Personen, die eine Aufstiegsweiterbildung sowie die staatliche Prüfung an einer (höheren) Fachschule für Technik abgelegt haben und dadurch die Berufsbezeichnung Staatlich geprüfter Techniker (FS) führen dürfen.

P.S.: In der Schweiz handelt es sich um eine höhere Berufsbildung auf Tertiärstufe mit Diplomarbeit zur Berufsbezeichnung Diplom-Techniker (HF/TS).

Um die geschützte Berufsbezeichnung Staatlich geprüfter Techniker führen zu dürfen, muss eine entsprechende Aufstiegsweiterbildung an einer Fachschule für Technik absolviert und das abschließende, staatliche Examen bestanden worden sein.

Die meisten Technikerschulen sind staatliche Fachschulen, jedoch gibt es auch private Organisationen, welche diese Weiterbildung anbieten.

Allerdings ist nicht jeder staatlich anerkannter Techniker auch versicherbar, denn wer in Deutschland die geschützte Berufsbezeichnung „Staatlich geprüfter Techniker" führen möchte, muss eine entsprechende Aufstiegsweiterbildung an einer (höheren) Fachschule für Technik absolviert **und** die anschließende staatliche Technikerprüfung erfolgreich bestanden haben.

Ferner sollte für eine Angebotserstellung der genaue Titel detailliert erfasst werden.

I.d.R. sind staatlich anerkannte Techniker mit Abschlüssen in den Bereichen

- Hochbau
- Tiefbau
- Haustechnik
- Stahlbeton
- und Baustatik

versicherbar.

Tragwerksplaner

Der Tragwerksplaner entwirft das Tragwerk von Gebäuden, Ingenieurbauwerken und anderen baulichen Anlagen.

Er gehört zu den Projektanten eines Bauvorhabens. Meist erstellt er den nach dem Bauordnungsrecht erforderlichen Standsicherheitsnachweis.

Grundlage seiner statischen Berechnungen sind Last- und Tragfähigkeitsannahmen sowie Berechnungsmodelle, die er üblicherweise den entsprechenden Normen (Allgemein anerkannte Regeln der Technik) entnimmt.

Die Tätigkeit des Tragwerksplaners kann mit weiteren Aufgaben wie z. B. der Wärmeschutzberechnung oder dem Brandschutznachweis verbunden sein.

Ziel einer Tragwerksplanung ist es, die erforderliche Tragfähigkeit und Gebrauchstauglichkeit einer Baukonstruktion während der vorgesehenen Lebensdauer mit den Forderungen nach Wirtschaftlichkeit und Ästhetik in Einklang zu bringen.

Zur Umsetzung dieser Aufgabenstellung wird meist die statische Berechnung angewandt, welche auf den Regeln der Baustatik beruht. In Ausnahmefällen dienen Versuche als Nachweis der Realisierbarkeit.

Im Sinne des Bauordnungsrechts ist in Deutschland der Tragwerksplaner als Entwurfsverfasser oder als ein vom Entwurfsverfasser oder vom Bauherrn herangezogener Sachverständiger tätig.

Im Regelfall ist der Tragwerksplaner ein Bauingenieur. Im Rahmen seines Studiums werden ihm dabei umfassende Kenntnisse sowohl der Statik von Tragstrukturen als auch der baustoffspezifischen Bemessungen (Beton- und Stahlbetonbau, Holz- und Stahlbau, Grundbau, usw.) vermittelt.

Auch dem Großteil der Architekten werden während der Ausbildung in der Tragwerkslehre die Grundprinzipien zur Planung der Tragwerke erläutert.

Bei den **staatlich geprüften Bautechnikern** gehören grundlegende Statik-Kenntnisse ebenfalls zur Ausbildung.

Eine offizielle Beschreibung der Tätigkeitsbereiche des Tragwerksplaners gibt es für Deutschland in der Honorarordnung für Architekten und Ingenieure.

Ingenieure für Schiffsbau

Ein wirklich schwieriges Tätigkeitsfeld.

Grundsätzlich muss hier erst einmal unterschieden werden, ob der Versicherungsnehmer

- das gesamte Projekt (Schiff),
- sicherheitsrelevante Teile (Motor, Getriebe, Navigation) vom Schiff
- oder lediglich den Innenausbau (Bodenfliesen)

planen wird.

Für alle o.g. Punkte ist ferner der Hinweis wichtig, um welche Art von Schiffen es sich handelt:

- Privater Bootsbau (ggf. Serienplanung?)
- Hochwertiger privater Bootsbau (= Yachtbau)
- Gewerblicher Schiffsbau (Containerschiffe, Fähren etc.)
- Militärischer Schiffsbau.

Diese Fragen wird der Versicherungsnehmer noch sicher beantworten können.

Je „unspektakulärer" das Aufgabengebiet ist, desto höher die Chance des Versicherungsnehmers auf einen adäquaten Versicherungsschutz.

Die Kombination aus „Innenausbau" und „privater Schiffsbau ohne Serienplanung" lässt sich eher absichern, als wenn das „gesamte Containerschiff" aus der Feder des Ingenieurs stammte.

Immer wieder ein Thema, aber von dem Versicherungsnehmer nicht immer zu beantworten, ist die Frage des benötigten Geltungsbereiches.

Schiffe fahren „unter Fahnen" eines Landes. Im Schadensfall ist also nicht unbedingt der Liegeplatz (Hafen) des Schiffes interessant, sondern welcher Landesfahne das Schiff angehört und dieses entsprechende Land wird dann als Schadensort angesehen.

Sollte der Ingenieur also auf einem Schiff mit z.B. nigerianischer Flagge im Hamburger Hafen tätig sein und dort ein Schaden eintreten, wäre „Nigeria" als Schadensort anzusehen.

Hier sollte also Geltungsbereich mindestens „Weltweit ohne USA/Kanada" für den Versicherungsnehmer vereinbart werden.

Was verbirgt sich hinter „Versorgungstechnik“ und „Haustechnik“?

Kaum ein Bereich ist so breit aufgestellt, wie die Versorgungs- bzw. Haustechnik.

Was ist alles unter diesen Begriffen gefasst?

Unter Versorgungstechnik fasst man heute alle technischen Maßnahmen zusammen, die in Räumen und Gebäuden, aber auch Betriebsstätten und öffentlichen Einrichtungen der energetischen (Heizung, Beleuchtung) und stofflichen (Wasser, Luft) Versorgung bzw. der Entsorgung aller Abfallprodukte (Abwasser, Müll) gelten.

Der Zweck ist, das Gebäude für die Bewohner und Nutzer „benutzbar“ zu machen und verschiedene Sicherheitsaufgaben zu erfüllen.

Einerseits sind damit üblicherweise notwendige Ausstattungsmerkmale wie Kanalisation, Stromversorgung oder Beleuchtung gemeint.

Andererseits umfasst der Begriff der Haustechnik aber auch alle zusätzlichen Anlagen, die zur Automatisierung von Arbeitsvorgängen in Gebäuden eingesetzt werden.

Die Begriffe Haustechnik, Technische Gebäudeausrüstung (TGA), Gebäudetechnik oder Versorgungstechnik beschreiben alle dasselbe Themengebiet.

Eine genaue Abgrenzung der Begriffe ist nur schwer möglich.

Der Begriff Versorgungstechnik schließt dabei nahezu alle Gebäudetypen ein, insbesondere Nichtwohngebäude und Industrieanlagen.

Mit Haustechnik und Gebäudetechnik werden eher Anlagen in kleineren Gebäuden, insbesondere Wohngebäude mit einer oder mehreren Nutzungseinheiten bezeichnet.

Teilgebiete / Aufteilung nach der *Honorarordnung für Architekten und Ingenieure (HOAI)*

Die HOAI unterteilt die technische Gebäudeausrüstung in sechs Anlagengruppen:

1. Gas-, Wasser-, Abwasser- und Feuerlöschtechnik (GWA)
2. Wärmeversorgungs-, Brauchwassererwärmungs- und Raumlufttechnik (WBR)
3. Elektrotechnik (ELT)
4. Aufzug-, Förder- und Lagertechnik (AFL)
5. Küchen-, Wäscherei- und chemische Reinigungstechnik
6. Medizin- und Labortechnik

1. Gas-, Wasser-, Abwasser- und Feuerlöschtechnik (GWA)

Zu diesem Bereich zählen alle Anlagen und Einrichtungen für

- Sanitärtechnik mit Wasseraufbereitung und Abwasserbehandlung
- Druckluft / Staubsauganlagen
- Schwimmbadtechnik
- Löschanlagen (Hydrantenanlagen, Sprinkleranlagen, Schaumlöschanlagen, Gaslöschanlagen, u. a.)

2. Wärmeversorgungs-, Brauchwassererwärmungs- und Raumlufttechnik (WBR)

Zu diesem Bereich zählen alle Anlagen und Einrichtungen für

- Heizung und Kälte
- Warmwasserbereitungsanlagen und Thermische Solaranlagen
- Wärmepumpen, BHKW
- Klima-, Lüftungs-, Entlüftungs-, Entrauchungsanlagen
- Prozesslufttechnische Anlagen
- Kälte- und Kühltechnik, Kühldecken

3. Elektrotechnik (ELT)

Zu diesem Bereich zählen alle Anlagen und Einrichtungen für

- Starkstromanlagen (Mittel- und Niederspannung)
- Eigenstromversorgungsanlagen (Notstrom)
- Niederspannungsschaltanlagen
- Niederspannungsinstallationen
- Blitzschutz- und Erdungsanlagen
- Beleuchtungs- und lichttechnische Anlagen, Notbeleuchtung
- Fernmelde- und Informationstechnische Anlagen („Schwachstrom"), dazu zählen insbesondere Nachrichtentechnik und Sicherheitstechnik
- Medientechnik
- Nachrichtentechnik
- Sicherheitstechnik

4. Aufzug-, Förder- und Lagertechnik (AFL)

Zu diesem Bereich zählen alle Anlagen und Einrichtungen für

- Personen- und Lastenaufzüge
- Rolltreppen und Fahrsteige
- Rohrpostanlagen
- Krananlagen und Hebebühnen

5. Küchen-, Wäscherei- und chemische Reinigungstechnik

Zu diesem Bereich zählen alle Anlagen und Einrichtungen für

- (Groß-)Küchentechnik
- Wäscherei- und Reinigungsanlagen
- Wäscheabwurfanlagen
- Medizin-, Labor- und badetechnische Anlagen
- Eissportflächen
- Bühnentechnik, Tankstellen- und Waschanlagen
- Müll- und Papierabwurfanlagen

6. Medizin- und Labortechnik

Darüber hinaus müssen die Disziplinen wie

- Akustik und Schallschutz
- Baukonstruktion und Brandschutz

bei der Planung Gewerke übergreifend berücksichtigt werden.

Durch die momentane Klimadebatte gewinnen Begriffe wie Energiewirtschaft und Erneuerbare Energien immer mehr an Bedeutung.

Bauphysik, Thermodynamik und Strömungslehre liefern die wissenschaftliche Basis für Forschung, Entwicklung und Planung neuer Gebäudekonzepte.

Mess-, Steuer- und Regelungstechnik

Steuerungs- und Regelungstechnik (auch: Kybernetik) bezeichnet denjenigen Bereich der Technik, der sich mit der automatisierten Steuerung und Regelung dynamischer Systeme befasst und gliedert sich in folgende Gebiete:

- **Steuerungstechnik** Merkmal: fehlende Rückkopplung
- **Regelungstechnik** Merkmal: vorhandene Rückkopplung

Die Theorie der Steuerungs- und Regelungstechnik befasst sich vor allem mit der Modellierung und Analyse von Systemen und dem Entwurf von Regelungen und Steuerungen und stützt sich dabei auf die Kontrolltheorie.

Die Anwendungen dieser Methoden sind vielfältig und reichen von elektrotechnischen Systemen, über mechanische Systeme bis hin zu chemischen, biologischen und sozialen Systemen.

Dabei wird auf die Messtechnik zurückgegriffen, die sich vorwiegend mit Methoden und Prinzipien zur Messung von technischen und physikalischen Größen (Metrologie) unter Zuhilfenahme von Messgeräten beschäftigt.

Die Messtechnik wie auch die Steuerungs- und Regelungstechnik sind Teilgebiete in den Ingenieurwissenschaften, die wissenschaftliche und technische Probleme erforschen und messen, und aufgrund der daraus gewonnenen Erkenntnisse Prozesse steuern und regeln, d. h. in alltagstaugliche Lösungen (Messsysteme, Steuer- und Regelkreise) umsetzten, die somit als Aufgabenfelder diverser Handwerksberufe dienen.

Auch wenn diese Arbeit von z.B. Elektroingenieuren erledigt wird, so ist sie zumeist NICHT über eine Architektendeckung versicherbar.

Das Problem hier: Zu 99 % nehmen diese Personen die Anlagen auch in Betrieb und somit „lassen sie ihrer Planung Taten folgen".

Es gibt aber Versicherer am Markt, die spezielle Deckungen für „Mess-, Steuer- und Regelungstechnik" mit „echten" Vermögensschäden TROTZ Inbetriebnahme anbieten können.

Kapitel 4
Schadenbeispiele

Wie weit geht die Haftung des Architekten?

Zahlreiche Schadenbeispiele aus der Praxis sind in folgende Themen unterteilt:

1) Versicherung

1.1) Keine Berufshaftpflichtversicherung? Geldbuße für Architekt

Das Vorhalten einer ausreichenden Haftpflichtversicherung ist prägend für den Berufsstand der planenden Berufe.

Die Versicherung dient dem Schutz der Bauherren, aber auch der Architekt selbst „profitiert" bei Haftungsfällen, die angesichts der von Architekten betreuten hohen Vermögenswerte existenzielle Auswirkungen für beide Vertragspartner haben können.

Eine fehlende Berufshaftpflicht kann mit einer Geldbuße belegt werden.

1.2) Kein Versicherungsschutz des Architekten bei gleichzeitiger Bauträgertätigkeit

Das OLG Düsseldorf hat in einer Entscheidung klargestellt, dass auch dann, wenn der Architekt mit dem Besteller neben dem Bauvertrag zusätzlich einen Architektenvertrag abschließt, der Versicherungsschutz des Architekten aus seiner Haftpflichtversicherung insgesamt entfällt.

Im konkreten Fall ging es darum, dass der planende Architekt gleichzeitig Geschäftsführer einer Bauträgergesellschaft war.

Der Bauherr beauftragte genau diese Firma mit der Bauausführung.

Folge einer solchen Konstellation ist, dass auch für die Planungsleistungen des Architekten, die dieser nicht als Geschäftsführer der Bauträgergesellschaft erbracht hat, der Versicherungsschutz aus seiner Haftpflichtversicherung entfällt.

Führt der Architekt Bauten als Bauträger aus, ist seine gesamte Berufstätigkeit - folglich auch die Planungsleistung - von der Versicherung ausgeschlossen.

2) Formalitäten / zu führende Unterlagen

2.1) Architekt muss Bautagebuch führen

Ein Architekt muss ein Bautagebuch führen, wenn er sich vertraglich zur Überwachung des Bauvorhabens verpflichtet hat. Kommt der Architekt dieser Pflicht nicht nach, kann der Bauherr das Architektenhonorar mindern.

Im vorliegenden Fall hatten der Bauherr und der Architekt vereinbart, dass für Inhalt und Umfang der vom Architekten geschuldeten Leistungen das Leistungsbild des § 15 Abs.2 HOAI gelten soll. In dieser Vereinbarung erkannte der BGH die Verpflichtung des Architekten zum Führen eines Bautagebuches, weil dies zum Leistungsbild der Objektüberwachung (Leistungsphase acht) gehört.

Die Dokumentation im Rahmen eines Bautagebuches ist insbesondere bei Störungen des Bauablaufs oder Auseinandersetzungen mit anderen Baubeteiligten von großer Bedeutung.

Das Dokumentationsinteresse des Bauherrn besteht nicht nur bei Neubauten, sondern auch bei Bauten im Bestand, also bei Modernisierungsmaßnahmen, Instandsetzungen und Ausbau.

2.2) Haftung des Architekten für unrichtige Bautenstandsberichte

Ein Architekt sollte im Auftrage des Bauherrn neben seiner Bauaufsicht auch die erforderlichen Bautenstandsberichte verfassen.

Folgendes war passiert:

Der Kaufpreis des sich im Bau befindlichen Objektes sollte in acht Raten bezahlt werden.

Der Architekt erklärte sich gegenüber der finanzierenden Bank als verantwortlicher Bauleiter des Bauvorhabens und bestätigte, dass das Bauvorhaben nach den genehmigten Bauplänen errichtet werden wird. In Wirklichkeit gab es aber erhebliche Verzögerungen im Baufortschritt.

Seine unrichtigen Bautenstandsberichte waren somit Grundlage für die Auszahlung der Raten durch die finanzierende Bank gemäß dem Zahlungsplan.

Hätte der Architekt die Bautenstandsberichte zutreffend erstellt, hätte die Bank nach der ersten Rate keine weiteren Zahlungen auf den Erwerbspreis erbracht.

2.3) Prüfungspflichten des Architekten

Ein nur mit der Ausschreibung, der Vergabe und der Bauaufsicht betrauter Architekt muss eigenverantwortlich prüfen, ob die ihm zur Verfügung gestellten Planungsunterlagen mit der Baugenehmigung und den Regeln der Baukunst vereinbar sind.

Die Anforderungen an diese Überprüfung reduzieren sich nicht dadurch, dass die Planungsunterlagen von dritter Seite stammen. Eine Verletzung dieser Verpflichtung begründet die Haftung des Architekten gegenüber seinem Auftraggeber.

2.4) Haftung des Architekten bei Ausarbeitung von Vertragsklauseln

Ist der Architekt dazu verpflichtet, bei der Vergabe mitzuwirken, so gehört hierzu auch die Vorbereitung der erforderlichen Verträge einschließlich der Ausarbeitung der Vertragsbedingungen. Erweisen sich diese als unwirksam (z.B. die Vereinbarung einer Vertragsstrafen-Klausel wegen fehlender Obergrenze), haftet der Architekt grundsätzlich nach § 635 BGB.

Hieran ändert sich auch nichts dadurch, dass der Architekt den Vertragsentwurf dem Bauherrn mit der Bitte übermittelt, den Vertrag durch einen Rechtsanwalt prüfen zu lassen.

Gemäß § 15 Nr. 7 HOAI ist die Mitwirkung bei der Vergabe eine Hauptpflicht und damit der Kernbereich der Tätigkeit des Architekten. In derartigen Fällen kann bei fehlerhafter Leistung Schadensersatz gemäß § 635 BGB verlangt werden.

Ist der Architekt nach dem Vertrag zur Mitwirkung bei der Auftragsvergabe verpflichtet, so ist er sachkundiger Berater und Betreuer des Bauherrn und insoweit verpflichtet, wesentliche Kenntnisse des Baurechts zu besitzen.

Der Architekt muss bereits den Entwurf so fassen, dass dieser den rechtlichen Anforderungen an die Vereinbarung einer Vertragsstrafe in allgemeinen Geschäftsbedingungen entspricht. Auch wenn die Anforderungen an einen Architekten, der nicht Jurist ist, nicht überspannt werden dürfen, muss der Architekt dennoch die Grundsätze des Werkvertragsrechts kennen.

2.5) Haftung des Architekten wegen fälschlicher Mangelbehauptung

Hat ein Architekt seinem Auftraggeber den Rat gegeben, wegen eines von ihm behaupteten Mangels ein Zurückbehaltungsrecht gegenüber dem Bauunternehmer geltend zu machen, haftet der Architekt auf Ersatz der Prozesskosten, wenn sich der Mangel im Prozess des Bauunternehmers gegen den Auftraggeber nicht bewahrheitet.

In dem entschiedenen Fall hat ein Architekt seinem Auftraggeber geraten, wegen eines von ihm so erkannten Mangels Werklohn in Höhe des dreifachen Betrags der vermeintlichen Mangelbeseitigungskosten zurückzuhalten.

Der Auftraggeber ist dem Rat des Architekten gefolgt und wurde vom Unternehmer verklagt. Im Laufe des Prozesses stellte sich heraus, dass ein Mangel nicht bestand.

2.6) Fehlerhafte Eigenleistung durch Bauherrn: Haftung durch Architekten?

Ein mit allen Leistungsphasen beauftragter Architekt plant ein Einfamilienhaus.

Im vorliegenden Fall möchte der Bauherr umfangreiche Eigenleistungen (u.a. Abdichtung auf der Sohlplatte) erbringen. Aus Kostengründen vereinbaren Bauherr und Architekt, dass lediglich bei Bedarf ein Mitarbeiter des Architekten zur Baustelle kommen solle, um beratend tätig zu werden.

Der Architekt müsste allerdings auf die damit verbundenen Risiken für die Qualität der Bauausführung hinweisen; andernfalls haftet er aufgrund eines Beratungsfehlers. Durch die mangelhaften Eigenleistungen entstehen hohe Sanierungskosten.

Der Bauherr muss in diesem Fall 1/3 der Schadenskosten aus dem Gesichtspunkt des Mitverschuldens gemäß § 254 BGB selbst tragen.

2.7) Entlastung des Architekten durch Belehrung des Bauherrn?

Schadensersatzansprüche des Bauherrn gegen den Architekten aufgrund einer fehlerhaften Planung und Ausführung sind zu verneinen, wenn dieser den Bauherrn über Risiken belehrt und aufgeklärt hat.

Voraussetzung hierfür ist jedoch, dass der Bauherr die Bedeutung und die Tragweite der Fehlerhaftigkeit der Planung und Ausführung auch erkannte.

Vorliegend geriet der Generalunternehmer (GU) gegen Ende der Bauzeit in terminliche Schwierigkeiten, was zur Folge hatte, dass die Wärmedämmung des Dachgeschosses grob fehlerhaft ausgeführt wurde.

Ein Sachverständiger stellte später fest, dass die Gauben überhaupt nicht gedämmt wurden, und dass Dampfbremsen und -sperren zum Teil fehlten oder nicht richtig angeschlossen waren. Die Stahlträger in den Dachgeschosswohnungen waren ebenfalls nicht gedämmt.

Nach Fertigstellung wurde zudem festgestellt, dass die Ausführung des Balkonbelags (Holzbohlenbelag mit Fugen) den bauordnungsrechtlichen Vorschriften nicht entsprach.

Der Bauherr - eine Wohnungsbaugesellschaft - warf daraufhin den Architekten Planungsfehler (Balkonbelag) und Fehler bei der Bauüberwachung (Dämmung) vor, und forderte etwa 140.000 € Schadensersatz.

Die Architekten verteidigten sich damit, dass der Bauherr einen möglichst kostengünstigen Balkonbelag gewünscht habe. Ferner habe der Architekt mehrfach (auch schriftlich) auf die fehlende Kompetenz des GU hingewiesen, da dieses Unternehmen bis dato ausschließlich im Tiefbau tätig gewesen war und somit nicht das erforderliche Know-how über Wärmedämmung besaß.

Mehrfach hat der Architekt auf der Baustelle darüber informiert, dass die Wärmedämmung nicht korrekt ausgeführt wurde.

Die mündlich erteilten Hinweise zur Dämmung waren schon der eigenen Schilderung nach nicht ausreichend: Der Bauherr muss insbesondere über Art und Umfang möglicher Folgen so ausdrücklich und nachhaltig informiert werden, dass ihm die Tragweite einer Nichtbefolgung der Ratschläge klar wird.

Das OLG äußert im Urteil ausdrücklich die Erwartung, dass deutliche Hinweise des Architekten auf vorhandene Mängel und ihre Folgen ins Baubesprechungsprotokoll gehören!

3) Verträge

3.1) Haftungsbeschränkung bei Eigenleistung des Bauherrn?

Die Individualklausel in einem Architektenvertrag: "Der Bauherr stellt den Architekten für die vom Bauherren selbst oder durch seine Helfer ausgeführten Arbeiten von jeder Haftung und Gewährleistung frei" erstreckt sich nur auf Verwandte, Freunde und Bekannte, nicht aber auf Arbeiten gewerblicher ausländischer, nicht in die Handwerksrolle eingetragener Betriebe.

Für bestimmte Mängel an Eigenleistungen kann dem in Regress genommenen Architekten die Berufung auf diese Klausel im Einzelfall aus Treu und Glauben verwehrt sein.

Das Oberlandesgericht Celle hat die Möglichkeiten der Architekten eingeschränkt, im Vertrag die Haftung auszuschließen.

Es ging dort um eine Regelung für Schäden, die durch Eigenleistungen des Bauherrn entstehen.

Das Gericht hat in Übereinstimmung mit der Rechtsprechung des BGH entschieden, dass der Architekt sich im Einzelfall auf diese Haftungsbeschränkung nicht berufen darf, nämlich dann, wenn die Schäden zwar durch Eigenleistungen entstehen, der Architekt aber gleichzeitig seine Überwachungspflicht verletzt hat.

Denn genau dafür beauftrage der Bauherr den Architekten, und die Haftung für Fehler dieser Art könne man nicht wirksam ausschließen.

4) Bauleitung / Bauaufsicht

4.1) Haftung bei Bauaufsichtspflichtverletzung

Ein Architekt mit Bauaufsichtsfunktion muss sich zwar nicht ständig auf der Baustelle aufhalten, er hat jedoch die Arbeiten in angemessener und zumutbarer Weise zu überwachen und sich durch häufige Kontrollen zu vergewissern, dass seine Anweisungen sachgerecht erledigt werden.

Bei wichtigen oder kritischen Baumaßnahmen, die erfahrungsgemäß ein hohes Mängelrisiko aufweisen, ist er zu erhöhter Aufmerksamkeit und zu einer intensiveren Wahrnehmung der Bauaufsicht verpflichtet.

Ist die schuldhafte Verletzung der Bauaufsichtspflicht für einen Bauwerkschaden mit ursächlich, so führt dies zur vollen Haftung des Architekten gegenüber dem Auftraggeber.

Mithin kann bereits eine Mitursächlichkeit zur vollen Haftung führen.

4.2) Verstärkte Bauüberwachung durch Architekten bei Abdichtungsarbeiten

Die Schadensersatzpflicht des mit der Bauplanung und Bauüberwachung beauftragten Architekten wegen der Undichtigkeit eines gläsernen Schrägdaches wird nicht dadurch eingeschränkt, dass die Mängel unter anderem auf Planungsfehlern eines Fachunternehmens beruhen, dem die konstruktive Detailplanung überlassen war.

Der Architekt, der mit der Bauplanung und der Bauüberwachung beauftragt war, verfügte in diesem Fall über genügend Fachkenntnis, um die mangelhafte Arbeit bemerken zu können.

4.3) Überwachungspflicht bei Sanierungsarbeiten an einem Altbau

Wird ein Gebäude umgebaut oder modernisiert, so schuldet der Architekt regelmäßig eine Bauaufsicht, die sich an den Besonderheiten einer Altbausanierung zu orientieren hat. Im Rahmen der Objektüberwachung muss er deshalb überprüfen, inwieweit die alte Bausubstanz - insbesondere im Hinblick auf etwaigen Schwammbefall - erhalten bleiben kann. Denn nur wenn die alte Bausubstanz geeignet ist, die Grundlage für die vorzunehmenden Sanierungsarbeiten zu bilden, können die Arbeiten den Regeln der Technik entsprechen.

4.4) Kontrollpflichten und Informationspflichten

Nach dem Eintreten von Baumängeln hat der umfassend beauftragte Architekt diesen Mängeln nachzugehen und den Bauherrn ohne Rücksicht auf eine mögliche Eigenhaftung zu informieren, damit dieser seine Rechte gegen den Handwerker oder den Architekten selbst rechtzeitig vor Eintritt der Verjährung geltend machen kann.

Entspricht der Architekt dem nicht, so kann er sich nicht auf Verjährung berufen.

4.5) Was schuldet ein Architekt bei der Bauüberwachung?

Ist es dem bauüberwachenden Architekten nicht möglich das tätige Handwerksunternehmen in seiner Fachkunde, Leistungsfähigkeit und Zuverlässigkeit einzuschätzen, führt dies zu einer Steigerung der Überwachungspflichten und zwar vor allem zu Beginn der Arbeiten.

Erkennt der bauüberwachende Architekt technische Mängel in der Leistungsausführung, hat er unverzüglich nach dem Erkennen auf deren Beseitigung sowie die künftige Vermeidung gleichartiger Mängel hinzuwirken.

Es genügt demnach nicht, diese in einem Teilabnahmeprotokoll aufzuführen.

Liegen die Abweichungen von einer fachgerechten Ausführung im ästhetischen Bereich und ist er nicht sicher, welche Vereinbarungen der Bauherr mit dem Bauunternehmen insoweit getroffen hat bzw. welche Anweisungen gegeben worden sind, so ist er zumindest verpflichtet, den Bauherren unverzüglich auf die Abweichungen hinzuweisen und mit ihm Rücksprache zur weiteren Ausführung zu halten.

4.6) Überwachungstätigkeit des Architekten

Im vorliegenden Fall hatte sich der Architekt darauf berufen, dass eine Überwachungsarbeit durch ihn nur begrenzt geschuldet gewesen sei, man habe schließlich eine entsprechende Fachfirma beauftragt. Die anspruchsvollen Arbeiten, ein „frisch in frisch" Estrich, änderten hieran nichts.

Diesen Einwand lässt das Gericht nicht zu.

Es verweist darauf, dass die Anforderungen an die Überwachungspflichten von der Schwierigkeit der Baumaßnahme abhängen und eine Kontrolle an deren Ende nicht ausreicht, wenn diese ein hohes Mangelrisiko aufweisen. Ausreichende Wahrnehmung der Kontrollverpflichtung bedeutet, dass der Architekt verpflichtet ist, Kontrollen zu Beginn der Arbeiten oder auch mehrmals täglich oder sogar dauerhaft durchzuführen.

Es käme, so das Gericht, auch nicht darauf an, dass vor Ort andere, geschulte und zuverlässige Aufsichtspersonen die Arbeiten überwachen.

5) Architekt trifft auf Sonderfachmann

5.1) Sanierung eines Objekts nach den Vorgaben eines Sachverständigengutachtens

Klage einer Wohnungseigentumsgesellschaft gegen einen Architekten und ein Bauunternehmen:

Im konkreten Fall hatte ein Sachverständiger für Bauschäden ein Bauschadensgutachten erstellt.

Der anschließend mit der Schadensbeseitigung beauftragte Planer hatte lediglich die Leistungsphasen 1, 2, 6 und 8 abgerechnet und das Schadensgutachten als Planungsgrundlage verwendet.

Anschließend traten wieder die ursprünglichen Bauschäden auf. Der Planer wurde daraufhin vom Auftraggeber in Anspruch genommen. Er wehrte sich mit dem Argument, er habe ja gar nicht alle Leistungsphasen, insbesondere nicht die Ausführungsplanung, in Auftrag gehabt.

Das ließ das OLG nicht gelten und verurteilte den Architekten zum Schadensersatz. Mit seiner Einschätzung, nur einige Leistungsphasen erbringen zu müssen, lag er nach Ansicht der Richter falsch.

Bei der Erfüllung der Vertragspflichten kommt es nicht darauf an, welche Einzelleistungen nach HOAI abgerechnet werden. Es geht einzig und allein um die ordnungsgemäße Erzielung des geschuldeten Erfolgs. Und der Erfolg einer Sanierungsplanung ist nach Ansicht des OLG untrennbar mit der Erbringung aller Leistungsphasen verbunden. Ein Schadensgutachten - so das OLG - ersetzt keine Planung oder Teile davon.

5.2) Haftung des Architekten bei Fehlern des Sonderfachmanns?

Der Architekt darf zwar grundsätzlich dem Spezialwissen eines vom Bauherren beauftragten Sonderfachmanns (Ingenieurs) vertrauen; es trifft ihn jedoch für Fehler des Sonderfachmanns eine Mitverantwortung, wenn er einen Mangel in der Vorgabe/Planung nicht beanstandet, der für ihn nach den von einem Architekten zu erwartenden Kenntnissen erkennbar war.

Der Bauherr muss sich gegenüber dem Architekten nicht das Verschulden des Sonderfachmannes als eigenes Verschulden zurechnen lassen.

5.3) Architekt haftet auch für fehlerhafte Statik

Ein mit der Leistungsphase 8 beauftragter Architekt muss im Rahmen seiner Objektüberwachungspflicht Widersprüche zwischen Statik und Bewehrungsplänen erkennen und diese durch Nachfrage beim Statiker aufklären.

Dem Urteil des OLG Schleswig lag ein Architektenvertrag über ein Schwimmbad für ein EFH zugrunde. Mit der Statik beauftragte der Bauherr ein anderes Büro. Als das Schwimmbad später Risse zeigte, stellte sich heraus, dass der Statiker abweichend von seinen statischen Berechnungen nur eine „10 mm Bewehrung“ statt einer „12 mm Bewehrung“ vorgesehen hatte.

Das OLG meint zwar, vom Architekten seien die zur Überprüfung einer statischen Berechnung erforderlichen Spezialkenntnisse nicht zu erwarten, auch habe der Architekt grundsätzlich den Statiker nicht dahingehend zu beaufsichtigen, ob er die ihm gestellte Aufgabe richtig gelöst habe.

Der Architekt müsse aber - so das OLG - die Übereinstimmung der Ausführung des Objektes mit der Baugenehmigung, den Ausführungsplänen usw. überprüfen.

Dazu habe er die zur Verfügung gestellten Planungs- und Ausschreibungsunterlagen auf Widersprüche zu untersuchen, was auch die statischen Unterlagen betreffe, insbesondere die Überwachung und Abnahme der Bewehrung entsprechend den Bewehrungsplänen des Statikers.

Nicht einmal auf ein Mitverschulden des Statikers kann sich der Architekt gegenüber dem Bauherren berufen. Denn beide Personen haften als Gesamtschuldner, so dass der Architekt im Falle der Verurteilung auf eigene Kosten und eigenes Risiko Regress nehmen muss.

5.4) Hinweis auf drohende Verjährung muss erfolgen

Der Architekt, dem die Leistungsphasen acht und neun übertragen sind, muss den Bauherren nicht über Einzelheiten einer gegen einen Sonderfachmann (hier: Statiker) drohenden Verjährung belehren.

Ist eine Verantwortlichkeit des Statikers nicht fernliegend und ist eine Verjährung möglicher Ansprüche gegen diesen denkbar, muss der Architekt den Bauherren allerdings auf das Risiko einer Verjährung hinweisen. Ggf. muss er ihm die Einholung von Rechtsrat dringend empfehlen.

6) Allgemeine Punkte

6.1) Beachtung privater Rechte von Dritten durch den Architekten

Architekten müssen vor der Planung klären, ob neben den öffentlich-rechtlichen Vorschriften auch private fremde Rechte an dem zu bebauenden Grundstück bestehen.

Kommen sie dieser Verpflichtung nicht nach, haften sei dem Bauherrn für den aus der Fehlplanung entstandenen Schaden.

Der Fall:

Ein Architekt war von der klagenden Gemeinde mit der Planung und dem Bau eines Radweges beauftragt worden. Der Radweg sollte zum Teil über den Grund und Boden der Deutschen Bahn AG verlaufen.

Der Beklagte hielt sich bei der Planung nicht an die Absprachen mit der Bahn. Aus diesem Grund musste der Weg später wieder verlegt werden. Die Klägerin begehrte die Feststellung, dass der Beklagte ihr wegen der entstandenen Mehrkosten schadensersatzpflichtig sei. Die hierauf gerichtete Klage hatte Erfolg.

6.2) Verjährungsfrist gegen Architekten beginnt ab Einzug

Die Verjährungsfrist bei Gewährleistungs- und Haftungsansprüchen gegen einen Architekten beginnt spätestens mit dem Einzug in das Wohnhaus. Ab diesem Zeitpunkt habe der Bauherr die Möglichkeit, eventuelle Mängel festzustellen und geltend zu machen.

Der Bauherr trägt in diesem Fall aber vor, die Verjährung der Ansprüche sei deswegen nicht eingetreten, weil das Haus noch nicht bezugsfertig gewesen sei. Die in dem Haus vorgesehene Souterrainwohnung habe zum damaligen Zeitpunkt noch keinen zumutbaren separaten Zugang von außen gehabt. Zu dieser Wohnung bestehe ein Gefälle von 2,94 m, das mittels einer Treppenanlage zu überwinden sei. Diese Treppenanlage sei erst in der zweiten Jahreshälfte 1993 errichtet worden.

Bezugsfertig ist ein Haus, wenn sein Bezug dem Erwerber auch zugemutet werden kann.

Das ist der Fall, wenn z.B. ein sicherer Zugang zum Haus besteht. Darüber hinaus muss davon ausgegangen werden, dass - mit Ausnahme der Außenanlage und der Beseitigung von Mängeln, die nicht die Sicherheit des Wohnens beeinträchtigen - das gesamte Objekt fertiggestellt ist.

Im Streitfall bestand im November 1992 jedenfalls zum Erdgeschoss hin ein sicherer Zugang zu dem Haus. Dass der Bezug dem Kläger zugemutet werden konnte, wird schon deutlich dadurch belegt, dass der Kläger tatsächlich im November 1992 das Haus bezogen hat.

Mit dem tatsächlichen Einzug des Klägers ist - wie dargelegt - auch die Bezugsfertigkeit dokumentiert.

Die Richter urteilten, dass die vereinbarte Gewährleistungs- und Haftungsdauer von fünf Jahren nach Einzug verjährt sei. Diese Frist sei im Dezember 1997 abgelaufen.

6.3) Leistungsphase 9 und Verjährungsbeginn

Die Verjährung für Gewährleistungsansprüche eines Architektenwerkes bei Vollarchitekturleistungsphasen 1- 9 nach § 15 HOAI beginnt mit der Objektbegehung kurz vor Ablauf der Gewährleistungszeit des Bauunternehmers.

Die Parteien stritten um Schadensersatz wegen mangelhafter Bauüberwachung durch einen Architekten. Dieser war mit den Vollarchitekturleistungsphasen 1 – 9 nach § 15 HOAI beauftragt worden. Hinsichtlich eines Teils der Forderung wendet der Architekt Verjährung ein. Das OLG gibt ihm Recht, entscheidend ist insoweit die Frage, wann die einzelnen Verjährungsfristen zu laufen beginnen.

Wenn nichts anderes geregelt ist, beginnt die Verjährungsfrist für Mängel am Architektenwerk mit dessen Vollendung zu laufen.

Bei einer Vollarchitektur der Leistungsphasen 1- 9 ist die Vollendung erst dann gegeben, wenn eine Besichtigung kurz vor Ablauf der Gewährleistungszeit der ausführenden Unternehmer, also kurz vor Ende der Leistungsphase 9, vorgenommen wird. Erst dann beginnt die 5-jährige Gewährleistung nach BGB.

Will der Architekt anderes erreichen, so ist er gehalten, vertragliche Vereinbarungen so zu treffen, dass die Gewährleistung zumindest nach der Leistungsphase 8 für Bauüberwachungsfehler auch mit Abschluss dieser Leistungsphase beginnt und nicht der Ablauf der Leistungsphase 9 abgewartet werden muss.

Eine solche vertragliche Regelung ist dem Architekten nachhaltig anzuraten, um nicht einer weiter ausufernden Haftung ausgesetzt zu sein.

6.4) Vereinbarung der Bezugsfertigkeit

Vereinbaren die Parteien eines Architektenvertrages über Bauplanung und Bauüberwachung für ein Einfamilienhaus mit Souterrainwohnung, dass die Verjährung mit der Bezugsfertigkeit beginnt, so ist diese Vereinbarung dahin auszulegen, dass die Bezugsfertigkeit jedenfalls dann nicht vorliegt, wenn die als Zugang zur Souterrainwohnung vorgesehene Außentreppe noch nicht fertiggestellt ist.

Der Kläger verlangt von dem beklagten Architekten Schadensersatz. Die Parteien streiten vorrangig darüber, ob der Anspruch des Klägers verjährt ist.

Im April 1991 beauftragte der Kläger den Beklagten mit sämtlichen Leistungsphasen des § 15 Abs. 2 HOAI mit Ausnahme der Objektbetreuung und Dokumentation für den Neubau eines Wohnhauses mit Einliegerwohnung. Die Parteien vereinbarten, dass die Dauer der Gewährleistung und Haftung fünf Jahre nach Bezugsfertigkeit betragen sollte.

Der Kläger bezog im November 1992 das Haus. Zu diesem Zeitpunkt waren die Arbeiten an den Außenanlagen noch nicht begonnen worden. Ein Zugang zu der Einliegerwohnung im Souterrain war zu diesem Zeitpunkt durch den Keller des Klägers möglich. Die geplante Außentreppe war noch nicht errichtet.

Der Kläger behauptet, die Treppenanlage sei erst in der zweiten Hälfte des Jahres 1993 errichtet worden. Zum 1. September 1993 wurde die Einliegerwohnung vermietet.

Im Sommer 1996 entdeckte der Kläger an der Innenwand der Küche unterhalb des Balkons des ersten Obergeschosses einen feuchten Fleck mit einer Größe von ca. 5 x 10 cm. Der Beklagte begutachtete den Fleck.

Die Äußerungen des Beklagten dem Kläger gegenüber anlässlich der Besichtigung sind zwischen den Parteien streitig.

Der Fleck verschwand in der Folgezeit. Im Dezember 1997 traten unterhalb des Balkons im ersten Obergeschoß zwei nasse Streifen auf. Der Kläger behauptet, der Beklagte habe an einer Ortsbesichtigung teilgenommen.

Ein vom Kläger in Auftrag gegebenes Privatgutachten ist zu dem Ergebnis gelangt, dass die Feuchtigkeitserscheinungen auf Planungs- und Ausführungsfehler zurückzuführen sind, zu deren Beseitigung ein Kostenaufwand in Höhe von 21.560,03 DM erforderlich sein soll.

Das Landgericht hat die Klage mit der Begründung abgewiesen, etwaige Ansprüche des Klägers seien verjährt. Die Berufung des Klägers ist erfolglos geblieben.

7) Nässeschäden

7.1) Berücksichtigung der Gebäudeabdichtung in der Genehmigungsplanung

Der Architekt schuldet im Rahmen der Genehmigungsplanung die Berücksichtigung der Grundwasserverhältnisse und die Planung einer ggf. erforderlichen Abdichtung gegen drückendes Wasser.

In seinem Urteil vom 21.02.2006 hatte das OLG Koblenz einen Fall zu entscheiden, in dem der Bauherr den Architekten auf Schadensersatz wegen eines Wassereinbruches in Anspruch genommen hatte. Der Bauherr hatte den Architekten mit Planungsleistungen für den Anbau eines Gebäudes, das in den Schlämmwiesen eines Bachlaufs liegt, beauftragt, ohne einen schriftlichen Architektenvertrag zu schließen. Der Architekt übernahm sowohl die Genehmigungsplanung als auch einen Teil der Ausführungsplanung. Ein Bodengutachten wurde nicht eingeholt.

Nach der Fertigstellung des Gebäudes kam es auf Grund der unzureichenden Gebäudeabdichtung zu einem Wasserschaden im Anbau. Gegen den Anspruch des Bauherrn verteidigte sich der Architekt damit, dass er im Rahmen der Genehmigungsplanung nicht die Pflicht zur Planung einer Abdichtung gegen drückendes Wasser habe, er auf das Erfordernis der Einholung eines Bodengutachtens hingewiesen habe und sich überdies ein ggf. vorhandener Planungsfehler nicht realisiert habe, weil die Wasserbelastung erst im Rahmen der Ausführung durch in der Baugrube stehendes Grundwasser erkennbar geworden sei.

Das Gericht führte zu den Einwänden des Architekten aus, dass der Auftrag zur Genehmigungsplanung notwendigerweise auch die Phasen der Grundlagenermittlung, der Vorplanung und der Entwurfsplanung umfasse. Die Genehmigungsplanung müsse in allen Einzelheiten den Regeln der Technik entsprechen und die Besonderheiten des Baugrundstücks berücksichtigen. Dazu gehöre auch die Planung einer Abdichtung gegen drückendes Wasser nach der DIN 18195 oder in Form einer Weißen Wanne.

7.2) Grundwasser erfordert besondere Aufmerksamkeit des Architekten

Ein Architekt ist auch ohne entsprechende Anhaltspunkte verpflichtet, sich nach den Grundwasserständen zu erkundigen. Eine Bohruntersuchung, die nur eine Momentaufnahme des aktuellen Grundwasserstandes ermitteln kann, reicht dafür nicht aus.

Die Planung des Bauvorhabens muss er grundsätzlich nach dem höchsten bekannten Grundwasserstand (HGW), auch wenn dieser seit Jahren nicht mehr erreicht worden ist, ausrichten.

Liegt die Kellersohle ohne Schutz gegen drückendes Wasser unterhalb des höchsten bekannten Grundwasserspiegels, ist die Planung mangelhaft, und zwar auch dann, wenn es, wie hier, über 10 Jahre nicht zu Grundwasserschäden gekommen ist.

Ein Architekt plante 1993 die Errichtung eines Einfamilienhauses im rheinischen Braunkohlegebiet. Zur Sondierung des Grundwasserstandes ließ er lediglich ein Bohrdiagramm erstellen. Anhaltspunkte für anstehendes Grundwasser ergaben sich daraus nicht. Auf Anfragen beim staatlichen Umweltamt erfuhr der Auftraggeber, dass die Kellersohle seines Hauses ca. 1,5 m unterhalb des höchsten Grundwasserstandes liegt. Grundwassereintritte erfolgten zwar noch nicht, trotzdem klagte der Bauherr auf Feststellung, dass der Architekt zum Schadensersatz verpflichtet ist, weil der Schutz gegen drückendes Wasser fehlt.

Durch das OLG wurde dem Architekten vorgeworfen, gegen elementare Planungsgrundsätze verstoßen zu haben. Der Architekt ist stets verpflichtet, sich nach den Grundwasserständen zu erkundigen. Er kann sich nicht damit entlasten, dass die amtlich ermittelten höchsten Grundwasserstände nicht grundstücksbezogen seien oder dass der Keller in den vergangenen Jahren trocken blieb

7.3) Architekt muss Grundwasserstand sorgfältig ermitteln

Im Rahmen der Planung eines Bauvorhabens mit Kellerbereich hat sich der Architekt grundsätzlich nach den Grundwasserständen zu erkundigen und seine Planung nach dem höchsten aufgrund langjähriger Beobachtung bekannten Grundwasserstand zuzüglich eines Sicherheitszuschlags von 0,30 m auszurichten.

Eine Begrenzung des Beobachtungszeitraums ist nicht geboten. Wegen der gravierenden Schäden, zu denen ein falsch ermittelter Grundwasserspiegel führen könne, müsse der Architekt die Grundwassersituation notfalls Jahrzehnte zurückverfolgen.

7.4) Umfang der Planung zur Abdichtung gegen drückendes Wasser

Der Architekt schuldet eine mangelfreie, funktionstaugliche Planung, die dem ausführenden Unternehmer insbesondere die schadensträchtigen Details einer Abdichtung gegen drückendes Wasser in einer jedes Risiko ausschließenden, nicht auslegungsbedürftigen Weise verdeutlichen muss.

Diese Aussage ist der Angelpunkt in einer Entscheidung des Oberlandesgerichts Düsseldorf. In dem betreffenden Fall war ein Architekt mit dem Bau eines Wohnhauses beauftragt worden. Nach kurzer Zeit waren im Keller Feuchtigkeitsbildungen feststellbar. Ursache hierfür war eine unzureichende Abdichtung des Außenmauerwerks gegen drückendes Wasser.

Das OLG gab der Klage statt. Der Architekt schulde eine mangelfreie, funktionstaugliche Planung. Die sich hieraus ergebenden Anforderungen an eine vertragsgerechte Planung der Mauerwerksabdichtung bei drückendem Wasser seien besonders hoch.

Die Planung des Architekten müsse ein in sich schlüssiges Abdichtungskonzept einer funktionstauglichen Abdichtung der unterirdischen Teile des Baukörpers gegen Grundwasser, Erdfeuchtigkeit und Oberflächenwasser gewährleisten.

7.5) Architekt haftet für nicht DIN-gerecht hergestellte Bodenplatte auch ohne Feuchtigkeitseintritt

Die Planung der Bauwerksabdichtung muss zu einer fachlich richtigen, vollständigen und dauerhaften Abdichtung führen.

Eine nicht DIN-gerechte Bodenplatte ist mangelhaft und löst Schadensersatzansprüche aus, auch wenn der Mangel noch nicht zu Feuchtigkeitseintritten geführt hat.

Ein Architekt plante für den Auftraggeber ein nicht unterkellertes Einfamilienhaus. Dabei berücksichtigte er nicht die für die Bodenplatte erforderliche Feuchtigkeitsabdichtung gemäß DIN 18195, Teil IV, Abschnitt 5.1.4.

Der Bauherr erbrachte die Arbeiten an der Bodenplatte anhand der fehlerhaften Planung in Eigenleistung. Später wurde durch einen Gutachter festgestellt, dass der Bodenaufbau nicht der geltenden DIN entspricht. Der Bauherr klagte gegen den Architekten auf Ersatz der Kosten für die Mangelbeseitigung in Höhe von 34.165,44 DM. Der Architekt verteidigte sich mit dem Argument, dass Feuchtigkeit nicht aufgetreten ist.

Die Klage des Bauherrn hat Erfolg. Grundsätzlich muss die Planung eines Architekten zu einer fachlich richtigen, vollständigen und dauerhaften Abdichtung führen. Abdichtungsarbeiten sind grundsätzlich besonders schadensträchtig.

7.6) Nach Haus-Umbau Boden feucht

Ein Architekt, der beim Umbau eines sehr alten, nicht unterkellerten Hauses Planung und Bauleitung übernimmt, muss dafür sorgen, dass eine wirksame Abdichtung gegen Bodenfeuchtigkeit sichergestellt wird. Sonst, so das OLG Düsseldorf, macht er sich schadensersatzpflichtig.

Wie der Anwalt-Suchservice berichtet, wollte eine Hauseigentümerin ein 100 Jahre altes Gaststättengebäude zum Wohnhaus umbauen lassen. Sie beauftragte einen Architekten, der Planung und Bauleitung übernahm.

Das Haus bestand aus einem unterkellerten Hauptgebäude und einem nicht unterkellerten Anbau. In letzterem trat zwei Jahre nach Abschluss der Arbeiten Feuchtigkeit auf.
Sie zog vom Erdgeschossboden bis zu einer Höhe von 50 Zentimetern die Wände hinauf. Später wurde festgestellt, dass in dem betreffenden Gebäudeteil keine ausreichende Abdichtung des Bodens und der Außenwände gegen aufsteigende Nässe vorhanden war.
Die Eigentümerin war entsetzt und verklagte den Architekten auf Schadensersatz. Der wollte nicht zahlen und erklärte, ihn treffe keine Schuld, da bis zum Umbau keine Feuchtigkeit im Gebäude festzustellen gewesen sei.

Das OLG Düsseldorf entschied den Streit wie folgt (Urt. v. 05.03.2004 - I-22 U 121/03):

Bei einem 100 Jahre alten Haus hätte der Architekt damit rechnen müssen, dass eine Isolierung gegen Feuchtigkeit nicht vorhanden oder nicht mehr einwandfrei war.

Bei Wohnräumen sei aber eine solche Abdichtung erforderlich, so die Richter. Der Architekt wäre deshalb dazu verpflichtet gewesen, das Vorhandensein und die Wirksamkeit der Isolierung zu untersuchen, Abdichtungsmaßnahmen zu empfehlen und ihren ggf. ordnungsgemäßen Einbau zu beaufsichtigen.

Er hätte sich nicht darauf verlassen dürfen, dass bis zum Umbau keine Beschwerden über eingedrungene Feuchtigkeit vorlagen und keine Nässe festzustellen war. Seine Aufgabe wäre es vielmehr gewesen, Vorsorge zu treffen, damit auch in Zukunft etwa im Boden auftretende Feuchtigkeit nicht in das Haus eindringen konnte.

Der Architekt sei der Hauseigentümerin zum Schadensersatz verpflichtet, so das Gericht.

7.7) Schlechte Abdichtung - Architekt haftet

Ein mit der Bauaufsicht betrauter Architekt muss die Abdichtung von Balkonen und Terrassen besonders sorgfältig überwachen. „Versäumt er dies, so kann er sich schadensersatzpflichtig machen", informierte die Quelle Bausparkasse.

Da vor allem Abdichtungsarbeiten mit einem hohen Mängelrisiko behaftet sind, sollte der Architekt nicht unkontrolliert auf eine ordnungsgemäße Ausführung durch die Handwerker vertrauen.

In einem Fall vor dem Oberlandesgericht (OLG) Stuttgart war in einer Wohnanlage gleich bei mehreren Dachgeschosswohnungen Feuchtigkeit aufgetreten.

Ein Gutachten ergab, dass die Dachterrassen unzureichend abgedichtet worden waren. Die hohen Kosten für die erforderlichen Sanierungsarbeiten wollten die Wohnungseigentümer von dem zuständigen Architekten ersetzt haben.

Der war sich keiner Schuld bewusst und erklärte, dass er bei seinen Überprüfungen der Baustelle keine Mängel festgestellt hatte.

Die Richter vom OLG gaben jedoch den Wohnungseigentümern Recht. Baumaßnahmen, die ein so hohes Mängelrisiko aufwiesen, erforderten eine intensive Bauaufsicht. Der Architekt habe hier seine Pflicht zur Bauüberwachung schuldhaft verletzt und sei den Eigentümern schadensersatzpflichtig.

7.8) Bauherr muss sich das Verschulden des Architekten zurechnen lassen

In diesem Urteil geht es um die Haftungsverteilung zwischen Bauherrn und Bauunternehmer für einen Schaden am Bauwerk (hier: Eindringen von drückendem Wasser im Keller). Der Bauunternehmer muss sich wegen der Verletzung seiner Hinweispflicht verantworten, der Bauherr sich aber wegen eines Planungsfehlers seines Architekten ein Mitverschulden anrechnen lassen.

Auch wenn mit einem Architekten nur eingeschränkte Architektenleistungen vereinbart sind, muss dieser prüfen, ob die von ihm fertiggestellten und zur Genehmigung eingereichten Pläne mit den tatsächlichen Verhältnissen übereinstimmen. Er darf sich dabei nicht auf Angaben des Bauherrn verlassen. Vielmehr muss er die erforderlichen Feststellungen selbst treffen. Dazu gehören üblicherweise Besuche der Baustelle, bei denen geprüft wird, ob die Annahmen der Planung noch mit der Realität übereinstimmen oder ob eine Umplanung erforderlich ist.

Hält der Architekt diese Verpflichtungen nicht ein, trifft sogar den Bauherren bei mangelhaften Arbeiten der Handwerker ein Mitverschulden, so dass er einen entstandenen Schaden nicht vollständig ersetzt verlangen kann.

Dies hat das Oberlandesgericht (OLG) Karlsruhe im Fall eines Bauherrn entschieden, der einen Architekten mit der Planung und Überwachung eines Kellers für ein Fertighaus beauftragt hatte.
Dabei hatte der Architekt nicht bemerkt, dass der Grundwasserstand zu hoch war und daher Wasser eindringen konnte. Dieser Fehler hätte durch entsprechende Sorgfalt des Architekten vermieden werden können.

Das OLG Karlsruhe hat den Architektenfehler dem Bauherren zugerechnet: Er kann daher von der Baufirma, die die Arbeiten trotz Wassereinbruchs fortführte und eine fehlerhafte Drainage einbaute, die erforderlichen Sanierungskosten nicht vollständig ersetzt bekommen. Für den Restschaden muss er sich an seinen Architekten halten.

8) Kosten

8.1) Architekt schuldet Bauherrn eine zutreffende Beratung über die voraussichtlichen Baukosten

Der Architekt schuldet dem Bauherrn eine zutreffende Beratung über die voraussichtlichen Baukosten. Sind Kostenschätzungen zu besonderen Zwecken, wie zur Unterstützung von Kreditanträgen oder Förderanträgen, unzutreffend, so hat der Architekt im Rahmen der Beratungspflicht darauf hinzuweisen, dass diese Kostenschätzungen keine Grundlage für die Investitionsentscheidung sein können.

Ein Architekt hatte mit dem Bauherrn einen Vertrag über die Architektenleistungen der Leistungsphasen 1 bis 9 des § 15 Abs. 2 HOAI geschlossen. Der Bauherr hatte sich auf der Grundlage einer sog. Kostenschätzung des Architekten zu zwei Sanierungsvarianten und einer Neubauvariante für die kostengünstige Sanierungsvariante in einer Größenordnung von DM 650.000 entschieden.

Die Summe nannte der Architekt auch im Rahmen der Einreichung des Bauantrags. Unmittelbar vor Vergabe der Bauleistungen erstellte der Architekt für die steuerrechtliche Abgrenzung der Baukosten für eigen- und fremdgenutzte Wohnungen eine Baukostenschätzung mit Baukosten in einer Größenordnung von DM 779.000.

Das Bauvorhaben wurde durchgeführt und war einige Monate später bezugsfertig.

Die Baukosten beliefen sich bei nur geringem Umfang von Planungsänderungen und Zusatzaufträgen auf Baukosten in einer Größenordnung von DM 1.921.000. Der Bauherr führte das im wesentliche auf die fehlerhafte Kostenberatung des Architekten vor Vergabe der Bauleistungen zurück.

Der Architekt hätte die Kosten bereits im Rahmen der ersten Schätzung mit DM 1.340.000 ermitteln müssen. Der Bauherr hätte dann von dem Bauvorhaben Abstand genommen.

Die fehlerhafte Beratung sei für den Entschluss des Bauherrn zur Durchführung des Bauvorhabens ursächlich.

Die bis dahin entstandenen Aufwendungen hätte der Bauherr dann noch durch Verkauf an einen konkret benannten Interessenten kompensieren können.

Nachdem das Berufungsgericht noch die Klage des Bauherrn abweist, weil eine mangelhafte Leistung des Architekten u.a. wegen fehlender Vereinbarung eines Kostenrahmens oder gemeinsamer Kostenvorstellung nicht angenommen werden könne, gibt der BGH dem Bauherrn dem Grunde nach Recht.

Bereits im Rahmen der Grundlagenermittlung besteht eine allgemeine Beratungspflicht über die Kosten des Bauvorhabens.

Hat der Architekt die Vorlage verschiedener Kostenermittlungen, wie Kostenberechnung, Kostenanschlag und Kostenfeststellung übernommen, ist er jedenfalls in den Zeitpunkten, in denen diese Kostenermittlungen vorgelegt werden müssen, zu zutreffenden Kostenangaben verpflichtet.

Der Architekt hat den Bauherrn im Ergebnis schadenursächlich nicht darüber aufgeklärt, dass die Angaben im Bauantrag fehlerhaft sind.

Er muss deshalb darüber aufklären, dass seine Kostenangaben im Bauantrag oder zur Unterstützung von Kreditanträgen sowie zur Sicherung von Förderungsmöglichkeiten ungenau oder sogar fehlerhaft und deshalb keine geeignete Grundlage für die Investitionsentscheidung sein können.

8.2) Schadensersatzpflicht des Architekten bei fehlender Kostenermittlung/-verfolgung

Bei einer Altbausanierung werden die vom Architekten zu Auftragsbeginn geschätzten Kosten überschritten. Der Architekt unterlässt diesbezügliche Hinweise gegenüber dem Bauherrn.

Der nach Fertigstellung der Baumaßnahme erhobenen Honorarforderung des Architekten kommt der Bauherr unter Hinweis auf eine Schadensersatzforderung wegen Pflichtverletzung nicht nach.

Das OLG stellt fest, dass hier der Architekt dem Grunde nach schadensersatzpflichtig ist, da er seiner Beratungspflicht nicht nachgekommen ist.

Der Höhe nach stellt das OLG allerdings keinen Anspruch fest. Erforderlich wäre hier auf Seiten des Bauherrenvortrags und Beweisführung gewesen, dass bei der gebotenen Aufklärung durch den Architekten anders oder günstiger gebaut worden wäre. Ergäbe sich danach, dass der Bauherr von der Baumaßnahme abgesehen oder sie günstiger ausgeführt hätte, besteht auch der Höhe nach ein Schadensersatzanspruch gegen den Architekten.

8.3) Baukostenüberschreitung

Gehen in einem Architektenvertrag sowohl der Architekt als auch der Bauherr gemeinsam von einer bestimmten Kostenbasis aus und machen diese unter der Überschrift "Kostenrahmen" übereinstimmend zur Grundlage ihres Vertrages, handelt es sich nicht lediglich um eine Berechnungsgrundlage zur Honorarermittlung, sondern um die vertragliche Vereinbarung eines Kostenlimits.

Überschreitet der Architekt diesen Kostenrahmen, ist sein Honorar auch ohne Nacherfüllungsverlangen des Bauherrn zu mindern, wenn eine Umplanung unmöglich oder zumindest dem Kläger nicht zumutbar ist.

8.4) Architekt muss auf wirtschaftliche Risiken hinweisen

Der Architekt muss spätestens im Rahmen der Vorplanung (Leistungsphase II nach § 15 HOAI) die finanziellen Möglichkeiten des Auftraggebers ermitteln und dementsprechend den wirtschaftlichen Rahmen des Bauvorhabens abstecken.

Eine allgemeine Verpflichtung, die Vermögensinteressen des Auftraggebers zu wahren, trifft ihn hingegen grundsätzlich nicht. Allerdings hat der Architekt die Nebenpflicht, den Auftraggeber auf die sich aus dem Spannungsverhältnis zwischen den kalkulierten Baukosten und der Finanzierung des Bauvorhabens ergebenden wirtschaftlichen Risiken hinzuweisen. Dies gilt zumindest, sofern er nicht davon ausgehen kann, dass der Auftraggeber sich dieser Risiken bewusst ist und sie in seine Planung einbezogen hat.

Der Bauherr warf dem Architekten vor, er habe ihn nicht mit der gebotenen Klarheit und Eindringlichkeit auf die finanziellen Risiken hingewiesen, die der Verkauf des Bauobjekts während der Rohbauphase mit sich bringe.

Das OLG hielt den Architekten für schadensersatzpflichtig. Nach seiner Ansicht hätte er erkennen müssen, dass der Verkehrswert des fertigen Sanierungsobjekts bei einem frühzeitigen Verkauf schon während der Rohbauphase nicht realisierbar war.

8.5) Wann liegt eine Baukostengarantie eines Architekten vor?

Ein Bauherr hatte einen Architekten beauftragt. Vereinbart war eine Bausumme von 900.000 DM für das Bauobjekt. Der Architekt hatte dem Bauherrn versprochen, dass diese Bausumme von ihm eingehalten werde. Für die Überschreitung der Bausumme machte der Bauherr gegen den Architekten Schadensersatzansprüche geltend.

Zunächst stellt das OLG in seiner Entscheidung fest, dass die Zusage, dass ein Bauobjekt im Rahmen einer Bausumme verwirklicht werden kann, keine Baukostengarantie darstelle. Verspricht ein Architekt dem Bauherrn, dass er eine bestimmte Bausumme nicht überschreiten werde, ist dies keine verschuldensunabhängige Baukostengarantie. Der Architekt haftet jedoch, soweit die Bausummenüberschreitung auf sein Verschulden zurückzuführen ist.

Dies entspricht der herrschenden Rechtsprechung, wonach eine Baukostengarantie ausdrücklich abgegeben werden muss, wenn diese bindend sein soll. Eine Baukostengarantie muss daher im Regelfall als solche bezeichnet sein.

Nur dann führt eine Überschreitung der Baukostenobergrenze dazu, dass verschuldensunabhängig der Bauherr vom Architekten die Erstattung der übersteigenden Beträge geltend machen kann. Im vorliegenden Fall ging das Oberlandesgericht davon aus, dass die Überschreitung der Baukosten auf ein Verschulden des Architekten zurückzuführen sei.

8.6) Hat ein Architekt die Pflicht zur kostengünstigsten Planung?

Der Architekt ist nicht verpflichtet, Details eines Bauvorhabens so zu planen, dass die objektiv beste oder kostengünstigste Lösung erzielt wird.
Etwas anderes kann gelten, wenn Kernbereiche der Planung betroffen sind.

8.7) Muss ein Architekt so kostengünstig wie möglich bauen?

Zu den Aufgaben des Architekten bei der Verhandlung über Nachträge hat das OLG Hamburg eine gerade für private Bauherren wichtige Entscheidung gefällt.

Danach besteht keine allgemeine Verpflichtung des Architekten, unter Berücksichtigung aller Möglichkeiten „so kostengünstig wie möglich zu bauen“ und von sich aus mit Unternehmern über Preisermäßigungen zu verhandeln (hier: für verlängerte Baustelleneinrichtung).

Selbst wenn er den Architekten zu entsprechenden Verhandlungen anweist und dieser dahingehend tätig wird, muss der Architekt für den Erfolg bzw. Misserfolg der Verhandlungen nicht einstehen.

8.8) Architektenhaftung für Bausummenüberschreitung?

Bei der Übernahme einer Kostengarantie muss der Garantierende für bestimmte Höchstkosten der Baumaßnahme einstehen. Zu einer solchen Haftungsbegründung bedarf es einer eindeutigen Erklärung des Garanten. In diesem Fall haftet er ohne Rücksicht auf ein Verschulden.

Eine Haftung wegen Bausummenüberschreitung setzt voraus, dass vertraglich ein bestimmter Kostenrahmen als echte Beschaffenheit vereinbart ist. Dann stellt hier die Überschreitung des Kostenrahmens einen Mangel des geschuldeten Architektenwerks dar.
Der Auftraggeber beauftragt einen Architekten mit Leistungen zum Umbau eines Gebäudes. Die voraussichtlichen Kosten wurden durch den Architekten mit 1,13 Mio. DM netto geschätzt. Während der Bauphase korrigierte der Architekt die Kostenermittlung auf 1,45 Mio. bis 1,5 Mio. DM.

Nach Realisierung des Bauvorhabens belaufen sich die Kosten auf 1.814.114,98 DM. Dabei bleibt streitig, ob dies zumindest teilweise auf Änderungswünsche des Bauherrn zurückzuführen war.

8.9) Keine Toleranz bei Vereinbarung einer Baukostenobergrenze

Die Planung des Architekten ist mangelhaft, wenn eine mit dem Besteller vereinbarte Obergrenze für die Baukosten überschritten wird.

Eine Toleranz kommt nur in Betracht, wenn sich im Vertrag hierfür Anhaltspunkte finden.

Die in einem Bauantrag genannte Bausumme wird nicht allein dadurch als Obergrenze für die Baukosten vereinbart, dass der Architekt den Antrag dem Bauherrn vorlegt, dieser ihn unterzeichnet und an die Baubehörde weiterleitet.

Der beauftragte Architekt soll Planungsleistungen für ein Autohaus erbringen. Es wird im Vertrag eine Baukostenobergrenze von 2 Mio. DM vereinbart. Der vom Architekten vorbereitete und von dem Bauherrn unterzeichnete Bauantrag weist Baukosten in Höhe von 2,5 Mio. DM aus.

Nach sachverständiger Überprüfung hätte die Planung jedoch nur für rund 2,7 Mio. DM tatsächlich ausgeführt werden können. Der Bauherr kündigte daher den Architektenvertrag wegen Überschreitung der vereinbarten Kosten aus wichtigem Grund und verlangt Rückzahlung bereits geleisteter Abschläge.

8.10) Architekt haftet bei fehlerhafter Auftragsvergabe

Der Architekt, der bei Auftragsvergabe eingeschaltet ist, hat die Pflicht, Angebote eingehend zu prüfen und zu werten. Berät er den Bauherrn dahingehend, mit dem Auftragnehmer einen Bauvertrag abzuschließen, der den tatsächlichen Wert der Arbeiten nach ortsüblicher Vergütung um 35 % überschreitet, haftet der Architekt auf Schadensersatz.

Gegenstand der Entscheidung war ein Fall, in welchem ein Architekt mit der Erstellung eines Leistungsverzeichnisses und der Durchführung einer beschränkten Ausschreibung für Tiefbauarbeiten beauftragt war.

Nach Submission wird dem zweitgünstigsten Bieter der Zuschlag in Form eines Pauschalfestpreises erteilt.

Nach Zahlung der Schlussrechnung durch den Bauherrn kommen Zweifel an der Richtigkeit der vom Architekten im Einheitspreis-Leistungsverzeichnis zugrunde gelegten Massen auf.

Ein selbstständiges Beweisverfahren bestätigt diese Zweifel, indem sachverständig festgestellt wird, dass die vom Architekten zugrunde gelegten Massen im Leistungsverzeichnis zum Teil erheblich zu hoch waren.

Der Bauherr trägt vor, dass sich das Auftragsvolumen um rund 75.000 € verringert hätte, wenn der Architekt die zutreffenden Massen zugrunde gelegt hätte. Er nimmt den Architekten in Höhe dieser Mehrkosten auf Schadensersatz in Anspruch.

Der Bauherr hat mit seiner Klage auf Schadensersatz teilweise Erfolg. Das OLG Schleswig lastet dem Architekten an, er habe das Angebot des Unternehmers schuldhaft nicht ausreichend auf die Richtigkeit der angegebenen Massen überprüft.

Hierzu wäre der Architekt, der mit der Durchführung der Ausschreibung beauftragt ist, jedoch verpflichtet gewesen.

8.11) Haftung des Architekten bei ehrenamtlicher Tätigkeit

Auch bei einer ehrenamtlichen und unentgeltlichen Tätigkeit sind „Planer" für mangelhafte Leistungen verantwortlich. Die unentgeltliche Übernahme von Architektenleistungen beruht angesichts der wirtschaftlichen Bedeutung für den Bauherrn nach einhelliger Auffassung der Zivilgerichte in der Regel auf einer rechtlichen Bindung der Beteiligten.

Folgendes war geschehen:

Ein Architekt hat ehrenamtlich für seine Pfarrgemeinde Pläne für eine Umbaumaßnahme im Pfarrgemeindesaal erstellt.

Vor der Ausführung der Ausschachtungsarbeiten haben weder der Unternehmer noch der unentgeltlich tätige Architekt die Lage von Versorgungsleitungen überprüft.

Dadurch kam es zu Schäden. Da die Baufirma zwischenzeitlich insolvent geworden war, trat die Pfarrgemeinde zwecks Schadensersatzes an den „Ehrenamtler" heran.

Fazit:

Auch bei einer ehrenamtlichen und unentgeltlichen Tätigkeit sind Architekten für mangelhafte Leistungen verantwortlich.

Die unentgeltliche Übernahme von Architektenleistungen beruht angesichts der wirtschaftlichen Bedeutung für den Bauherrn nach einhelliger Auffassung der Zivilgerichte in der Regel auf einer rechtlichen Bindung der Beteiligten und begründet daher im Falle einer Schlechterfüllung Mängelansprüche des Bauherrn.

Sie sind daher zum Schadensersatz verpflichtet.

8.12) Volle Haftung auch bei geringem Honorar

Auch bei der Beauftragung einer „beratenden und prüfenden Ausführung" von Sanierungsleistungen schuldet der Architekt eine regelmäßige und angemessene Bauüberwachung gefahrträchtiger Bauabschnitte. Dies gilt auch dann, wenn nur ein geringes Honorar vereinbart wurde und die eigentliche Bauüberwachung ein Dritter vornahm.

Die Bauherrin sanierte ein altes Mehrfamilienhaus. Der beklagte Architekt wurde für 2.000 € mit der „beratenden und prüfenden Ausführung der Sanierungsleistungen" beauftragt und sollte darüber hinaus einen „Abschlussbericht zur erfolgreichen Prüfung der fachgerechten Ausführung der Sanierungsleistungen" erstellen.

Die Sanierungsleistungen schlossen die Beseitigung eines Fäulnisbefalls der Holzbalkendecken ein. Die eigentliche Objektüberwachung wurde durch die Bauherrin an einen anderen Architekten beauftragt. Trotz stichprobenartiger Überprüfung durch den beklagten Architekten wurde ein Hausschwammbefall sämtlicher Holzdecken in den Wohnungen festgestellt.

Der Architekt wurde deshalb auf Schadensersatz in Höhe von rund 830.000 € in Anspruch genommen.

Das OLG bestätigt das Landgericht-Urteil, wonach der Architekt Schadensersatz zu leisten hat. Nach der Auffassung des Oberlandesgerichts schuldete der Architekt eine regelmäßige und angemessene Bauüberwachung, unabhängig von der Höhe der vereinbarten Vergütung.

Von daher hätte sich der Architekt bei den gefahrenträchtigen Bauabschnitten persönlich oder durch zuverlässige Gehilfen unmittelbar von der Ordnungsgemäßheit der ausgeführten Arbeiten überzeugen müssen.

Kapitel 5
HOAI

Bedeutung der HOAI

Die **Honorarordnung für Architekten und Ingenieure (HOAI)** ist eine Rechtsverordnung der deutschen Bundesregierung zur Regelung der Honorare für Architekten- und Ingenieurleistungen in Deutschland.

Die seit 1. Januar 2021 geltende Fassung regelt die Vergütung der Leistungen von Architekten und Ingenieuren, die Planungsleistungen in den Bereichen der Architektur, der Stadtplanung und des Bauwesens erbringen. Ausgenommen sind Ingenieure, die in den Bereichen Umweltverträglichkeit, Bauphysik, Bodenmechanik und Vermessungswesen tätig sind.

Zudem sind Ingenieurleistungen der Bereiche Maschinen- und Anlagenbau, Verfahrens-, Elektro- und Prozesstechnik ausgenommen, die keinen direkten Bezug zur technischen Ausstattung des Bauwerkes haben. Für sie wurden lediglich nicht verpflichtende Regelungen aufgestellt.

Die HOAI steht für die Honorarordnung für Architekten und Ingenieure. Sie ist eine in Deutschland geltende Verordnung, die die Honorare regelt, die Architekten und Ingenieure für ihre Planungs- und Bauleistungen erhalten können.

Die HOAI ist ein zentrales Instrument zur Festlegung von Honoraren und zur Sicherung der Qualität von Planungsleistungen im Baubereich.

Einige wichtige Aspekte der HOAI sind:

1. **Honorarsätze**: Die HOAI enthält Tabellen mit Mindest- und Höchstsätzen für die Honorare von Architekten und Ingenieuren. Diese Honorarsätze sind nach verschiedenen Leistungsphasen gegliedert, die den Planungs- und Bauprozess von der ersten Entwurfsphase bis zur Bauüberwachung umfassen.

2. **Berechnungsmethoden**: Die HOAI legt auch die Methoden fest, nach denen die Honorare berechnet werden. Dies umfasst in der Regel die Grundlage der Honorarberechnung, die Anrechnung von Leistungsänderungen, besondere Leistungen und Nebenkosten.

3. **Verbindlichkeit**: Die HOAI ist in der Regel verbindlich für Aufträge im Bereich der Architektur- und Ingenieurdienstleistungen. Das bedeutet, dass die Honorarsätze und Berechnungsmethoden der HOAI als Grundlage für Honorarvereinbarungen zwischen Auftraggebern und Auftragnehmern dienen.

4. **Qualitätssicherung**: Die HOAI trägt zur Qualitätssicherung bei, indem sie sicherstellt, dass Planungsleistungen angemessen vergütet werden. Dies soll sicherstellen, dass Planer die erforderliche Zeit und Ressourcen für eine qualitativ hochwertige Planung und Umsetzung von Bauprojekten haben.

Es ist wichtig zu beachten, dass die HOAI regelmäßig überarbeitet und aktualisiert wird, um Änderungen in der Baubranche und in den rechtlichen Rahmenbedingungen widerzuspiegeln. Aufgrund ihrer Bedeutung für die Baubranche und die Honorarpraxis ist die HOAI ein wichtiger Bestandteil des deutschen Baurechts.

Die Tätigkeit des freischaffenden Architekten ist keine gewerbliche Tätigkeit.

Ein freischaffender Architekt übt ebenso wie ein Arzt oder Rechtsanwalt einen Freien Beruf aus.

Eines der Wesensmerkmale des „Freien Berufes" ist die Art der Beziehung zwischen Auftraggeber und Auftragnehmer - es ist ein besonderes Vertrauensverhältnis.

Honorarordnungen haben zum Ziel

- wirtschaftliche Abhängigkeiten des Auftragnehmers vom Auftraggeber zu vermeiden
- und den Auftragnehmer von der Notwendigkeit des Feilschens um sein Honorar zu befreien.

Honorarordnungen sollen den Vertragspartnern Transparenz und Rechtssicherheit bieten.

Die HOAI gilt für alle Personen, die im **Inland für inländische** Projekte tätig sind, unabhängig von ihrer tatsächlichen Ausbildung, was durch den Langtitel Verordnung über die Honorare für Architekten- und Ingenieurleistungen klargestellt wird.

Die HOAI wurde 1996 erstmals aufgelegt und in den Jahren 2002 sowie 2009 überarbeitet. Seit 2013 regelt die Vergütung der Leistungen von Architekten und Ingenieuren, die Planungsleistungen in den Bereichen der Architektur, der Stadtplanung und des Bauwesens erbringen. Diese Fassung wurde 2021 überarbeitet. Eine Synapse zum besseren Vergleich ist im Anhang beigefügt!

Seit dem 01.01.2021 gilt die neue Honorarordnung für Architekten und Beratende Ingenieure (HOAI). Die Verbindlichkeit der Mindest-und Höchstsätze ist entfallen, die Leitwerte bilden jedoch weiterhin den Orientierungsrahmen. Ausgeweitet wurden unter anderem die Informations- und Hinweispflichten von Architekten und Beratenden Ingenieuren gegenüber den Verbrauchern als Bauherren.

In § 7 Abs. 2 HOAI 2021 heißt es, dass der Auftragnehmer den Auftraggeber, **sofern dieser Verbraucher ist**, vor Abgabe von dessen verbindlicher Vertragserklärung zur Honorarvereinbarung in Textform darauf hinzuweisen hat, dass ein höheres oder niedrigeres Honorar als die in den Honorartafeln dieser Verordnung enthaltenen Werte vereinbart werden kann.

Erfolgt der Hinweis nicht oder nicht rechtzeitig, gilt für die zwischen den Vertragsparteien vereinbarten Grundleistungen anstelle eines höheren Honorars ein Honorar in Höhe des jeweiligen Basishonorarsatzes als vereinbart. Architekten und Beratende Ingenieure müssen dieser neuen Hinweispflicht bei Verträgen mit Verbrauchern nachkommen!

Hat die HOAI-Novelle Auswirkungen auf die Berufshaftpflichtversicherung? Zunächst nicht!

Denn auch bisher war lediglich das real erwirtschaftete Honorar (ohne MwSt.) Grundlage für den Beitrag zur Berufshaftpflichtversicherung. Daran ändert sich nichts. Es bleibt jedoch abzuwarten, ob durch die neue HOAI 2021 die Honorare angemessen bleiben. Im Falle eines Umsatzrückgangs durch Honorar-Dumping wird der Versicherungsbeitrag nach unten angepasst.

Ausgenommen sind Ingenieure, die in den Bereichen Umweltverträglichkeit, Bauphysik, Bodenmechanik und Vermessungswesen tätig sind. Für sie wurden lediglich nicht verpflichtende Regelungen aufgestellt.

Die HOAI sind ein verbindliches Preisrecht, kein Vertragsrecht!

Im Rahmen der HOAI gilt Werkvertragsrecht, wobei es keine Vorgabe für die Vertragsform gibt. Ein Vertrag kann also sowohl mündlich, schriftlich oder auch in konkludenter Form geschlossen werden.

Letztendlich hat die HOAI damit annähernd Gesetzescharakter mit der Folge, dass die festgelegten Honorare eingeklagt werden können.

Die HOAI gilt lediglich dann nicht, wenn Planungsleistungen durch Unternehmen erbracht werden, die regelmäßig Bauleistungen erbringen (z. B. durch Generalunternehmer im Zuge einer umfassenden Bauleistung).

HOAI Leistungsphasen

Die HOAI (Honorarordnung für Architekten und Ingenieure) ist eine preisrechtliche Verordnung der Bundesregierung.

Der Anwendungsbereich der Honorarordnung wird in § 1 HOAI beschrieben:

Die Bestimmungen dieser Verordnung gelten für die Berechnung der Entgelte für die Leistungen der Architekten und Ingenieure (Auftragnehmer), soweit sie durch Leistungsbilder oder andere Bestimmungen dieser Verordnung erfasst werden.

Die HOAI legt fest, wie ein Architektenhonorar zu ermitteln ist und schreibt in Honorartabellen die Preisgrenzen (Vorgabe von Mindest- und Höchstsätzen) für Architektenleistungen vor.

Die HOAI ist eine bundesweit geltende Preisverordnung, die die Bundesregierung auf der Grundlage eines Artikelgesetzes erlassen hat. Kammermitglieder sind darüber hinaus aufgrund ihres Standesrechtes (der Berufsordnung) dazu verpflichtet, die HOAI anzuwenden.

In §15 der HOAI werden die Leistungen des Architekten/Ingenieurs in neun Phasen detailliert beschrieben:

Leistungsphasen nach HOAI	**Architekturleistung nach HOAI**
1. Grundlagenermittlung	**Klären der Aufgabenstellung**
2. Vorplanung	**Projekt- und Planungsvorbereitung**
3. Entwurfsplanung	**System- und Integrationsplanung**
4. Genehmigungsplanung	**Bearbeiten und Einreichen der Bauvorlage**
5. Ausführungsplanung, Werkplanung	**Bearbeiten bis zur Ausführungsreife**
6. Vorbereitung der Vergabe	**Massenermittlung und Leistungsverzeichnis**
7. Mitwirkung bei der Vergabe	**Prüfen und Werten der Angebote**
8. Objektüberwachung	**Begleiten des Bauablaufes**
9. Objektbetreuung und Dokumentation	**Betreuung nach Projektfertigstellung**

Alle 9 Phasen zusammen ergeben 100% der Architektenleistung.

Die Leistungsphasen und ihre Benennung dienen der Honorarermittlung nach HOAI und werden nur in diesem Zusammenhang dezidiert verwendet.

Im alltäglichen Sprachgebrauch von Architekten und Ingenieuren finden sich oft andere Begriffe:

LP 1 bis 3	Werden in der Regel unter dem Begriff des „Entwurfs“ zusammengefasst.
LP 5	Die Ausführungsplanung wird oft auch als „Werkplanung“ bezeichnet.
LP 6 bis 7	Werden oft unter den Ausdrücken „Ausschreibung“, „Vergabe“ oder „Abrechnung“ zusammengefasst.
LP 8	Wird allgemein als „Bauleitung“ bezeichnet. Hierzu gehört u.a. das Führen eines „Bautagebuches“.

Architektenhonorare werden nicht frei ausgehandelt, sondern sind gesetzlich geregelt. Der Architekt bietet seine Leistungen nicht im Preis-, sondern im Qualitätswettbewerb an.

Daher auch die berufsrechtliche Einschränkung der Werbung: Der Architekt wirbt mit seiner Leistung.

Die Honorarordnung für Architekten und Ingenieure setzt die Höhe des Honorars nach dem Umfang der Leistung, den anrechenbaren Baukosten und der Schwierigkeit der Bauaufgabe fest:

Umfang der Leistung

- Die oben genannten Leistungsphasen sind in Umfang und Leistung durch die Honorarordnung klar festgelegt.

Anrechenbare Baukosten

- Die anrechenbaren Nettobaukosten beinhalten die reinen Bau- und Ausbaukosten, nicht aber zum Beispiel den Grundstückspreis und die Erschließungskosten. Hieraus ergibt sich die Höhe des Architektenhonorars.

Schwierigkeit der Bauaufgabe

- Die Schwierigkeit der Bauaufgabe wird in fünf Honorarzonen berücksichtigt.

Leistungsphase 1, die Grundlagenermittlung (3% Anteil an der Gesamtleistung)

Grundleistungen	Besondere Leistungen
Klären der Aufgabenstellung.	Bestandsaufnahme
Beratung zum gesamten Leistungsbedarf. Formulierung von Entscheidungshilfen für die Auswahl anderer an der Planung fachlich Beteiligter.	Standortanalyse
Zusammenfassung der Ergebnisse	Aufstellung eines Raum- und Funktionsprogramms.
	Prüfen der Umwelterheblichkeit und der Umweltverträglichkeit.

Leistungsphase 2, die Vorplanung (7%)

Grundleistungen	Besondere Leistungen
Grundlagenanalyse	Untersuchung von Lösungsmöglichkeiten nach grundsätzlich verschiedenen Anforderungen.
Abstimmung der Zielvorstellungen	Finanzierungsplanung, Betriebs-Kosten-Nutzen-Analyse.
Erarbeitung eines Planungskonzepts einschl. Untersuchung der alternativen Lösungsmöglichkeiten nach gleichen Anforderungen mit zeichnerischer Darstellung und Bewertung, z. B. versuchsweise zeichnerische Darstellungen, Strichskizzen.	Mitwirken bei der Kreditbeschaffung
Integrieren der Leistungen anderer an der Planung fachlich Beteiligter.	Durchführen der Bauvoranfrage
Klärung und Erläuterung von Städtebau, Gestaltung, Ökologie, Ökonomie in Erstellung und Nutzung.	Anfertigen von Perspektiven, Muster, Modelle.
Verhandlungen mit den Behörden zur Sicherung der Genehmigungsfähigkeit.	Aufstellung der Zeit- und Organisationsplanung.
Kostenschätzung	Gebäude- und Bauteiloptimierung zur Verringerung des Energieverbrauchs sowie der Schadstoffemissionen und zur Nutzung erneuerbarer Energien.

Leistungsphase 3, die Entwurfsplanung (11%)

Grundleistungen	**Besondere Leistungen**
Bearbeiten des Planungskonzeptes.	System- und Integrationsplanung.
Zeichnerische Darstellung des Gesamtentwurfs.	Analyse von Alternativen/Varianten mit Kostenuntersuchung /-optimierung.
Verhandlungen über die Genehmigungsfähigkeit.	Wirtschaftlichkeitsberechnung.
Kostenberechnung und Kostenkontrolle	Kostenberechnung durch Aufstellen von Mengengerüsten oder Bauelementkatalog.

Leistungsphase 4, die Genehmigungsplanung (6%)

Grundleistungen	**Besondere Leistungen**
Erarbeiten der Vorlagen der erforderlichen Genehmigungen oder Zustimmungen einschl. der Anträge auf Ausnahmen und Befreiungen.	Mitwirken bei der Beschaffung der nachbarlichen Zustimmung.
Einreichen des Baugesuches	Erarbeitung von Unterlagen für besondere Prüfverfahren.
Begleitung des Genehmigungsverfahrens	Unterstützung des Bauherrn in Widerspruch- oder Klageverfahren.
	Ändern der Genehmigungsunterlagen.

Leistungsphase 5, die Ausführungsplanung (25%)

Grundleistungen	**Besondere Leistungen**
Durcharbeiten der Ergebnisse der Leistungsphasen 3 und 4	Detaillierte Objektbeschreibung als Raumbuch.
Ausführungspläne.	Detailmodelle.
Detail- und Konstruktionszeichnungen.	Prüfen und Anerkennen von Plänen Dritter.
Einarbeiten von Fachplanungen.	

Leistungsphase 6, die Vorbereitung der Vergabe (10%)

Grundleistungen

Massenermittlung als Grundlage für Leistungsbeschreibungen.

Aufstellen von Leistungsbeschreibungen mit Leistungsverzeichnissen nach Leistungsbereichen.

Abstimmen und Koordinieren der Leistungsbeschreibungen aller Gewerke.

Besondere Leistungen

Leistungsbeschreibungen mit Leistungsprogramm unter Bezug auf Raumbuch.

Kostenübersichten mit Auswertung der Beiträge an der Planung fachlich Beteiligter.

Leistungsphase 7, Mitwirkung bei der Vergabe (4%)

Grundleistungen

Einholen, Prüfen und Auswerten der Angebote, Aufstellen eines Preisspiegels.

Verhandlung mit Bietern und Mitwirken bei der Auftragserteilung.

Kostenanschlag und Kostenkontrolle.

Besondere Leistungen

Prüfen und Werten von Angeboten und Preisspiegeln nach besonderen Anforderungen.

Leistungsphase 8, die Objektüberwachung (31%)

Grundleistungen

Überwachen und Koordinieren der Ausführung.

Aufstellen und Fortschreiben eines Zeitplanes, Führen eines Bautagebuches.

Abnahme der Bauleistung, Feststellung von Mängeln und Überwachen der Beseitigung.

Rechnungsprüfung und Kostenfeststellung, Kostenkontrolle.

Organisation behördlicher Abnahmen

Übergabe des Objekts.

Auflisten der Gewährleistungsfristen.

Besondere Leistungen

Aufstellen, Überwachen und Fortschreiben von Zahlungsplänen und differenzierten Zeit-, Kosten- oder Kapazitätsplänen.

Über die Grundleistung hinausgehende Tätigkeit als verantwortlicher Bauleiter.

Leistungsphase 9, die Objektbetreuung und Dokumentation (3%)

Grundleistungen	Besondere Leistungen
Mitwirken bei der Freigabe von Sicherheitsleistungen.	Aufstellen von Bestandsplänen, Ausrüstungs- und Inventarverzeichnissen, Wartungsanweisungen.
Zusammenstellung der zeichnerischen und textlichen Unterlagen.	Objektbeobachtung und -verwaltung, überwachen der Wartungs- und Pflegeleistungen.
	Baubegehungen nach Übergabe.
	Aufbereiten des Zahlenmaterials für eine Objektdatei.
	Ermittlung und Kostenfeststellung zu Kostenrichtwerten.
	Überprüfen der Bauwerks- und Betriebskosten-Nutzen-Analyse.

Zusammenfassung

Die Höhe des Architektenhonorars wird ermittelt:

1. aus der durch den Architekten ausgeführten Leistung gemäß den in der Tabelle dargestellten Leistungsphasen,
2. in Bezug auf die anrechenbaren Nettobaukosten (Summe der Bau- und Ausbaukosten),
3. aus der Schwierigkeit der Bauaufgabe (hierbei gibt es eine feste Einteilung nach Gebäudearten, deren Ausstattungs- und Bauschwierigkeit gemäß den fünf Honorarzonen nach HOAI).

Die für die Ermittlung des Architektenhonorars anrechenbaren Kosten sind die Nettobaukosten für das Bauwerk.

Besondere Auslegung der HOAI

Ingenieure aus den Fachbereichen

- Anlagenbau
- Automatisierungstechnik
- Elektro
- Kommunikation
- Maschinenbau
- Umwelt
- Verfahrenstechnik

legen in der Praxis die Leistungsphasen der HOAI anders aus.

Daher sollte man im Gespräch mit dem jeweiligen Versicherungsnehmer ggf. seine Fragen zu dem zu versichernden Risiko auch entsprechend stellen können:

Wenn der VN von…. spricht,	**meint er damit…**	**und die befindet sich in…**
Konzeptphase	Machbarkeitsstudie Projektdefinition Vorplanung	HOAI LP 1 - 3
Realisierung	Abstimmungs-/ Anpassungsplanung Bauaufsicht Basisplanung Behördenplanung Detail-/Werkstattplanung Montageleitung/-aufsicht	HOAI LP 3 - 5
Inbetriebnahme / Außerbetriebnahme	Dokumentation	HOAI LP 9

Wenn der VN von…. spricht,	**meint er damit…**	**und dies ist hingegen…**
Inbetriebnahme / Außerbetriebnahme	Inbetriebnahme Außerbetriebnahme	NICHT VERSICHERT NICHT VERSICHERT

Hinweis zu Inbetrieb- / Außerbetriebnahme

Es wird in der Praxis immer schwieriger noch „reine" Ingenieursberufe anzutreffen:

- Architekten und Bauingenieure, die gleichzeitig mit Baustoffen oder Grundstücken handeln oder über eine Tochterfirma auch Bauleistungen erbringen.
- Ingenieure, die zu ihrem Plan auch gleichzeitig eine Software für die Anlagensteuerung schreiben und die Inbetriebnahme anbieten.

Ebenfalls schwierig anzutreffen sind Versicherer, die diese „gemischten" Berufe noch versichern.

Immer mehr Risikoträger gehen dazu über nur noch lupenreine Planungsrisiken zu versichern.

Die Gruppe der derzeit nicht versicherbaren Berufe wird somit immer größer.

Hinsichtlich der Inbetriebnahmerisiken kann es im Einzelfall (!) daher eine Lösung sein, dem Versicherungsnehmer eine entsprechend formulierte IT-Police anzubieten.

Vorteil: Das Produktrisiko der selbst erstellten Software wäre optimal versichert.
Die Inbetriebnahme ist ebenfalls über die „echten" Vermögensschäden abgesichert (auf die Versicherungssumme achten!)

Nachteil: Die reinen HOAI-Leistungen fallen nicht unter diesen Versicherungsschutz.
Vielleicht hat man Glück und der Versicherungsnehmer spezialisiert sich auf den IT-Bereich und überlässt den HOAI-Teil einem mit ihm kooperierenden Ingenieursbüro.

Fazit: Der Versicherungsmarkt hat mit den „Ingenieuren 2.0", die halt eben nicht mehr das klassische Einfamilienhaus planen, so seine Schwierigkeiten. Die altehrwürdigen Produkte von damals wurden nicht weiterentwickelt.

Nach welcher HOAI soll abgerechnet werden?

Derzeit bestehen 4 gültige HOAI-Fassungen nebeneinander: 2002, 2009, 2013 und 2021.

Jede Fassung weist unterschiedliche Honorarhöhen und Leistungsbilder aus, was zu Abgrenzungsschwierigkeiten bei den Honorarabrechnungen führen kann.

Nach welcher HOAI soll also im Einzelfall abgerechnet werden?

- HOAI 2002 gilt für Verträge, die bis zum 17.08.2009 (24:00 Uhr) abgeschlossen wurden.
- HOAI 2009 gilt für Verträge, die in der Zeit vom 18.08.2009 (0:00 Uhr) bis zum 16.07.2013 (24:00 Uhr) abgeschlossen wurden.
- HOAI 2013 gilt für Verträge, die in der Zeit vom 17.07.2013 (0:00 Uhr) bis 31.12.2020 (24 Uhr) abgeschlossen wurden.
- HOAI 2021 gilt für Verträge, die ab dem 01.01.2021 (0:00 Uhr) abgeschlossen wurden.

Was passiert, wenn ein Stufenvertrag geschlossen wurde, bei dem es dem Auftraggeber (Bauherr) möglich war, einzelne Leistungen bis zur Bauabnahme abzurufen ?

Gemäß dem Urteil vom OLG Koblenz vom 06.12.2013 kommt in solchen Fällen ein wirksamer Vertrag auf Basis des Ursprungsvertrages zustande!

Leidiges Thema „Baukostenüberschreitung"

Neben Baumängel wohl der zweite große Streitpunkt zwischen Bauherr und Architekt!

Dabei liegt die Wurzel von diesem Problem kurioser Weise in dem Regelwerk, dass eigentlich für Transparenz und somit für einen „roten Faden" sorgen sollte: Die HOAI.

Für das Leistungsbild *Gebäude und raumbildende Ausbauten* im Sinne von § 33 HOAI gibt es nach Anlage 11 HOAI neun Leistungsphasen:

1. **Grundlagenermittlung**
2. **Vorplanung**
3. **Entwurfsplanung**
4. **Genehmigungsplanung**
5. **Ausführungsplanung**
6. **Vorbereitung der Vergabe**
7. **Mitwirkung bei der Vergabe**
8. **Objektüberwachung**
9. **Objektbetreuung und Dokumentation**

So weit so gut. Interessant wird es dann, wenn man sich diese Leistungsphasen unter Kostengesichtspunkten ansieht:

1. Grundlagenermittlung
2. Vorplanung mit **Kostenschätzung**
3. Entwurfsplanung mit **Kostenberechnung**
4. Genehmigungsplanung
5. Ausführungsplanung
6. Vorbereitung der Vergabe
7. Mitwirkung bei der Vergabe mit **Kostenanschlag**
8. Objektüberwachung mit **Kostenfeststellung**
9. Objektbetreuung und Dokumentation

Also nur in 4 von 9 Leistungsphasen geht es um die Kosten!

Im Detail sind diese Leistungsphasen wie folgt geregelt:

LP 2 / Kostenschätzung

Basis: Zeichnerische Darstellungen und sonstige Planunterlagen der Vorplanung.

Ziel: Daraus lassen sich zu "bauende Mengen" ermitteln. Von besonderer Bedeutung ist dabei der Brutto-Rauminhalt. Unter Verwendung von Kostenkennzahlen [EUR/m³ BRI] von **vergleichbaren** Projekten können dann die Kosten für das neue Projekt geschätzt werden.

Hier wird also nur auf vergleichbare Projekte abgestellt! Eine recht ungenaue Basis für die darauffolgenden Leistungsphasen.

LP 3 / Kostenberechnung

Basis: Entwurfsplanung

Ziel: Ein stimmiges und realisierbares Planungskonzept, das alle projektspezifischen Problemstellungen berücksichtigt.

Hier reicht rechtlich eine Genauigkeit von ± 20 % aus!

Bei einem Einfamilienhaus mit z.B. 150.000 € Baukosten würde diese „Genauigkeit" eine zulässige Baukostenüberschreitung von max. 30.000 € bedeuten.

LP 7 / Kosten(vor)anschlag

Basis: Grundlage sind die Einheits- oder Pauschalpreise der Angebote.

Ziel: Kaufmännische Vorkalkulation und somit ein rechtsverbindliches Angebot.
Der Kostenanschlag basiert auf den Planungsunterlagen, wie zum Beispiel endgültigen, vollständigen Ausführungs-, Detail und Konstruktionszeichnungen.

Fazit:

Der Ablauf eines Bauprojektes würde in Leistungsphasen ausgedrückt wie folgt aussehen:

1. Grundlagenermittlung
2. Vorplanung mit Kostenschätzung analog vergleichbarer Projekte (ungenau)
3. Entwurfsplanung mit Kostenberechnung / Kosten ± 20 %
4. Genehmigungsplanung
5. Ausführungsplanung
6. Vorbereitung der Vergabe

Aber erst in LP 7 wird es mit dem Kosten(vor)anschlag konkret!

Bis dahin sind schon einige Kosten angefallen und die Zeit vorangeschritten. Hier wird der Bauherr also nur im (finanziellen) Notfall die ersten sechs Leistungsphasen überarbeiten lassen.

Bauvorlageberechtigung

Gemäß der Bauordnung NRW (NRW dient nur als Beispiel, diese Regelung dürfte in den anderen Bundesländern ähnlich lauten) muss ein schriftlicher Bauauftrag mit allen für die Bearbeitung und Beurteilung erforderlichen Unterlagen (darunter versteht man die sogenannten Bauvorlagen) eingereicht werden.

Diese Bauvorlagen können nur von einem Bauvorlageberechtigten erbracht werden.

Wer ist bauvorlageberechtigt?

Bauvorlageberechtigt ist gemäß § 70 Abs.3 Nr.2 BauO NRW, wer als Angehöriger der Fachrichtung Bauingenieurwesen mindestens zwei Jahre in der Planung und Überwachung der Ausführung von Gebäuden praktisch tätig war und dies durch eine Bescheinigung der Ingenieurkammer-Bau NRW bestätigen lässt.

Die Erteilung der Bescheinigung über die Bauvorlageberechtigung für die Ingenieure der Fachrichtung Bauingenieurwesen erfolgt seit dem 01.06.2000 ausschließlich durch die „Ingenieurkammer-Bau NRW".

Es handelt sich hierbei um eine Aufgabe, die per Gesetz auf die Kammer übertragen wurde.

Wozu dient die Bescheinigung über die Bauvorlageberechtigung?

In erster Linie soll eine gewisse Qualität der Planungsleistung und der Beratung gewährleistet werden.

Ferner werden sowohl der Bauherr und als auch Dritte durch die Versicherungspflicht geschützt, die dem Bauvorlageberechtigten auferlegt wird.

Dabei darf der Versicherungsnachweis maximal ein Jahr alt sein und muss die gesetzlich geregelte Mindestdeckungssummen von 1,5 Mio. € für Personenschäden und 250.000 € für Sach- und Vermögensschäden vorweisen.

Hinweis: **Die Regeldeckungssummen der bekannten Haftpflichtversicherer betragen i.d.R. das Doppelte.**

Stichwortverzeichnis

Literaturverzeichnis

Bilder + Skizzen

Cover	Marc Latza
Label „1x1“	Marc Latza
Skizzen und Tabellen	Marc Latza

Texte

Allgemein

Bei Gesetzestexten und Schadenbeispielen sind die Quellen zum besseren Verständnis direkt im Buch angegeben.

Ferner wurde als Leitfaden die Kundenbroschüre „ARCHIPROTECT“ mit Stand 03 / 2023 von der VHV zur Aktualisierung dieser Auflage als Orientierungshilfe genutzt.

„Gesetzliche Haftpflichtbestimmungen privatrechtlichen Inhalts“
„Die deliktische Haftung / § 823 BGB“
„Haftung für Handlungen Dritter“
Quelle: **Wikipedia, Suchbegriffe „Gesetzliche Haftpflichtbestimmungen“ und „§ 823 BGB“ (17.12.2012), ergänzt von Marc Latza**

„Décennale“
Quelle: **Wikipedia, Suchbegriffe „Décennale“ und „Bauen in Frankreich“, zum Teil übersetzt aus dem Französischen (10.02.2014), ergänzt von Marc Latza**

„Due Diligence“
Quelle: **Wikipedia, Suchbegriffe „Due Diligence“ (01.09.2014), ergänzt von Marc Latza**

Einzelne Berufsbilder
Quelle: **Wikipedia, Suchbegriffe analog Berufsbezeichnungen (17.12.2012), ergänzt von Marc Latza**

Schadenbeispiele
Quelle: **vgl. dejure.org (17.12.2012), ergänzt von Marc Latza**

„Bedeutung der HOAI“
„HOAI Leistungsphasen“
Quelle: **Wikipedia, Suchbegriff „HOAI“ (17.12.2012), ergänzt von Marc Latza**